强者通心

国际传播能力建设

中共中央党校（国家行政学院）国际战略研究院
"国际传播能力建设研究"课题组

赵磊 ◎ 编著

·北京·

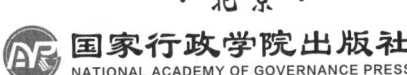

图书在版编目（CIP）数据

强者通心：国际传播能力建设/赵磊编著． —北京：国家行政学院出版社，2022.4
ISBN 978 - 7 - 5150 - 2671 - 8

Ⅰ. ①强… Ⅱ. ①赵… Ⅲ. ①中外关系－传播学－研究－中国 Ⅳ. ①G219.26

中国版本图书馆 CIP 数据核字（2022）第 041629 号

书　　名	强者通心：国际传播能力建设 QIANGZHE TONGXIN：GUOJI CHUANBO NENGLI JIANSHE
作　　者	赵　磊
统筹策划	李瑞琪
责任编辑	陈　科　刘　锦　曹文娟
出版发行	国家行政学院出版社 （北京市海淀区长春桥路 6 号　100089）
综 合 办	（010）68928903
发 行 部	（010）68928866
经　　销	新华书店
印　　刷	北京盛通印刷股份有限公司
版　　次	2022 年 4 月北京第 1 版
印　　次	2022 年 4 月北京第 1 次印刷
开　　本	170 毫米×240 毫米　16 开
印　　张	16.25
字　　数	246 千字
定　　价	50.00 元

本书如有印装质量问题，可随时调换。联系电话：（010）68929022

序
Preface

  中国人自古以来重视口碑、形象、声誉，强调"名正言顺"，重视"近者悦，远者来""德不孤，必有邻"。成都武侯祠内的"攻心联"——"能攻心则反侧自消，从古知兵非好战；不审势即宽严皆误，后来治蜀要深思"，深得游人喜爱，名扬遐迩。在国际社会，最难的不是通路、通电、通水、通气、通航、通邮等硬联通，最难的是"通心"——人心是最大的政治，也是最强的国际政治。

  2021年5月31日，习近平总书记在主持十九届中央政治局第三十次集体学习时强调，"讲好中国故事，传播好中国声音，展示真实、立体、全面的中国，是加强我国国际传播能力建设的重要任务"。增强国际传播能力，首先需要明确国际传播的本质特征，即国际传播究竟是"劝服的艺术"，还是"精神交往"。

  常有朋友问我，中国国际传播工作最大的短板是什么？我的感受是：理论研究相对薄弱。如同许多社会科学一样，国际传播学也是舶来品。一说国际传播的理论源头，马上想到了美国的四个传播理论奠基人以及一个集大成者。四个奠基人及其代表作包括：政治学家哈罗德·拉斯韦尔（Harold Lasswell），代表作《世界大战中的宣传技巧》等；心理学家库尔特·勒温（Kurt Lewin），代表作《群体生活的渠道》等；心理学家卡尔·霍夫兰（Carl Hovland），代表作《传播与劝服：关于态度转变的心理学研究》等；社会心理学家保罗·拉扎斯菲尔德（Paul F. Lazarsfeld），代表作《人民的选择》等。传播学的集大成者是威尔伯·施拉姆（Wilbur Schramm），代表作《大众传播》等。其中，霍夫兰的研究成果在很多维度上赋予国际传播以标志性的符号，即"传播＝劝服"（态度变化）。

总体而言，西方传播理论普遍认为，国际传播是跨国界的信息传播、大众传播，其本质是"劝服的艺术"。这成为国际传播的主流图景，有以下几方面特征：一是更倾向于单向输出式的传播，期望改变对方的思想和态度，甚至不惜使用欺骗方式。比如霍夫兰提出，传播是一个过程，即个人（传播者）通过传递刺激来改变他人（受众）的行为过程。二是更加关注国际传播的信息控制、信息解码等，高度重视媒介作用，强调传播的信息属性。其中最典型的是技术控制论学派，他们认为媒介即信息。1922年，李普曼在其经典著作《舆论学》中提出，新闻媒介影响"我们头脑中的图像"。更早期的经典理论代表人如马基雅维利，他认为，权力组织和政治家们想要得到民众支持主要通过暴力和说服两种方式，因此军队、法律、宗教、舆论必不可少。传播学家施拉姆在《传播是怎样运行的》一文中写道，当我们从事传播的时候，也就是在试图与其他人共享信息——某个观点或某个态度；传播至少有三个要素：信源、讯息和信宿。信息论是典型的科学主义视角，有强烈的技术主义倾向。

尽管西方传播学理论不乏思想闪光点以及真知灼见，但其局限性也显而易见。首先，西方传播理论关注层面较为狭窄，更多关注信息、媒介、技术；其次，西方传播理论难以掩盖其信息霸权本质，高度强调信息控制与输出，目的在于维护其文化霸权；最后，西方传播理论在一定程度上过度强调"物"，而对"人"有所忽视。总之，西方传播理论的主导观念是"劝服的艺术"，具体表现为一种单向的说教和征服，是效果导向：强调传播作为意识形态机器，其作用在于灌输，要维护西方中心主义的世界秩序。这势必在传播活动中制造出一个强势主体和一个被动客体。

还有一种图景，即"精神交往"。马克思主义的传播观是建立在其独特的"精神交往"理论基础上的。在马克思、恩格斯看来,舆论是自然、普遍存在的一种交往状态,是"不可数的无名的公众的意见"。① 18世纪,卢梭在《社会契约论》中首次将"public"(公众)和"opinion"(意见)组合起来表示"舆论",认为理性的个体聚焦在一起形成了公众意见(舆论)。无论是空想社会主义还是马克思主义都高度重视舆论和传播的作用。就职业而言,马克思和恩格斯一生的革命事业是从《莱茵报》的报刊工作开始的,并且自始至终与新闻工作紧密相连。就国际传播的效果而言,《共产党宣言》《资本论》等经典著作的受欢迎程度是马克思主义国际传播能力的强大注脚。其中,《共产党宣言》在全球范围内已被翻译成200多种文字,出版了300多种版本,出版过1000次以上,成为全球公认的使用最广的社会政治文献;《资本论》被译为70余种文字,全球累计销售20亿册,被誉为"工人阶级的圣经"。

马克思、恩格斯十分注重对舆论与传播的研究,在他们的著作中,"舆论"的概念出现了300多次。② 在实践中,占领舆论阵地是马克思和恩格斯的主要观点。马克思主义者注重利用报刊来宣传主张,将报刊作为无产阶级进行舆论宣传的工具。"报纸是作为社会舆论的纸币流通的。"③ 报刊的使命除了信息传递、社会沟通之外,主要的职责就是反映社会舆论和引导社会舆论。马克思将社会舆论比作袋子,把报刊比作驮袋子的驴,也就是说,报刊是表达、反映、体现、复述社会舆论的一种载体。社会舆论和报刊的关系是袋子和驴的关系。④ 报刊有"好""坏"之分,好的报刊能够得到人民的信任,"人民的信任是报刊赖以生存的条件,没有这种条件,报刊就会完全萎靡不振"⑤。

舆论与传播具有阶级性。虽然舆论的形成具有自发性和普遍性,但还具有一定的阶级性,尤其是在阶级社会中,"是经济地位和社会地位相同或

---

① 《马克思恩格斯全集》第7卷,人民出版社1959年版,第523页。
② 陈力丹:《精神交往论——马克思恩格斯的传播观》,中国人民大学出版社2016年版,第135页。
③ 《马克思恩格斯选集》第1卷,人民出版社1995年版,第473页。
④ 童兵:《舆论和舆论载体——报刊》,《新闻与写作》1991年第7期。
⑤ 《马克思恩格斯全集》第1卷,人民出版社1956年版,第234页。

相近的人们对一件事情的一致态度"①。马克思既有丰富的新闻实践，又有对新闻工作深刻的理论思考，他和恩格斯共同创立了马克思主义新闻观。2016年2月19日，习近平总书记在党的新闻舆论工作座谈会上的讲话中指出，新闻观是新闻舆论工作的灵魂，并提出了要深入开展马克思主义新闻观教育和牢牢坚持马克思主义新闻观的要求。

马克思主义的传播观是建立在其独特的精神交往理论基础之上的。马克思、恩格斯对于"交往"概念的系统阐述，主要集中于《德意志意识形态》中，一共170次提到"交往"及其相关概念，由此确立了马克思主义的传播观。他们所说的交往包括物质交往和精神交往两个层面。交往是马克思主义哲学研究的一项重要内容，马克思主义传播理论的主导观念是精神交往，传播是在主体自由意志支配下通过协商对话完成的，传播过程不存在任何强制性，强调包容他人，实现两个和解（人类同自然的和解、人类本身的和解）。据此，传播结果是建立在传播双方是独立对等主体基础上的，不以任何一方为中心，这充分体现了人本主义的传播观。

同精神交往理论相近的有哈贝马斯的交往行为理论。除工具理性、价值理性外，在哈贝马斯的思想体系中，也强调交往理性。交往理性就是要让理性由以主体为中心转变为以主体间性为中心，最终实现理性化的交往。

无论是精神交往还是交往理性，都强调相互理解、平等沟通是传播行为的核心，传播行为是一种"主体—主体"遵循有效性规范，达到主体间彼此理解的过程。简言之，劝服侧重于灌输、征服以及顺从、依附的关系，交往聚焦于人与人特别是人类精神层面的理解与尊重。这与中国提出的全人类共同价值以及人类命运共同体的本质内涵是一致的。

因此，增强国际传播能力，首先要明确国际传播的本质特征。笔者认同马克思主义的精神交往理论，这是更高层次、更具格局的国际传播界定。精神交往强调国际传播不是单向的输出过程，不仅是为了改变对方的态度，还是交流、接触以及倾听、吸纳的双向过程，是为了塑造良好的国际舆论环境与国际交往秩序，是马克思主义人文精神同中华优秀传统文化人本主

---

① 童兵：《马克思主义新闻观读本》，复旦大学出版社2016年版，第73页。

义的深刻结合。马克思主义人文精神以人作为出发点来研究社会并以人的自由、人的解放与全面发展为其理论归宿。人本主义，或曰精神性人文主义，是中华优秀传统文化的基本精神。张岱年将人文主义同天人合一、刚健自强、以和为贵共同视作中国文化的基本精神。楼宇烈强调，中国文化是智慧型的文化，西方文化是知识型的文化。西方常常把哲学变成一种知识，而中国则是要人去"体悟"，是精神交往。

按照"劝服"的逻辑，强调物质决定精神，人成为媒介等物质和技术的奴隶，国际传播成为维护西方霸权的工具。按照精神交往的逻辑，国际传播是实现主体间精神交往以及国际关系民主化的重要路径。据此，国际传播是跨越国界并基于文明互鉴的传播。国际传播强调传播的国际性，即跨越国界的传播。跨越国界必然会遇到不同文明之间的摩擦与冲突，但是产生冲突的不是不同文明之间的差异性，而是人们看待差异的态度。应对共同挑战、迈向美好未来，既需要经济科技力量，也需要文化文明力量。精神交往理论超越了西方文明冲突等宿命论，它倡导构建相互欣赏、相互理解、相互尊重的人文格局与国际传播格局，形成平等交往、命运与共的新秩序，实现"我们的交往""文明的交往"。

在美国等西方国家高呼"本国优先"，推行"拉帮结派"的时候，中国倡导的人类命运共同体理念则在思考"如何让世界更美好"。美国等西方国家强调范式性力量，强势输出价值观，组建国际宗教自由联盟，召开民主峰会等，人为地撕裂世界；中国则秉持文明互鉴精神，召开"一带一路"国际合作高峰论坛、亚洲文明对话大会、中国共产党与世界政党领导人峰会等，提出全人类共同体价值、全球发展倡议，弘扬共商共建共享的全球治理观。可以说，国际传播的愿景与目标不同，国家的具体路径选择必然差异极大。

习近平总书记 2014 年在《当前工作中需要注意的几个问题》中强调："我们国家发展成就那么大、发展势头那么好，我们国家在世界上做了那么多好事，这是做好国际舆论引导工作的最大本钱。我们有本事做好中国的事情，还没有本事讲好中国的故事？我们应该有这个信心！"现在，国际上理性客观看待中国的人越来越多，为中国点赞的人也越来越多，但对中国存有疑虑、误解的人也不少，因此要系统性地提高国际传播影响力、中华文化感召力、中国形象亲和力、中国话语说服力、国际舆论引导力。中国走的是正路、行的是大道，提升国际传播能力是实现中华民族伟大复兴的重要指标，也是构建人类命运共同体的必然要求。

目　录
Contents

第一章　国际传播的理论体系　/ 001
第一节　国际传播的内涵与实质 …………………………………… 001
第二节　西方国际传播理论 ………………………………………… 008
第三节　马克思主义国际传播理论 ………………………………… 017
第四节　中国特色国际传播理论 …………………………………… 023

第二章　国际传播的国别经验　/ 036
第一节　战略传播 …………………………………………………… 037
第二节　文化价值观传播 …………………………………………… 043
第三节　新闻传播 …………………………………………………… 050

第三章　中国国际传播的重要任务　/ 057
第一节　入耳：提升中国国际传播效能 …………………………… 057
第二节　入脑：夯实中国话语体系 ………………………………… 064
第三节　入心：宣介中国主张、中国智慧、中国方案 ………… 070

第四章　战略传播体系　/ 076

第一节　国际传播影响力 …………………………… 076
第二节　中华文化感召力 …………………………… 082
第三节　中国形象亲和力 …………………………… 088
第四节　中国话语说服力 …………………………… 093
第五节　国际舆论引导力 …………………………… 098

第五章　国际传播的"工具箱"　/ 105

第一节　打造国际传播"工具箱"的层次与思路 ………… 105
第二节　宏观层面：从国家间关系出发营造有利的
　　　　国际传播氛围 ……………………………… 107
第三节　中观层面：立足本国国情加强国际传播
　　　　能力建设 …………………………………… 117
第四节　微观层面：发挥个体能动性打造国际传播新热点 ……… 122

第六章　国际传播能力建设评估体系　/ 127

第一节　对已有国际传播评估体系的回顾与分析 ………… 127
第二节　国际传播能力建设评估体系的基本理念与
　　　　理论框架 …………………………………… 130
第三节　国际传播能力建设评估体系的指标要素 ………… 133
第四节　国际传播能力建设评估体系的构建 …………… 138
第五节　评估国际传播能力建设的基本原则 …………… 145

第七章　提高舆论引导能力　/ 148

第一节　传播技术的变迁与舆论引导的新课题 …………… 149
第二节　信息传播新秩序与全球舆论话语权的重构 ……… 153
第三节　在新技术与全球传播新格局中提升舆论引导能力 …… 158

第八章　新媒体时代的国际传播　/ 170

　　第一节　新媒体时代国际传播的特征 …………………………… 170

　　第二节　新媒体时代的中国国际传播——以 CGTN 和

　　　　　　TikTok 为例 ………………………………………………… 174

　　第三节　新媒体时代中国国际传播策略 ………………………… 185

第九章　跨国公司与国际传播　/ 190

　　第一节　跨国公司国际传播的一般性规律 ……………………… 191

　　第二节　跨国公司国际传播的历史经验 ………………………… 197

　　第三节　中国企业国际传播的时代要求 ………………………… 202

　　第四节　中外公司国际传播案例 ………………………………… 207

第十章　案例分析：国际传播能力建设——以中国石油为例　/ 217

附录　习近平总书记关于国际传播能力建设的相关论述　/ 228

后　记　/ 243

第一章
国际传播的理论体系

Communication 译为传播，又译为交流、交往等。传播活动主要是通过符号系统进行的。符号是传播信息的载体，大致可以分为两种：一种是语言符号；另一种是非语言符号。信息交流大致可分为两大类：一类是人与人之间面对面的直接交流，称为人际传播；另一类是借助大众传播媒介进行的间接交流，称为大众传播。国际传播的本质以信息交流、信息共享为主。但是，国际传播目前仍没有形成相对统一、成熟的理论体系和研究范式。

从传播学的层级研究来看，通常意义上我们将其具体划分为人际传播、组织传播、大众传播和国际传播四个重要领域。在很长一段时期，对国际传播的研究等同于大众传播学。

第一节 国际传播的内涵与实质

有学者认为，与大众传播等其他传播形式相比较，国际传播的突出特点是涉及国家核心利益，带有鲜明的战略目的，追求改变效果，是国家间、地区间综合实力的新的展示方式。[1] 但是，马克思主义精神交往理论，强调

---

[1] 刘琛：《国际传播理论及其发展的主要阶段与反思》，《中国人民大学学报》2017 年第 5 期，第 112 页。

传播的作用不是为了影响受众，不是为了说服与劝服，不是为了灌输自己的精神意志，而是为了给公众间的精神联系提供一个纽带。

一、国际传播的定义

国际传播的定义重在强调传播的国际性，即超越国界的传播。美国传播学者罗伯特·福特纳（Robert S. Fortner）认为，国际传播是超越各国国界的传播，即在各民族、各国家之间进行的传播，并概括出国际传播的六大特征，即目的性、频道、传输技术、内容形式、政治本质和文化影响。①日本学者鹤木真指出，国际传播是以国家、社会为基本单位，以大众传播为支柱的国与国之间的传播。②

无论是传播还是国际传播，都具有鲜明的政治性。国际传播的突出特点是涉及国家核心利益，带有鲜明的战略目的，大国的国际传播必然导致新的秩序塑造，是国家间综合实力展现的新方式。例如，早在1947年12月，美国国家安全委员会就制定了NSC4号文件，决定在全球范围内对苏联展开以信息宣传为主要形式的心理战。美国政府在1951年和1953年先后成立了心理战略委员会和行动协调委员会。1951年7月18日，前陆军部长、广播和出版传媒专家、北卡罗来纳大学校长戈登·格雷（Gordon Gray）受邀出任心理战略委员会第一任主席。当时的美国总统杜鲁门在给格雷的邀请信函中写道："毫不夸张地说，避免第三次世界大战爆发的可能性依赖于我们心理战领域努力的程度和心理战行动的有效性。"③

20世纪70年代，德里克·菲舍（Heiz-Dietrich Fischer）和约翰·梅里尔（John C. Merrill）对国际传播进行了定义，认为国际传播不是简单的信息跨国流动，而是政府间的信息交换，因此少数几个大国控制了传播秩序。这个解释强调国际传播的三个特征：一是国际传播是一种跨国界的传播；

---

① 罗伯特·福特纳：《国际传播："地球都市"的历史、冲突及控制》，刘利群译，华夏出版社2000年版，第5—11页。
② 鹤木真：《国际传播论》，转引自郭庆光《传播学教程》，中国人民大学出版社1999年版，第207页。
③ 史澎海、王成军：《从心理战略委员会到行动协调委员会——冷战初期美国心理战领导机构的历史考察》，《陕西师范大学学报》（哲学社会科学版）2010年第5期，第92页。

二是国际传播在很大程度上发生在政府之间,而不像大众传播以民众、市场为主体;三是国际传播是处理国家间关系和国际关系的一个重要因素,重在塑造传播秩序。

国际传播理论关注的基本问题:

①态度改变,什么是改变受众态度最有效的方法?

②传播效果,即国际传播对国家及国际社会产生了什么样的效果,这些效果是如何产生的?

③国际传播的平等性,国际传播是单向的还是双向的?有学者认为传播者和受传者实际上处于不平等地位,传播者处于主动地位,受传者处于被动地位,信息流动基本上是单向的。

在实践中,与国际传播一同研究的词汇还有跨文化交流、文化软实力,等等。

笔者认为,国际传播不是单向的输出过程,而是分享、接触以及倾听、吸纳的双向过程,强调通过有效渠道与合理方式告知、影响或说服特定受众去欣赏、认同国家理念以及国家行为的能力。特别强调的是,国际传播包括倾听和吸纳,即将特定受众的观点纳入政策和行动中并不断完善国家战略的能力。

二、国际传播的主要特征

第一,国际传播主体的多元化。国际传播的主体不一定是主权国家,可以是国际组织、跨国公司、非政府组织、智库、公民个人、虚拟主体等。1975年,美国学者罗伯特·吉尔平在《美国霸权与跨国公司》一书中写道:美国跨国公司服务于美国战略,跨国公司的行为有利于传播美国的价值观念。吉尔平强调:"跨国公司与美元的国际地位、美国的核优势一道,共同构成了第二次世界大战后美国全球霸权的基础。"美国通过跨国公司的国际存在以精准地传播西方的价值观念,导致国际社会被西方化、美国化。目前,中国企业的国际化能力越来越强。截至2020年底,中国2.8万家境内投资者在国(境)外共设立对外直接投资企业4.5万家,分布在全球189个国家(地区),年末境外企业资产总额7.9万亿美元。未来,要进一步增强中国企业的国际传播能力，不仅实现"硬联通"，也要努力增强"软联通""心联通"能力。未来，非政府组织的国际传播也是需要关注与研究的重要议题。

传播主体在市场和社会层面的影响需进一步加强。国际传播最有效的方式不是靠嘴和文字，而是靠企业、产品、作品。"一带一路"倡议的实质是全球互联互通，包括民心相通，是精神交往的具体载体。古丝绸之路打通的不仅是商脉，也包括文脉。今天，"一带一路"倡议的主体是企业，当中国企业的优质产品与服务走进目标受众的家庭、学校与办公室，成为他们日常生活、学习与生产的要素时，中国国际传播的主动性和塑造力就会更强、更持久。

第二，国际传播目的的多元化。传播活动是一种合目的性与合规律性的统一。没有任何目的的传播活动几乎是不存在的。国际传播兼有政治目的、商业目的以及战略目的，三者相互影响。国际传播的主体不同，其目的自然会有所差异。国际传播是有目的的活动，带有一定的政治性。以主权国家政府为例，通过对国际社会以及所在国政治、经济、文化等的报道活动，竭力传播有利于本国的价值观念与意识形态。

第三，国际传播方式的多样化。印刷媒体、广播媒体、电视媒体和社交媒体的传播方式各有侧重，但都以争夺国际受众"眼球"以及争取"民心"为重点，聚焦于身份认同、情感共鸣与价值共振。今天，在讨论"元宇宙"的时候，也存在虚拟身份、虚拟认同、虚拟传播的问题。2021年10月28日，Facebook公司CEO扎克伯格宣告，将Facebook公司的名字改为Meta。所谓"元宇宙"，是指未来通过设备与终端，人类可以进入计算机模拟的虚拟三维世界，现实世界的所有事物都可以被数字化复制，人们可以通过数字身份在虚拟世界中做任何现实生活中的事情，包括精神交往。未来，国际传播会变得越来越虚拟化、年轻化，出现"数字传播""数字外交"。

第四，国际传播是双向传播，不是单向输出。国际传播不是主体（信源）到客体（信宿）线性的、单向的输出过程，而是一个"倾听"不同意见的过程，强调反馈系统，是典型的双向传播。在传播过程中，传播者和受传者构成一种分享信息、不断产生信息交流的关系，传播双方在对信息进行解释、传递的过程中一直相互影响，角色不断发生变化。在信息反馈过程中，传播者变为受传者，受传者成为传播者，这个时候受传者成为主体，如图1-1所示。

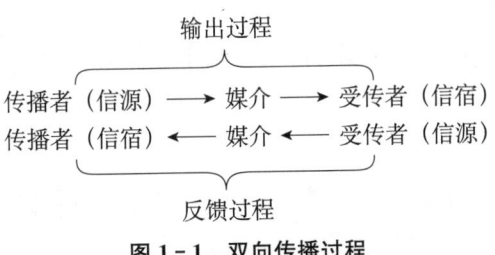

图1-1 双向传播过程

第五，国际传播既要研究媒介，也要研究受众。同上述第四点特征紧密关联的是，国际传播不是"主体"对"客体"的二元对抗模式。主体是创造信息的传播者，但客体不是仅接受信息的受众者。过去的传播学研究僵化、矮化了受众的地位，将其直接物化或对象化，受众缺少自主权和影响力。在国际传播中，要坚持受众在传播过程中的本位意识，他们都是有主体意识的人，不单是被动接受、被信息制造者单方面影响的客体。

第六，国际传播与国内传播密不可分。国际传播不是孤立存在的，一国的经济发展水平、国家开放程度、国民整体素养、新闻传播能力、技术应用水平以及传播人员素质等，都对国际传播产生直接影响。因此，考察国际传播现象，要对各国国内传播的整体状况有所了解。在全球化加速发展的背景下，国际传播与国内传播的边界越来越模糊。内宣、外宣的"二分法"已越来越不合时宜，原来内外有别，现在互联网、新媒体几乎将所有的"内宣"都外溢成了"外宣"。此外，外国专家越来越希望通过"原汁原味"的中文素材了解中国，而不是通过外文素材了解中国。因此，需要动员各方面一起做国际传播工作，加强统筹协调，整合各类资源，推动内宣、外宣一体化发展，奏响交响乐、大合唱。

第七，国际传播的基础是信息传播、大众传播。国际传播是信息传播、大众传播国际化的动态发展过程，前者强调工具理性，后者强调价值理性。信息传播是典型的科学主义传播观，基于20世纪40年代出现的信息科学，强调传播的信息属性。按照克劳德·香农的理解，信息是对不确定性的减少或消除。威尔伯·施拉姆在《传播是怎样运行的》一文中写道：当我们从事传播的时候，也就是在试图与其他人共享信息——某个观点或某个态度。传播至少有三个要素：信源、讯息和信宿。信息论是一种典型的科学主义视角，而学术界在此影响下对传播内涵的界定往往有种技术主义的倾向。① 信息论的单一视野，不容易充分展现人类传播活动中精神世界的丰富性。

我国学者关世杰强调："国际传播有广义和狭义两种界定。广义的国际传播包括跨越国界的大众传播和人际传播，狭义的国际传播仅指跨越国界的大众传播。"② 我国 1992 年出版的《宣传舆论学大辞典》对"国际传播"这一术语做了界定："指国家与国家之间的信息交流活动，尤指以其他国家为对象的传播活动。可通过人际传播或大众传播形式进行，但以大众传播为主。"③ 强调大众传播，既要重视人与人之间关系以及国与国之间关系的复杂微妙互动，也要重视丰富的精神世界与文明互鉴。

第八，国际传播受到国内、国际规则的双重制约。国际传播与国家利益密切相关，必然受到国家的管控或限制。因而，各国对国际传播的开放程度不一。可以将国家（政府）的制约和控制具体分为出境信息控制和入境信息控制两部分。而且，信息传播一旦跨越国境，国际组织制定的规范或标准就会发挥作用，要求各国遵守。

2021 年 9 月 16 日，中国商务部宣布，正式提出申请加入《全面与进步跨太平洋伙伴关系协定》（CPTPP）。CPTPP 有数据跨境条款，即允许数据在成员之间自由流动。这一条款对中国的信息安全构成挑战，但申请加入意味着我国也必然会完善相应的数据跨境管理制度，以与高标准的国际经贸规则接轨。

三、国际传播的价值与目标体系

传播行为的动机可细分为两个层次：一是受众的心理动机，即他们为什么使用传播媒介，企图满足什么欲求；二是传播的社会文化动机，即发明、创造、把持先进传播科技的社会团体（如政党、财团等）究竟想用它

---

① 李欣人：《再论精神交往：马克思主义传播观与传播学的重构》，《现代传播》2016 年第 8 期，第 19 页。
② 关世杰：《国际传播学》，北京大学出版社 2004 年版，第 1 页。
③ 刘建明：《宣传舆论学大辞典》，经济日报出版社 1992 年版，第 314 页。

作何用途。① 研究国际传播也需要明确国际传播的价值以及要实现的目标。

新闻传播的价值是新闻被受众重视、满足受众需要的若干因素的总和。判断新闻传播价值的标准为重要性、有益性、反常性。新闻事实的重要性通常是指新闻事实意义重大，能引起全社会的关注和议论。新闻事实对相当多的人有益处，能给人们带来对某种需求的满足。新闻事实奇特，使新闻产生吸引力，增强可读性。新奇是指事实的异常性、特殊性、显赫性。②

需要强调的是，不同主体国际传播的价值和目标体系存在明显的差别性，就主权国家而言，国际传播有以下三个层次。

第一层次：形象优化，讲好本国故事、提升国家形象。国家形象大多与国家声誉、国家威望等概论联系在一起讨论。托马斯·谢林指出，声誉是国家值得为之而战的为数不多的因素之一。国家形象是国家的客观状态在公众舆论中的投影，是外部和内部公众对国家的总体判断和社会评价。汉斯·摩根索强调，在争夺生存与权力的斗争中，他人对我们的观点、看法同它们的实际情形一样重要。正是我们在他人"心镜"中的形象——哪怕这镜中之像是歪曲的反映，而不是我们原来的样子，决定了我们在社会中的身份和地位。③ 美国进攻性现实主义倡导者米尔斯海默高度关注国家形象的优化问题，认为构建良好的国家形象就是赢得民心，是相互依存时代重要的国家利益所在。

第二层次：态度转变，增强国际社会对本国的欣赏与认同。传播潜移默化之中必然包含劝导因素和说服因素。国际传播的劝服理论强调，传播的目的除了交流和沟通之外，还包括有意识地影响对方的态度，使其按自己的意图行事。古希腊哲学家亚里士多德曾提出劝服所必备的三个条件：传播者的品质、传播的方式方法、传播内容本身。

美国专栏作家大卫·罗斯科夫指出，美国统治着全球的信息和观念。美国的音乐、电影、电视节目和软件都具有统治地位；而且它们还广受欢

---

① 李金铨：《大众传播理论：社会、媒介、人》，台北三民书局1982年版，第19页。
② 刘建明：《宣传舆论学大辞典》，经济日报出版社1992年版，第189页。
③ 汉斯·摩根索：《国家间政治——为权力与和平而斗争》，杨歧鸣等译，商务印书馆1993年版，第106页。

迎，很明显，现在它们已经在这个地球上随处可见了，它们塑造着我们的品位和生活，甚至改变着我们对自身民族的一种热爱。①

第三层次：秩序塑造，塑造良好的国际舆论环境与国际交往秩序。20世纪70年代，一些发展中国家对世界范围内的新闻传播秩序表示强烈不满，认为少数发达国家垄断了新闻传播媒介的生产和使用，垄断了国际新闻报道，造成了传播媒介分布的不平衡和新闻流向的不平衡（由发达国家流向发展中国家），有关第三世界国家的新闻报道不真实。自1976年7月不结盟国家新闻部长会议首次提出建立世界新闻新秩序后，联合国教科文组织等也开始支持和重视这一世界性问题，并推动成立了国际传播问题研究委员会，该委员会的主席是爱尔兰人麦克布莱德。

委员会1980年2月提交了《多种声音，一个世界》的研究报告，又称《麦克布莱德报告》，对建立世界新闻新秩序提出了82点建议。例如，为缩小国家间传播差距创造良好的政策环境；指导发展中国家采取措施加强自主传播能力；要将传播政策纳入国家发展的战略当中；加强各个社会中的文化认同，防止文化霸权；减少商业化对传播的影响；减少技术信息的壁垒和垄断，促进信息技术的获得；提高国际报道水平，力求全面、客观；等等。《麦克布莱德报告》特别强调指出："个别传播大国对世界信息流通系统的支配是推行文化扩张主义的过程，而发展中国家的牵制和反抗是抵制文化侵略的过程。"时至今日，全球范围的信息结构不平衡如故。因此，国际传播要有助于塑造良好的国际舆论环境与国际交往秩序。

第二节　西方国际传播理论

如同许多社会科学一样，国际传播学是舶来品。近年来，中国国际传播研究日趋成熟，甚至还催生了学术去西方化的意向。我国传播学在20世纪对美国传播学的介绍和引入中，主要是围绕对美国传播学作出巨大贡献

---

① 达雅·屠苏：《国际传播：延续与变革》，董关鹏译，新华出版社2004年版，第8页。

的四个奠基人和一个集大成者展开的。

一、传播学的奠基人与集大成者

传播学是个很年轻的学科,孕育于20世纪初期的欧美,诞生于20世纪40—50年代的美国。20世纪80年代中国大陆才正式开始传播学的研究。在传播学领域,有四大奠基人,称为"四大先驱"。

(一) 政治学家哈罗德·拉斯韦尔 (Harold Lasswell)

哈罗德·拉斯韦尔(1902—1978年),政治学家,美国科学院院士,曾任美国政治学协会主席、国际法协会主席、国际政治心理协会名誉主席,代表作有《世界大战中的宣传技巧》。此外,他对传播学的最大贡献是一篇篇幅不长但影响巨大的论文——《社会传播的结构与功能》,此文可谓传播学的开山之作。

拉斯韦尔分析了传播过程的五大要素,即"5W"模式:谁(who)、说什么(what)、对谁说(whom)、通过什么渠道(which channel)、取得什么效果(what effect)。同时,又提出五种与之相对应的传播研究:控制分析、内容分析、媒介分析、受众分析、效果分析。此外,拉斯韦尔概括了传播活动的三大作用:环境监测功能、社会协调功能、文化与社会遗产传承功能。

《世界大战中的宣传技巧》是拉斯韦尔于1927年出版的一本传播学著作,专注于研究如何动员民众对敌人的仇恨,如何维系与盟国以及中立国的友谊,如何瓦解敌方斗志。拉斯韦尔在书中谈到了宣传和民主的关系,当时在美国知识分子中盛行两种理论:民主理想主义与现实主义。以哲学家约翰·杜威为代表的理想主义者认为,人们有能力做出明智的决定,只要他们能接触到充分的信息来源,而专家或精英的任务就是提供这些信息源。以沃尔特·李普曼为代表的现实主义则认为,人们是非理性的,因此专家们应该广泛传递他们的专业知识,以便影响公众舆论,发挥美国民主制度所扮演的"拯救者"的作用。

拉斯韦尔把宣传视为集中体现现代政治的现代战争中不可分割的组成部分。现代战争必须在三个战线展开:军事战线、经济战线和宣传战线。

经济封锁扼制敌人，宣传迷惑敌人，军事力量给予敌人最后一击。①

拉斯韦尔还编著有《宣传与独裁》《世界革命宣传：芝加哥研究》《宣传、传播与公众舆论》《世界传播的未来：质量与生活方式》《世界历史上的宣传与传播》等。

（二）心理学家库尔特·勒温（Kurt Lewin）

库尔特·勒温（1890—1947 年），心理学家，既是完形心理学的代表人物之一，②也是社会心理学中团体动力学的创始人，率先将类似自然学科的实验方法应用于社会心理学，被誉为"实验社会心理学之父"。他对传播学的最大贡献是提出"团体动力学""把关人"等理论。

勒温认为，在团体和个人之间，起决定性作用的是团体因素。因此，要改变个体的态度，首先须从团体入手，进而由团体影响个体。媒体欲对"个体"施加影响，必须考虑到其身后"群体"的强大制约机能。

勒温在 1947 年发表的《群体生活的渠道》一文中，首次提出"把关人"（gatekeeper）一词。"把关人"是信息传播过程中的信息控制者，信息能否进入渠道或继续在渠道内流动，往往由"把关人"根据公正无私的规定或个人意见来决定。

（三）心理学家卡尔·霍夫兰（Carl Hovland）

卡尔·霍夫兰（1912—1961 年）对于传播学的贡献在于一方面将心理实验的方法引入了传播领域；另一方面揭示了传播效果形成的条件性和复杂性，从而成为否定早期"子弹论"的重要依据。

霍夫兰毕生的研究都集中在"态度"这一问题上，尤其致力于"态度"的形成与转变，形成了传播研究的耶鲁学派。《传播与劝服：关于态度转变的心理学研究》是其代表作，认为"劝服"改变"态度"。此外，霍夫兰提出了诸如可信度、对宣传的免疫力、恐惧诉求（警钟效果）、睡眠者效果等传播学的重要概念。

---

① 哈罗德·拉斯韦尔：《世界大战中的宣传技巧》，张洁、田青译，中国人民大学出版社 2003 年版，第 173 页。

② 完形心理学，又叫格式塔心理学（gestalt psychology），是西方现代心理学的主要学派之一，诞生于德国，后来在美国得到进一步发展。主张研究直接经验（即意识）和行为，强调经验和行为的整体性，主张以整体的动力结构观研究心理现象。

(四)社会心理学家保罗·拉扎斯菲尔德（Paul F. Lazarsfeld）

保罗·拉扎斯菲尔德（1901—1976年）是以实证研究和应用研究著称的社会心理学家。其贡献是提出了著名的两级传播理论：第一步是信息先由大众媒介传播到受众的一小部分人，由于这些人在传播中表现活跃，被称为"意见领袖"或"舆论领袖"。第二步再由这一小部分意见领袖，将信息扩散给社会大众。

拉扎斯菲尔德的代表作是1944年出版的《人民的选择》。该成果对于传播学学术思想的贡献主要体现在两方面：一是大众传播的有限效果论；二是两级传播和舆论领袖观点的形成。拉扎斯菲尔德的书中一个基本结论是：大众媒介对选民的影响非常有限。这个结论同人们的常识大相径庭，并不存在一种随心所欲地控制选民头脑、为所欲为左右选民的传播媒介。

(五)传播学的集大成者——威尔伯·施拉姆（Wilbur Schramm）

威尔伯·施拉姆（1907—1987年），毕生致力于传播学研究，被誉为"传播学鼻祖""传播学之父"。他建立了第一个大学的传播学研究机构，编撰了第一本传播学教科书，被授予了第一个传播学博士学位，也是世界上第一个具有传播学教授头衔的人。

施拉姆创立传播学的标志是1949年编撰的第一本权威性传播学著作——《大众传播》的出版。这本书收录了政治学家、心理学家、社会学家、语言学家以及许多其他学科的专家对传播学的研究成果。

施拉姆提出"功能学说"，即大众传播有政治功能、经济功能以及一般社会功能。政治功能主要包括：监视，协调，社会遗产、法律和习俗的传递。经济功能表现为：关于资源以及买卖机会的信息，解释这种信息，制定经济政策，活跃和管理商场，开创经济行为，等等。一般社会功能包括：关于社会规范、作用等的信息，接受或拒绝它们，协调公众的意愿、行使社会控制，向社会的新成员传递社会规范，等等。

施拉姆在《传播学概论》一书中，将传播功能定为：雷达功能、控制功能、教育功能、娱乐功能，同时又分为外向功能和内向功能。不论是自我的内向传播，还是直接的人际交流，或是借助媒介的大众传播甚至跨国传播，传播是一项必须履行一定功能的社会活动。

二、传播学三大学派

传播学可以划分为三大基础学派：经验功能学派、技术控制论学派和结构主义批判学派。

经验功能学派。这个学派兴起于20世纪四五十年代，也被称为美国实证主义学派。该学派主要是从行为科学的角度出发，采用经验性实证方法研究传播现象。他们注重定量分析，主要采用田野调查、实验室观察等方式进行研究。控制心理实验、抽样调查、文献分析、实地了解等是这个学派主要的研究方法。通过抽样调查，从少数被调查者推论整体，其中设定一系列社会学的分类，诸如性别、年龄、受教育程度、宗教信仰等，通过探讨一个变量与另几个变量之间的因果关系，从而帮助人们认识传播的一般性规律。代表人物有拉斯韦尔、拉扎斯菲尔德、霍夫兰、施拉姆等。

技术控制论学派。此学派主要关注媒介本身及媒介形态变化如何影响人和社会的发展。信息通信理论是这个学派的直接理论来源，关键词包括信息论、控制论、系统论等。技术控制论学派的理论基础是技术主义，主要研究传播技术与社会发展之间的关系，注重文献分析与思辨的方法，从宏观上激进地看待传播媒介对社会的影响。代表人物有克劳德·香农、马歇尔·麦克卢汉等。

作为一位数学家，香农是信息论的创始人，香农提出了信息熵的概念，为数字通信奠定了基础。信息熵这个词是香农从热力学中借用过来的。热力学中的热熵是表示分子状态混乱程度的物理量。香农用信息熵的概念来描述信源的不确定度。

加拿大学者麦克卢汉的代表作有《理解媒介：论人的延伸》《媒介即讯息》等。在著作中，他提出了三个著名的观点："媒介即讯息""媒介即人的延伸"以及"'热媒介'与'冷媒介'"。"冷媒介"是指传达的信息量少而模糊，在理解时需要动员多种感官的配合和丰富的想象力。"热媒介"是指传递的信息比较清晰明确，接受者不需要动员更多的感官和联想活动就能够理解，它本身是"热"的，人们在进行信息处理之际不必进行"热身运动"。

结构主义批判学派。该学派强调对传媒进行意识形态批评,其最大特点是运用结构分析法,结构主义的中心课题就是从混乱的社会现象中找出秩序。结构学派的基本方法是通过建立概念化的模式来理解社会结构的全部过程。同时,注重从哲学、社会学质化分析角度探讨传播与社会结构各要素之间的关系,关心为谁传播之类的问题,重视传播与社会结构各要素之间关系的研究,落脚点在传播意义上。结构主义批判学派认为,传播制度本身并不合理,大众传媒本质是少数垄断资产阶级对大多数人实现统治的意识形态的工具,必须坚持批判的观点和方法进行研究。代表人物有西奥多·阿多诺、马克斯·霍克海默、斯图亚特·霍尔、瓦尔特·本雅明、尤尔根·哈贝马斯等。

另外,法兰克福学派的文化工业批判理论是对现代西方社会出现的文化危机和人的生存困境的理论回应,开创了现代大众文化批判的理论先河。法兰克福学派早期代表人物西奥多·阿多诺最早阐释文化工业批判理论,集中体现在他与霍克海默合著的《启蒙辩证法》中。在阿多诺看来,资本主义文化工业逐步趋向标准化、模式化、商业化,呈现压抑性、操纵性、意识形态性特征。文化工业本质上是资本主义极权统治的代名词,扮演着"社会水泥"的阶级统治角色。

斯图亚特·霍尔是英国文化研究学派的代表人物,在传播学领域,其研究关注文化与意识形态的关系,创立了编码/解码模式。霍尔认为编码与解码之间符码的不对称,根源于信息发送者和接受者的文化关系、社会背景和地位利益等结构性差异。传播者按照某种意识形态进行编码之后进入流动环节的信息,在面对复杂的、由不同利益群体组成的社会时,信息便摆脱了传播者编码时的真正意图,受众不是被动地接受信息,而是不断变化、对信息积极接受、解码和再生产的过程。霍尔的代表作有《文化、传媒与"意识形态"效果》。

三、传播学的代表性理论

(一)议程设置理论

议程设置(agenda setting)的基本思想来自美国新闻工作者和社会评论家沃尔特·李普曼(Walter Lippmann)。1922年,李普曼在其经典著作

《舆论学》中提出了他的观点：新闻媒介影响"我们头脑中的图像"。这成为议程设置理论的雏形。1963年，伯纳德·科恩（Bernard Cohen）提出了对议程设置最有影响力的表述，"在多数时间，报界在告诉它的读者该怎样想时可能并不成功；但它在告诉它的读者该想些什么时，却是惊人地成功"，这十分清楚地指出了媒介的议程设置功能。

1968年，美国北卡罗来纳州的两位研究人员马尔科姆·麦肯姆斯（Maxwell Mccombs）和唐纳德·肖（Donald Shaw）对李普曼的思想进行了实证性研究，并于1972年在《舆论季刊》上发表了论文——《大众传播的议程设置功能》，作为他们研究的总结。其主要含义是：大众媒介注意某些问题而忽略另一些问题的做法本身就可以影响公众舆论，而人们一般倾向于了解大众媒介注意的那些问题，并采用大众媒介为这些问题所设置的优先次序来确定自己对这些问题的关注程度。该研究的问世标志着一个新的传播效果理论——议程设置理论的诞生。

在《舆论学》一书中，李普曼认为，传媒比较容易操控舆论从而影响现代国家决策。以李普曼的研究为节点，国际传播理论发展进入初始阶段，并取得了一系列重要成果，但具有明显的西方中心主义特征。

李普曼也是"拟态环境""刻板成见"等传播学重要概念的提出者。李普曼认为电报、广播等现代传播技术的普及不仅使国际传播成为可能，而且正在塑造出一种虚拟的现实。这些信息是由媒体构筑的"幻象"，并不是外面世界的原貌。李普曼指出，由于人们直接获取外部世界信息的渠道是有限的，因此需要"媒介"，然后根据所获得的各种"意象"逐渐形成对自己不能亲身观察的外部世界的"先入之见"，甚至是偏见，直到最后被固化成刻板印象，进而形成舆论。因此，媒介有能力塑造国家意愿或社会目标。

"刻板成见"指的是人们对特定的事物所持有的固定化、简单化的观念和印象，它通常伴随着对该事物的价值评价和好恶感情。刻板成见可以为人们认识事物提供简便的参考标准，但也阻碍着对新事物的接受。个人有个人的刻板成见，一个社会也有其社会成员广泛接受的和普遍通行的刻板成见，因而它也起着社会控制作用。李普曼特别强调大众传播的力量，认为大众传播不仅是"拟态环境"的主要营造者，而且在形成、维护和改变一个社会的刻板成见方面也拥有强大的影响力。

（二）知沟理论和结构帝国主义理论

知沟理论（knowledge gap theory）是关于大众传播与信息社会中的阶层分化的理论。1970年，美国传播学家蒂奇诺（P. J. Tichenor）等人在一系列实证研究的基础上，提出了这样一种理论假说："由于社会经济地位高者通常能比社会经济地位低者更快地获得信息，因此，大众媒介传送的信息越多，这两者之间的知识鸿沟也就越有扩大的趋势。"也就是说，现存的贫富分化的经济结构决定了信息社会中必然存在两种人，一种是信息富有阶层，另一种是信息贫困阶层。这一理论也适用于国际社会。

与知沟理论相近的有结构帝国主义理论（structural imperialism theory）。瑞典和平学之父约翰·加尔通（Johan Galtung）认为，就新帝国主义而言，国际传播的结构化导致了中心国家和边缘国家的分野，进而形成了最有利于中心国家的国际传播秩序。如果在国际传播中保持中心国家与边缘国家的分化，那么中心国家之间的关系是和谐的，而中心国家与边缘国家之间的关系是不和谐的，边缘国家之间的关系也是不和谐的。因此，这种国际传播格局对于中心国家来说是最有利的。

此外，同样源于对资本主义的批判，比较著名的理论有葛兰西的文化霸权理论和席勒的文化帝国主义理论。

文化霸权理论（theory of cultural hegemony），又称为媒介霸权理论，是由意大利的马克思主义者、意大利共产党创始人安东尼奥·葛兰西（Antonio Gramsci）提出的。文化霸权被用来描述社会各个阶级之间的支配关系。但这种支配或统治关系并不局限于直接的政治控制，而是试图成为更为普遍性的支配，包括特定的观察、认识国际社会以及国家关系的方式。由此，领导权不仅表达统治阶级的利益，而且渗透进了大众的意识之中，被从属阶级或大众接受为"正常现实"或"常识"。

美国著名传播学者赫伯特·席勒（Herbert Schiller）于1969年出版了《大众传播与美利坚帝国》一书，率先提出了文化帝国主义的概念。席勒提醒人们注意美国出口的电影、音乐和其他媒介产品对发展中国家本土文化的潜在影响。他认为，美国的传媒公司醉心于破坏发展中国家的民族文化。

由于美国的传媒产品制作得是如此完美、如此吸引人,以致其他国家的人们很难抗拒它们。结果是,西方控制的国际大众传媒就会取代民族文化,这种形式就像是抢劫,就像是早期殖民者拼命掠夺殖民地国家自然资源,以使殖民国家发财致富一样。

(三)交往行为理论

《交往行为理论》是德国哲学家和社会学家尤尔根·哈贝马斯(Jürgen Habermas)的主要作品。在哈贝马斯的交往行为理论中,主体间性与交往理性的观念对当今传播学的影响日益凸显。哈贝马斯认为,符号化了的世界是通过人的"主体际"的交流形成的。哈贝马斯在其著作中多次使用"交往"概念,在德文中的写法是 kommunikativen,与"传播"的英文 communication 有着共同的词源,有着对等的意义,因为交往行为理论也就是传播行为理论。

交往行为理论在哈贝马斯的思想体系中,处在"表层"部分。与此相关的"深层"部分,首先是"交往理性"。交往理性就是要让理性由以主体为中心转变为以主体间性为中心,最终实现理性化的交往。① 其中,主体间性,又称主体际、主体际性或交互主体性。哈贝马斯扬弃了近代认识论的"主体—客体"认识图式,创造性地提出了"主体—主体"认识图式,即主张以主体间性为中心。

根据哈贝马斯交往理性的要求,传播沟通乃是一切主体存在的前提,是任何具体主体存在的基本方式;传播沟通是"自我"与"他我"之间的不断转换,传播沟通的过程就是理解的过程,就是在主体之间生成的过程。有效的传播沟通则必须遵守四项游戏规则:可领会性、真实性、真诚性和正当性。真实性的要求对应于客观世界(各种事态的总和),真诚性的要求对应于自我世界(唯有说话者自己能直接感受的体验的总和),正当性的要求则对应于社会世界(各种规则的总和)。这种有效性认定与各种中心主义造成的权势认定有着根本的不同:在主体间性的沟通中,有效性是靠传播沟通双方或多方共同决定;而在中心性的传播模式中其实并没有"沟通"

---

① 冯炜:《哈贝马斯交往行为理论对传播学的影响》,《山东大学学报》(哲学社会科学版)2002 年第 6 期,第 41 页。

而只有"训话",有效性是由"中心"方单方面决定的。①

哈贝马斯的交往行为理论源于其公共领域理论,以18世纪欧洲主要国家,如法国、英国和德国的历史为背景,分析了资产阶级社会中出现的俱乐部、咖啡馆、沙龙、杂志和报纸,认为其是一个公众讨论公共问题、自由交往的公共领域。公共领域最关键的含义,是独立于政治建构之外的公共交往和公众舆论,它们对于政治权力是具有批判性的,同时又是政治合法性的基础。②

哈贝马斯认为,相互理解是交往行动的核心,而语言占据特别重要的地位。交往行为是一种"主体—主体"遵循有效性规范,以语言符号为媒介而发生的交互性行为,其目的是达到主体间的理解和一致,并由此实现社会一体化、有序化和合作化。简言之,劳动偏重的是人与自然的征服与顺从的关系,交往偏重的是人与人的理解和取信的关系。

此外,西方传播学的相关理论还有卡尔·霍夫兰的"劝服理论",美籍以色列社会学家伊莱休·卡茨的"使用与满足理论",等等。

第三节　马克思主义国际传播理论

西方普遍强调经验主义、科学实证主义、工具理性,将传播视为信息传递的过程,即将传播视为达到特定目的的工具。在传统西方理论当中,常把媒体的作用放大,掩盖了媒体的中介属性,强调研究物、技术,而非人、精神。马克思主义国际传播理论基于人本主义对国际传播的内涵与外延作出全新的解释。

一、马克思主义国际传播理论的主要观点

(一)批判的武器和武器的批判

"武器的批判"指武装斗争,"批判的武器"一般指理论斗争。二者都

---

① 张小元:《大众传播:观念的变迁——哈贝马斯传播思想的贡献与局限》,《西南民族学院学报》(哲学社会科学版)2003年第1期,第247页。
② 王雅慧:《尤尔根·哈贝马斯的传播学思想概述》,《新闻窗》2011年第5期,第63页。

是无产阶级革命必不可少的重要手段,而且必须互相结合起来。马克思在《黑格尔法哲学批判导言》一文中说:"批判的武器当然不能代替武器的批判,物质力量只能用物质力量来摧毁;但是理论一经掌握群众,也会变成物质力量。"这就是说,革命理论、宣传工作虽然有着巨大的作用,但它不能代替革命实践,不能代替实际的斗争行动。任何错误的东西,以至反动阶级的统治,最终要由革命的物质力量加以摧毁。但是先进的理论、正确的宣传是群众斗争的巨大精神武器,它一旦被群众所掌握,就会变成强大的物质力量。因此,不能小看思想理论的批判作用,它虽然不能代替武器的批判,但它可以发动人民群众,指引人民群众从事正确的武器的批判。可以说,在每一个历史转变的关头,没有批判的武器,就不会有大规模的、广泛的武器的批判,理论宣传在任何时代都是不可缺少的。

(二) 媒介帝国主义

媒介帝国主义又称为信息帝国主义或新闻帝国主义,指以美国为代表的发达资本主义国家在国际新闻与传播领域的垄断地位和扩张政策。这一概念首先是由原芬兰总统吉科宁提出来的。媒介帝国主义理论集中的焦点,正是大众传播的国际化,同时更多地看到大众媒介与国家发展问题中的负面效应。在信息传播中,发达国家与发展中国家的地位是不平等的,由此造成了发展中国家消极、被动的后果。

媒介帝国主义的特征是:利用强大的、现代化的大众传播媒介和通信手段垄断国际间的新闻传播,如四大跨国通讯社(美联社、合众国际社、路透社和法新社)就垄断了绝大部分的国际新闻;利用强大的经济基础和先进技术设施生产硬件(技术媒介)和软件(节目或产品)出口、占领世界市场,并推销和宣扬本国的生活方式、价值观念,进而实现其文化渗透和侵略。媒介帝国主义是造成当前世界范围新闻传播不平等、不平衡的重要原因之一。

对此,社会主义国家和发展中国家呼吁建立世界传播和信息新秩序,强调发展中国家对自己的信息资源如同其他自然和经济资源一样,拥有绝对的主权;在国际传播中,对第三世界的新闻应予以"优惠",在新闻报道中增加有关第三世界新闻的比例,同时应努力促进第三世界之间横向的新闻传播；等等。

（三）宣传心理学

1931年，美国学者乌·拜德尔在其论文中第一次把宣传心理学作为专门学科提了出来。美国著名宣传理论家列·马·杜布编写了第一本宣传心理学教科书。美国学者对宣传心理学的关注焦点是局部的技术性细节。

苏联心理学家注重对社会心理结构的研究，注意对各社会集团进行宣传效果的研究。20世纪60年代，苏联心理学家对宣传问题倍感兴趣，组织了全国规模的讨论研究，之后出了一批学术成果。《宣传心理学》是苏联学者纳奇拉什维里所著。该书根据定势心理学理论指出，宣传活动不能仅以传递信息为限，主要应形成听众对某个问题的正确态度，即宣传工作的目的是要影响人们的意识和行为。纳季拉什维利提出名片效用、自己人效应、飞去来器效应、宣传内容的有序律等重要概念。

名片效应：在人与人的交往中，如果能表明自己与对方拥有相同或相似的价值观，就会使对方感觉到两人之间更多的相似性，从而很快地缩小双方的心理距离。

自己人效应：宣传者把宣传对象当作自己人进行说服，诚实坦率地向其说出宣传意图。这样，宣传对象就会确信宣传内容的真理性，感到每句话入耳入脑，心悦诚服，产生一种"同体观"倾向，把宣传者和自己视为一体，从而使宣传达到最佳效果。

飞去来器效应：宣传不得法或不占有真理，引起宣传对象的反感，对宣传者产生离心离德的倾向。"飞去来器"是一种掷向远方仍然飞回抛掷者原位的弯棒形器物。用这一比喻说明引起逆反心理的宣传总是导致自我伤害。传播荒谬的观念，而且方法生硬，进行强行灌输，总会引起受众的反感。本来通过宣传想争夺群众，这种宣传反而吓跑了群众，使宣传者自己被"击中"。[①]

宣传内容的有序律：在分析各种不同的观点时，报告人面前常常摆着

---

① 刘建明：《宣传舆论学大辞典》，经济日报出版社1993年版，第51—52页。

一个问题,即应以什么次序分析这些或那些观点,先讨论他所不同意的观点,再讨论他所同意的观点,这个问题是很复杂的。在分析各种不同观点时,报告人应当把他所主张的、力图劝说听众相信的观点在讲话的开头或结尾部分提出来,因为在这两个部分提出比在中间部分提出更能为听众所接受,就有较大的定势优势。①

相关研究成果还有《政治宣传心理学》等。《政治宣传心理学》是波兰学者列·沃伊塔西克所著。苏联心理学博士尤·阿·舍尔科文教授认为,这本书为专门从事宣传问题研究的各国社会主义学者们共同的研究工作作出了突出的贡献。

二、精神交往理论

马克思主义的传播观是建立在其独特的精神交往理论基础上的。交往是马克思主义哲学研究的一项重要内容,也是唯物史观的一个基本范畴。早在1845年,马克思和恩格斯就在他们共同合作的《德意志意识形态》中正面考察了人的交往问题。他们在《德意志意识形态》中指出:"各民族的原始闭关自守状态则由于日益完善的生产方式、交往以及因此自发地发展起来的各民族之间的分工而消灭得愈来愈彻底,历史就在愈来愈大的程度上成为全世界的历史。"在此基础上,马克思和恩格斯形成了精神交往的重要思想。

在马克思和恩格斯那里,交往是建构历史唯物论的基础性、总体性的范畴。物质交往和精神交往之间相互联系、相互作用,物质交往起基础和决定性作用,精神交往是物质交往的直接产物。可以看出,在这样一个思想体系中,"交往"这个概念,无论是内涵还是外延都比"传播"大。从精神交往理论的角度来看,人类的交往传播不仅是一种信息的传递,而且是一种情感的激荡、价值的碰撞和思想的对话交锋过程,是一种知、情、意的精神融通过程。②

---

① 肖·阿·纳奇拉什维里:《宣传心理学》,金初高译,新华出版社1984年版,第35—36页。
② 李欣人:《再论精神交往:马克思主义传播观与传播学的重构》,《现代传播》2016年第8期,第20页。

中介式媒体观：从马克思主义精神交往理论来看，语言符号、实物资料、交往工具及其操作的方式方法都是人类交往的媒介，它们是连接主体之间交往的中介客体。实际上，人与媒介的关系是主体与工具的关系，传播的主体是人，媒介被看作是完成人类交往活动的工具和手段。从这样一个视角来看，媒体的作用不是为了影响、说服与劝服受众，也不是为了灌输自己的精神意志，而是为了给公众间的精神联系提供一个纽带。这显然为媒体的发展提出了一个更高的理想要求和价值尺度，树立了一种联结人类精神纽带的"中介式媒体观"。

没有价值关系就没有传播结构：传播结构是基于某种价值关系，通过媒体中介和传播情境建立和发生的相互联系。经验学派传播理论建构的一个根本缺陷在于价值关系的缺失。虽然早期传播学将传播活动科学地分解为各个要素，并展示出要素之间的有机关联，使人们对传播过程的认识得以深入。但实际上，价值关系是传播结构得以成立和维持的深层原因。传播主体间的相互交流，内在地隐含着主体间需要和被需要、满足与被满足的价值关系。使用与满足理论是对早期单就传播者如何影响受众模式的一种纠正，它对于满足受众需求，发挥受众在传播中的能动作用有着积极的意义，指出了受众的能动性，但这种能动性是非常有限的，不能反映出受众所具有的真正的主体性。

马克思强调，要从主体需要的角度来认识价值。现代传播不断深化的研究结果表明，传播活动是遵循着双向互动的规律进行的。然而这种互动，绝非传播学科学的反馈机制能解释清楚的，因为这样无疑将人降低到"物"的水平上。传播活动发生的更深层原因，应该在于主体交往的内在需要和参与意识。① 显然，从口语的发展到文字的产生，乃至媒介机构的独立和发展，以及国际传播的演进都是源于人类精神交往的需要。

传播效果问题是美国早期传播研究最集中的领域之一。效果研究从一开始就体现了强烈的实用特色和工具理性精神。但是，从精神交往理论来看，传播活动的最终归宿在于结果，而不是效果。结果与效果的不同之处

---

① 李欣人：《再论精神交往：马克思主义传播观与传播学的重构》，《现代传播》2016年第8期，第21页。

在于，效果在传播活动中是以一方为主导，去影响和支配另一方的，所以效果研究经常表现出实用主义的特点。而结果则不以传播活动中的某一方为主导，传播主体双方在对话基础上展开平等互动，这种互动体现出一种真正的主体意识和自由精神。

西方传播理论的主导观念表现为一种单向的施教和征服，是效果导向，强调传播作为意识形态机器，其作用在于灌输。这势必在传播活动两极制造出一个强势主体和一个被动客体。马克思主义精神交往理论是结果导向，即不管结果如何，都是在主体自由意志支配下通过协商对话完成，传播过程不存在任何强制性，是传播过程自然完成的结果。更重要的是，传播结果是建立在传播双方是独立对等主体基础上的，不以任何一方为中心，这充分体现了人本主义的传播观①（见图1-2）。

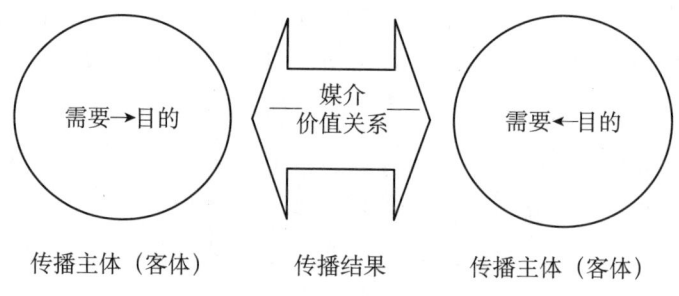

图1-2 马克思精神交往理论

马克思主义精神交往理论同西方经典理论的根本差异，在于后者认为传播目的直接体现为传播者的意志，效果在于征服受众，达到劝服受众、改变态度的效果。这种传播观念仅站在传播者的角度，是一种强势性权力，与精神交往理论强调主体间的平等性有着本质区别。陈力丹的《精神交往论——马克思恩格斯的传播观》是这一领域的权威著作。

此外，马克思主义政治经济学思想对传播学的影响非常深远。法兰克福学派、传播政治经济学、霸权理论、意识形态国家机器理论、文化研究学派都受到了马克思主义政治经济学的影响。

---

① 李欣人：《再论精神交往：马克思主义传播观与传播学的重构》，《现代传播》2016年第8期，第22页。

第四节　中国特色国际传播理论

我们党历来高度重视对外传播工作，早在 1938 年 4 月，中共中央长江局就成立了国际宣传委员会，并设立办事机构——国际宣传组。1940 年 10 月，中共中央宣传部成立了国际宣传委员会，中央书记处书记兼中宣部部长张闻天多次主持召开座谈会，邀请在华外国人研究中国共产党的对外宣传问题。之后，中共中央决定创办外文对外宣传刊物《中国通讯》，分别用英、法、俄三种文字对外刊发相关报道。1941 年 12 月，从世界反法西斯战争全局出发，中共中央成立了以朱德为主任的海外工作委员会，其工作任务之一便是加强对外宣传，同时培养专业干部。

延安时期，党的对外传播工作以全方位宣传中国共产党的理念和抗战主张以及让国际社会更多地了解红色中国为目标。1949—1978 年，这一时期的国际传播工作以扩大社会主义中国的国际统一战线、获得国际认可以及赢得国际支持为目标。1955 年 12 月，毛泽东在《让全世界都听到我们的声音》的讲话中谈到新华社派驻外记者时说："应该大发展，尽快做到在世界各地都能派有自己的记者，发出自己的消息，把地球管起来，让全世界都能听到我们的声音。"1978—2011 年，改革开放开启了国际传播工作新阶段，以充分融入国际社会以及营造和平、友好、合作的国际环境为国内经济建设服务为目标。1979 年 1 月 2 日，邓小平会见美国众议员托马斯·路·阿什利时说道："我们欢迎美国政治家们，同时也欢迎包括不赞成中美建交在内的美国人士都来中国看看，以增进两国人民之间的了解。这对发展我们两国关系是极其重要的。通过访问、接触了解中国，或许有助于他们观点的改变。"2012 年至今，国际传播工作进入新时代，以构建同我国综合国力和国际地位相匹配的国际话语权为目标。中央多次强调，落后就要挨打，贫穷就要挨饿，失语就要挨骂。形象地讲，长期以来，我们党带领人民就是要不断解决"挨打""挨饿""挨骂"这三大问题。经过几代人不懈奋斗，前两个问题基本得到解决，但"挨骂"问题还没有得到根本解决。

强者通心：国际传播能力建设

争取国际话语权是我们必须解决好的一个重大问题。

2013年8月19日，习近平总书记在全国宣传思想工作会议上的重要讲话中强调，必须自觉承担起举旗帜、聚民心、育新人、兴文化、展形象的使命任务。其中，"展形象"就是要推进国际传播能力建设，讲好中国故事、传播好中国声音，向世界展现真实、立体、全面的中国，提高国家文化软实力和中华文化影响力。

2016年2月19日，习近平总书记在党的新闻舆论工作座谈会上发表重要讲话强调，党的新闻舆论工作是党的一项重要工作，是治国理政、定国安邦的大事。在新的时代条件下，党的新闻舆论工作的职责和使命是：高举旗帜、引领导向，围绕中心、服务大局，团结人民、鼓舞士气，成风化人、凝心聚力，澄清谬误、明辨是非，联结中外、沟通世界。其中，联结中外、沟通世界是对国际传播工作的具体要求。

2021年5月31日，中共中央政治局就加强我国国际传播能力建设进行第三十次集体学习。习近平总书记再次强调，讲好中国故事，传播好中国声音，展示真实、立体、全面的中国，是加强我国国际传播能力建设的重要任务。必须加强顶层设计和研究布局，构建具有鲜明中国特色的战略传播体系，着力提高国际传播影响力、中华文化感召力、中国形象亲和力、中国话语说服力、国际舆论引导力。

一、坚持以马克思主义新闻观为指导

马克思主义新闻观是指马克思主义对于新闻现象和新闻传播活动的规律性认识。2016年2月19日，习近平总书记在党的新闻舆论工作座谈会上指出，新闻观是新闻舆论工作的灵魂。提出了要深入开展马克思主义新闻观教育和牢牢坚持马克思主义新闻观的要求。

在新闻领域，马克思有着独特的经历和贡献。他一生中唯一的正式职业就是办报纸。24岁那年，即1842年，刚大学毕业不久的他便被聘为《莱茵报》主编。6年后，即1848年，也就是发表《共产党宣言》的那一年，作为新当选的共产主义者同盟中央委员会主席，他又和恩格斯一起在自己的家乡科伦创办了被称为"革命无产阶级最好的机关报"（列宁语）的《新莱茵报》，并亲自担任了这家世界上第一个以马克思主义为指导的无产阶级政党机关报的总编辑。马克思在革命斗争中始终把报刊作为重要的政治阵地，他先后创办、主编和参与编辑的报刊有十几家，关心和指导过的工人报刊多达数十家，还先后为欧美国家的近百家报刊撰过稿，可以说报刊成为他宣传革命思想、传播科学理论、组织群众斗争、指导工人运动的有力武器。

马克思既有丰富的新闻实践，又有对新闻工作深刻的理论思考。由他和恩格斯共同创立的马克思主义新闻观，作为一种科学的新闻观，阐释了无产阶级党报工作的基本原理，揭示了无产阶级党报工作的客观规律，成为指导世界无产阶级和社会主义新闻事业的思想旗帜。[①]

马克思主义新闻观认为，新闻具有阶级性，新闻自由也具有阶级性。西方国家标榜的新闻自由，实质就是资产阶级的新闻自由，是为维护资产阶级利益和资本主义制度服务的。列宁1921年8月5日在一封信中指出，在全世界，凡是有资本家的地方，出版自由就是收买报纸、收买作家的自由，就是暗中收买、公开收买和制造有利于资产阶级的"舆论"的自由。

美国著名新闻学家本·巴格迪坎在1983年出版的《传播媒介的垄断》一书中说："新闻报道的每一个环节都涉及基于价值观念上的判断。客观环境中有无数事件，到底报道哪个？不报道哪个？记者观察到无数事实，哪些要记录下来？记录下来的事实，哪些被写进稿件？被报道的事实，哪些写进第一段？另外，在发到编辑部里的报道中，哪些被安排在头版予以突出处理？哪篇被放在内页或干脆抛掉？这些问题中，不管哪一个，其所作出的决定，都不是真正客观的。"[②] 他这里所说的价值观念就是记者阶级立场的体现，而如何采编新闻，如何编排版面，都体现记者的价值观念，亦即阶级立场。

1957年5月18日，毛泽东在中央政治局常委会会议上就谈道："无产阶级的新闻政策和资产阶级的新闻政策，有一个共同点，这就是新闻有阶

[①] 郑保卫：《马克思主义新闻观中国化的历史进程及其理论贡献》，《新闻与传播研究》2018年第2期，第5—19页。

[②] 文有仁：《马克思主义新闻观的基本内涵》，新华网，2007年1月6日。

级性、党派性。"社会主义国家正是为了维护人民的根本利益,对于一切企图改变社会主义制度的违法新闻活动,不但不能给予自由,而且要依法制裁。总之,马克思主义新闻观的立足点是新闻有阶级性、党派性。

二、坚持党性和人民性的统一

在中国,党性和人民性从来都是一致的、统一的。2016年2月19日,习近平总书记在主持召开党的新闻舆论工作座谈会时强调,要坚持党性和人民性相统一,把党的理论和路线方针政策变成人民群众的自觉行动,及时把人民群众创造的经验和面临的实际情况反映出来,丰富人民精神世界,增强人民精神力量。

"政治家办报"是坚持党性原则的具体体现。列宁曾在20世纪20年代提出"革命家办报"的重要论述。1959年6月,毛泽东在中央政治局会议上提出报纸办得好坏,要看你是政治家办报还是书生办报。他明确表示,他是提倡政治家办报的。他说有些同志是书生,而书生最大的缺点是优柔寡断。毛泽东表示,他欣赏曹操的多谋善断,强调办报也要多谋善断,要一眼看准,立即抓住、抓紧,形势一变,要转得快。

1942年,毛泽东在延安文艺座谈会上指出,文艺创作要为广大的人民群众服务。同时强调,在现在世界上,一切文化或文学艺术都是属于一定的阶级,属于一定的政治路线的。为艺术的艺术,超阶级的艺术,和政治并行或互相独立的艺术,实际上是不存在的。无产阶级的文学艺术是无产阶级整个革命事业的一部分,如同列宁所说,是整个革命机器中的"齿轮和螺丝钉"。

谈到如何检验是不是做到"政治家办报",习近平总书记提出主要看5个方面。一是看是不是确立了马克思主义新闻观,认同党性和人民性的高度一致性,认清西方所谓"新闻自由"的虚伪性和欺骗性。二是看是不是有坚定的政治意识、大局意识、核心意识、看齐意识,自觉在思想上政治上行动上同党中央保持高度一致。三是看是不是忠实宣传党的理论和路线方针政策,让党的主张成为时代最强音,促进筑牢全党全社会团结奋斗的共同思想基础。四是看是不是把纪律挺在前面,严格遵守党的政治纪律、宣传纪律和长期形成的规矩。五是看是不是具有政治定力，在大是大非面前旗帜鲜明，在重大原则问题上敢于发声、敢于斗争。

坚持党性原则，最根本的是坚持党对新闻舆论工作的领导。党和政府主办的媒体是党和政府的宣传阵地，必须姓党。党的根基在人民群众、血脉在人民群众、力量在人民群众。毛泽东要求新闻工作者自觉地深入群众，虚心向群众学习。1942年，毛泽东为《解放日报》写了"深入群众，不尚空谈"的题词。1948年，毛泽东在与《晋绥日报》编辑人员的谈话中又强调："办好报纸，把报纸办得引人入胜，在报纸上正确地宣传党的方针政策，通过报纸加强党和群众的联系，这是党的工作中的一项不可小看的、有重大原则意义的问题。"

党的十六大后，胡锦涛提出了贴近实际、贴近生活、贴近群众的工作方针，并组织新闻界开展"走基层、转作风、改文风"活动。他要求新闻工作必须坚持以人为本，增强新闻报道的亲和力、吸引力、感染力，要坚持把实现好、维护好、发展好最广大人民的根本利益作为新闻宣传工作的出发点和落脚点。

2016年2月19日，习近平总书记在党的新闻舆论工作座谈会上提出了"三个坚持"，即党的新闻舆论工作要适应国内外形势发展，从党的工作全局出发把握定位，坚持党的领导，坚持正确政治方向，坚持以人民为中心的工作导向。人民群众是我们力量的源泉。军事战场，以"力"服人；舆论战场，以"理"服人。这里的"理"，是指理论和思想。理论和思想从哪里来，从广大人民群众的实践中来。

三、坚持民族性与世界性的统一

第一，既要讲好中国故事，也要讲好世界故事。过去500年，主要是西方国家在讲世界故事，其他国家包括中国都是"听众"，处于被影响、被塑造的地位。美国等西方国家为了维护其霸权利益，甚至虚构故事、黑白颠倒、欺骗世界，"听众"厌倦了西方的"滔滔不绝""颐指气使"，希望中国等发展中国家、负责任国家来讲世界的故事，来讲一个客观真实、美好向上的世界故事，这是"世界叙事"能力提升的表现。从历史来看，大国竞争的胜负不仅取决于谁的军队会赢,而且取决于谁的"世界叙事"会赢。

重义轻利,是中国人民几千年来一直遵守的思想信条,也是中华民族的优秀传统文化。这里的义(道德)更多指社会公义、公利,强调社会责任。邓小平要求宣传思想文化战线的同志要把最好的精神食粮献给人民,要考虑作品的社会影响,讲求宣传思想文化工作的社会效益,反对把精神产品商品化,批判"一切向钱看"的腐朽思想。宣传思想文化战线要树立正确的义利观,始终把社会效益放在第一位,坚持社会效益与经济效益的统一,当经济效益同社会效益发生矛盾时,要自觉服从社会效益。与之相反,在西方国家,金钱不仅主导政治,也主导舆论。受商业利益驱使的西方媒体,为追求点击率、收视率和广告收入,迎合大众的消费心理,视经济效益高于社会效益,陷入无法自拔的恶性循环。

第二,既要讲清楚民族特性,也要讲清楚世界共性。一般而言,充分自信的国家会更多强调共性,而不是强调自己如何不同的独特性。因此,国际传播要体现出中国作风和中国气派,但也要兼顾世界共性,不能给国际社会留下"中国处处与人不同"的印象。必须统筹国内国际两个大局,把加强对外宣传作为关系国家发展全局的战略任务抓紧抓好。

笔者常常到海外调研中国形象,发现中国的国家形象十分复杂,很难用简单的好与坏来评价。目前,中国国家形象存在的主要问题有两个。一是中国与世界的认识鸿沟。首先,中国人对自己的看法和世界对中国的看法之间存在巨大的差距。其次,中国对世界的看法与别国对世界的看法有很大的差距。二是国际社会对中国依然比较陌生,由此导致了对中国的误解甚至担忧。有很多外国人用"谜""神秘"等词汇来描述中国,他们感觉越试图了解中国,就越不了解中国,从而放弃了对中国持久学习的兴趣。所以,一些西方国家总是将中国描述为"一个陌生、奇妙的世界",并用他们的想象来界定中国。

因此,要刷新国家形象、为中国"解密",要拉近中国与世界的距离。长期以来,我们在国际传播中,过于强调中国的历史久远、博大精深、神秘古老。这会给外国人造成中国"难解之谜"的印象。神秘化就意味着会被边缘化。因此,我们要为中国"解密"。在这方面英国的经验值得我们借鉴。在笔者赴英国调研期间，英国外交部官员告诉我，他们希望将傲慢、呆板、过时、冷漠的老英国，转变为开放、紧密联系、创造性、充满活力的新英国。他们认为，如果总是强调英国的传统形象——历史主题公园，那么英国企业就不能从这种形象中获得足够的商业资本。因此，中国也应该将一个开放现代的、朝气蓬勃的、美好向上的国家形象呈现在世人面前。

2013年，习近平总书记提出"一带一路"倡议，这充分展现了中国独特的历史与现实优势。与此同时提出人类命运共同体、全人类共同价值等重要理念，就是在探寻人类社会的最大公约数，不断夯实国际社会的共性基础，即和平、发展、公平、正义、民主、自由。

四、坚持真实性与真诚态度的统一

大道至简，国际传播的核心是"真实"与"真诚"，关键是提升国际公信力。真实性原则，是中国特色国际传播理论的主要支撑。真实性是新闻的生命。要根据事实来描述事实，既准确报道个别事实，又从宏观上把握和反映事件或事物的全貌。我国十分重视新闻的真实性，把这一点提高到新闻工作的无产阶级党性原则来认识。刘少奇提出过这样的要求："你们的笔，是人民的笔，你们是党和人民的耳目喉舌。你们不能采取轻率的、哗众取宠的'客里空'[①]式的态度，而应当采取负责的、谨慎的、严肃的态度去做工作。"[②] 江泽民说："新闻的真实性，就是要在新闻工作中坚持党的一切从实际出发、实事求是的思想路线。我们坦率地指出新闻工作的阶级性和党性原则，因为我们新闻工作的阶级性和党性同新闻的真实性是一致的。"[③]

延安时期，"红色中国"突破封锁走向世界，成为中国共产党国际传播能力的经典案例。延安交际处处长金城在《延安交际处回忆录》中写道："对外宣传工作，毛泽东曾着重指出，一定要实事求是地宣传我们党的政策。宣传我党、我军、抗日根据地人民战斗胜利的成绩，解答他们提出的

[①] 客里空是苏联话剧《前线》中的一个新闻记者，惯于弄虚作假。
[②] 《刘少奇选集》上卷，人民出版社1981年版，第404页。
[③] 《十三大以来重要文献选编》中册，人民出版社1991年版，第775页。

问题,都要采取老实的态度,知之为知之,不知为不知。切不要不懂装懂,自以为是。组织他们参观考察时,要尽力让他们对我们有全面的了解……要知道我们工作中的缺点和错误,是革命前进中难以避免的,是可以经过自己的努力克服改正的。只要我们诚恳坦白地说清楚实际情况,是会取得人们的信任和理解的。"

坚持真实性与真诚态度的统一,在延安时期表现在对外传播工作秉持坦诚友好原则,以确凿事实和先进思想赢得人心。例如,西方记者斯坦因初到延安的感受是"共产党似乎不像我们所想象的那样急于宣传……他们并不故意给我们什么印象,表现着安静和含蓄。他们的态度好像是:用你们自己的眼睛来看吧。我完全自由地去做调查,要到哪里去就到哪里,要和谁谈话就和谁谈话。没有不准问的问题,没有被拒绝的问题"。

对于中外人士的来访,延安的方针是敞开大门,让他们自由参观边区机关、工厂、学校和各类单位,不搞浮夸,更不弄虚作假。共产党人的坦诚友好,增强了对外传播的亲和力,也赢得了越来越多的朋友,斯诺、史沫特莱等人都与党的领导人建立了深厚友谊。1944年7月,经过积极斡旋,美军观察组进驻延安考察。毛泽东要求各级干部放手与美军接触。观察组所到之处,当地领导人予以热情接待和通力合作,得到了美方高度赞许。美军观察组成员谢伟思在与中共领导人深入接触后认为,这个领导集体由精力充沛、成熟和讲求实效的人组成,他们忘我地献身于崇高的原则,具有杰出的才干和坚毅的领导素质。延安经验启示我们,加强国际传播能力建设,要秉持真实性与真诚态度相统一的原则。

在中国看来,新闻要记录"历史的真实",报道的每件事、每个细节都必须真实,决不允许移花接木、张冠李戴,更不能够无中生有;话可以不说,但说了要负责。不仅要做到所报道的单个事情的真实、准确,尤其要注意和善于从总体上、本质上以及发展趋势上去把握事物的真实性。美国等西方国家媒体则秉持"利益的真实",常常歪曲事实、颠倒黑白,为维护自身利益不择手段。以伊拉克战争为例,美国媒体杜撰了伊拉克拥有大规模杀伤性武器,以此激起国际社会的恐惧和愤怒情绪,这致使美国入侵伊拉克几乎没有反对声音。但这一行为也严重损害了美国的国际声誉与软实力。

2021年，不少西方媒体和企业拿新疆存在所谓"强迫劳动""宗教歧视"等问题大做文章，并表示抵制新疆产品。这种无中生有、别有用心的指控，充斥着偏见与敌意，暴露了无知与虚伪。可见，美国所谓的新闻自由只是"神话"，其国际传播的主要任务在于动员大众支持美国政府的利益，但这一维护利益的方式是短视自私的。

我们一定要在遵循真实性原则的前提下，学会用中国的立场、中国的眼睛、中国的声音、中国的分析，去应对和报道风云变幻的国际社会。同时，真诚是最简单有效的沟通方式，我们一定要坚持讲真话，一定又要善于抓住时机讲真话。

五、坚持按照国际传播规律办事

1994年，江泽民在全国宣传思想工作会议上提出，我们的宣传思想工作，必须以科学的理论武装人，以正确的舆论引导人，以高尚的精神塑造人，以优秀的作品鼓舞人，不断培养和造就一代又一代有理想、有道德、有文化、有纪律的社会主义新人，在建设有中国特色社会主义的伟大事业中发挥有力的思想保证和舆论支持作用。胡锦涛强调要坚持用时代要求审视新闻宣传工作，按照新闻传播规律办事；要尊重舆论宣传的规律，讲究舆论宣传的艺术，不断提高舆论引导的水平和效果；要认真研究新闻传播的现状和趋势，深入研究各类受众群体的心理特点和接受习惯，加强舆情分析，主动设置议题。

2013年12月，习近平总书记在十八届中央政治局第十二次集体学习时强调："价值观念在一定社会的文化中是起中轴作用的，文化的影响力首先是价值观念的影响力。世界上各种文化之争，本质上是价值观念之争，也是人心之争、意识形态之争，正所谓'一时之强弱在力，千古之胜负在理'。"国际传播能力属于全球沟通能力，是软实力的重要组成部分。软实力的核心是文化，文化的核心是价值观。研究文化说到底是研究价值观，传播文化说到底是传播价值观，如果没有实现情感共鸣、价值共振，所有的文化展现都是花拳绣腿。所谓价值共振，就是看能不能激发国际社会分享中国的冲动。

国际传播要重视事实、道理、情感三个要素的统一。国际传播虽然要以观点说服人，但没有事实的观点总是脆弱的。事实是观点得以成立的基础，是思想形成的支柱，好的国际传播必须列举大量事实说明论点，做到"以例服人"。这种事实，不是随便捡来的琐碎小事，而是足以反映事物本质的、真实而典型的事实。道理，即推理、论断、驳议，是国际传播内容的核心要素。作为国际传播工作的根本任务，就是以理论形式向人们传输科学真理。情感是信息传播、观点分享的润滑剂，推理、论证和叙述事实如果带有情感，国际传播就会有很强的说服力和感染力。换位思考，动之以情，晓之以理，是国际传播成功的重要条件。优秀的国际传播，必然是这三个要素的有机结合。

在国际社会，难的不是通路、通电、通邮、通航等，最难的是"通心"。成都武侯祠内的"攻心联"——"能攻心则反侧自消，从古知兵非好战；不审势即宽严皆误，后来治蜀要深思"，核心思想是"攻心为上，攻城为下；心战为上，兵战为下"。毛泽东精辟指出，"所谓政治，就是把我们的人搞得多多的，把敌人搞得少少的"。① 人心是最大的政治，也是最强的国际政治。

国际传播不能一味妥协退让，也不能事事"硬碰硬"，同样要尊重国际传播规律。国际传播有"靡菲斯特法则"，即向传播对象说几句同情话、知心话。靡菲斯特是德国作家歌德所写剧本《浮士德》中出现的恶魔，他总是和他人附耳低语，拉拢感情，在他人之间挑拨离间。在国际传播中，最好用温和的语言向对象表示同情、理解，然后再逐一展开工作，从而使对方欣然接受所传播的观点。对工作对象表示同情，是取得良好传播效果的一种有效方法。

简言之，只有充分尊重国际传播规律，才能有效实现国际传播效果。良好的国际传播效果应包括：国际受众认识到与该国具有共同感兴趣的诸多话题以及合作的诸多领域；国际受众认为该国在全球事务中发挥了建设性作用；国际受众将该国视为能够推动人类社会文明进步的一个值得尊敬

---

① 《十八大以来重要文献选编》中册，中央文献出版社2016年版，第556页。

的伙伴，甚至是值得学习仿效的对象。有效的国际传播是一个双向的过程，传递不同受众的观点和反应，并能够形成情感共鸣与价值共振。很长一段时间，国际社会普遍对有 5000 多年历史的中国充满好奇，对中国物美价廉的产品十分喜欢，但并非上升到对中国理念、价值观等核心要素的欣赏与认同。因此，国际传播能力的有效性，就是看能不能增强国际社会对中国理念、价值观的欣赏与认同，欣赏中国道路的世界意义，认同中国是全球治理的积极因素与建设性力量。

六、坚持大众化、专业化、系统化、信息化的统一

国际传播不能为了让对方说好话，就一味地"迎合"，国际传播要体现先进性，要有能力引导国际社会构建增信释疑、凝心聚力的舆论环境。也就是说，国际传播要以情感的沟通、理性的说服、价值的共鸣达到传播效果的最大化，在对外传播中形成最大公约数，为各国发展创造良性互动的外部环境。

国际传播的大众化就是人人都可以参与，而非只是媒体、教育、外交外事或宣传机构的专业人员所专属。中国从大到强的进程，意味着内宣、外宣的边界越来越模糊，国际传播的主体越来越多元，国际传播的门槛越来越低。就方式而言，讲故事是大众化的主要方式，是国际传播的最佳方式。要讲好中国特色社会主义的故事，讲好中国梦的故事，讲好中国人的故事，讲好中华优秀传统文化的故事，讲好中国和平发展的故事，更加充分、更加鲜明地展现中国故事及其背后的思想力量和精神力量。强调大众化，要兼顾内外部的协调一致，避免出现信息的"自相残杀""相互踩脚"现象。强调大众化，要分场合、分情境，避免"铺天盖地""发力过猛"，把握好基调，既开放自信也谦逊谦和，做到"点穴式发力"，该点到为止的时候点到为止，该一击穿透的时候一击穿透。

专业化的前提是尊重国际传播规律，涉及受众分析、目标设定、信息策略、渠道选择和项目评估等，求时效更求成效。要创新对外话语表达方式，研究国外不同受众的习惯和特点，采用融通中外的概念、范畴、表述，把我们想讲的和国外受众想听的结合起来，把"陈情""说理"同"案例"

（一系列令人信服的"情节"）结合起来，把"自己讲""别人讲"同"大家一起讲"结合起来。要实现精心运作的传播，从本质上讲，精心运作的传播就是专业化的传播，实现言语与行动的一致性。国际传播应阐明积极的愿景，聚焦核心理念，并创造积极的条件同外国受众进行接触，不能只重视输出，要高度重视信息反馈。具体来说，在同国际社会进行交流沟通时，要做好两个"I"的工作：一个是implication（含意），即要讲清楚核心理念的基本内涵是什么；另一个是indicator（指标），即要厘清衡量基本内涵的具体指标是什么。此外，要丰富国际传播的工具箱，既要有盾，也要有矛。在国际社会，"正确传播"和"传播正确"一样重要。

专业化需要专业化人才。1997年，国务院学位委员会将新闻传播学提升为一级学科。下设广告学、网络与新媒体、新闻学、传播学、广播电视学、编辑出版学、国际新闻、数字出版等专业。未来，建议尽快在高校加设国际传播专业。要特别重视企业的力量，优秀且国际化的企业能够无声地传播中国理念、中国价值。

系统性在于构建具有鲜明中国特色的战略传播体系，着力提高"五力"，即国际传播影响力、中华文化感召力、中国形象亲和力、中国话语说服力、国际舆论引导力。要实现传统媒体与新媒体的深度融合，实现教育、文化、体育、传媒、企业、非政府组织等多主体国际化、全球化的深度融合，上述主体不仅要走出去，更要走进去、走上去。加强离岸传播工作，借助外部资源有效讲好中国故事。一是充分利用海外华人华侨资源进行社会层面的传播；二是利用国际化的中国企业及其产品与服务进行近距离传播；三是资助国际知名高校设立"特定教席"，并据此加强对中国议题的研究以进行国际学术传播；四是支持外国青年人来华"知行中国"，回国之后用他们熟悉的传播渠道影响他们的朋友圈并进行青年人的传播。目前，欧盟内部有"伊拉斯谟世界计划"，旨在推动欧洲国家间大学生的交流工作。中国的国际传播能力建设也应有这样的计划，加强青年人在科技、教育等人文领域的交流合作。经济决定今天，科技决定明天，教育决定后天，国际传播决定今天、明天、后天的和平性、友好度。

要把握国际传播领域移动化、社交化、可视化的趋势，要运用信息革命成果，加快构建融为一体、合而为一的全媒体传播格局。目前，全球网民数量达46.6亿人，中国网民规模达10.11亿人，互联网普及率达71.6%。只要拥有一台电脑或者一部手机，任何人都可以在不同的时间、不同的地点成为网络社会中的公民，成为国际传播的主体。互联网的广泛运用使人为控制、干预信息传播的可能性变得越来越小，从而将国际传播提升到了一个前所未有的水平。这既是机遇，也是挑战，关键在于把握国际传播规律，增强自身的国际传播能力。

正能量是总要求，管得住是硬道理，现在还要加一条，用得好是真本事。要善于运用互联网技术和信息化手段开展工作，过不了互联网这一关，就过不了长期执政这一关。

第二章
国际传播的国别经验

美国著名新闻评论家沃尔特·李普曼认为，现代政治最重要的问题是如何控制公众舆论。20世纪30年代做出的论断，在今天信息时代仍然具有现实意义。当今世界，大国之间的较量不仅是硬实力之间的竞争，往往表现为综合实力，即硬实力与软实力的交互作用。国际传播能力是重要的软实力来源，是对抗"软打击""软轰炸"的重要手段，利用现代信息传播技术进行舆论渗透和思想渗透，向对手发动舆论战、宣传战和信息战，为政治斗争、国家利益的较量创造条件，已成为当前国际力量对比的"新常态"。[①] 随着数字技术的发展，国际传播通过传统媒体、新媒体、社交平台等渠道，不但影响着公众舆论，同时还引导着民众的思想、价值观和理念，能够争取更多的国际支持、认同和欣赏，能够在战略层面提升国家的影响力和塑造力。

战略传播指的是政府综合使用政治、军事、文化、经济、外交等各种渠道和工具把握全球舆论、态度及文化，并透过传播策略来影响人们的态度与行为，以强化或维持有利于国家利益、政策和目标环境的整合营销政治传播。[②] 在一定程度上，战略传播包括文化价值观传播和新闻传播的部分内容，属于国际传播的顶层设计，但三者也有鲜明的差异性、各有侧重。具

[①] 许华：《从乌克兰危机看俄罗斯的国际传播力——兼议国际政治博弈中的传播之争》，《俄罗斯学刊》2015年第3期，第62页。

[②] 《战略传播：国家利益争夺前沿的较量》，《中国国防报》2016年12月8日。

体来说，战略传播的政治属性更浓，文化价值观传播的文化、教育、娱乐、商业等属性更重，新闻传播则直接在新闻媒体领域竞争，聚焦的是议程、讯息、媒介等。

第一节　战略传播

战略传播的定义很多。简单来说，战略传播是指使用语言、行动、图像或符号来影响目标受众的态度和观点，从而塑造他们的行为，维护利益，推广政策，实现目标。美国国防部对战略传播的定义是：美国政府为理解并触及关键受众，以便创造、强化或保持有利于增进美国政府的利益、政策和目标的环境而进行的有针对性的努力。战略传播与国家权力的所有手段相同步，使用协调一致的方案、规划、主题、信息和产品。

全球数字化信息化时代，在解决安全或敏感问题，或者面临传播威胁时，战略传播应该成为机构传播者、学术界、记者或利益相关者的首要任务。由此可见，当今世界，传播生态正在发生深刻变化，国际传播主体超越传统媒体和传统认知的范畴，呈现出多样化的态势，国际传播效果的优劣不再由单一主体——政府或媒体决定，而是由多元主体形成的系统机制所决定。从战略传播的历史经验来看，战略传播体系建设尤为重要。

一、战略传播体系建设：战略传播的制度保障

美国是最早研究战略传播并实施战略传播的国家。美国早在1898年美西战争结束之后就开始构建对外战略传播体系，形成了战略传播的萌芽。第一次世界大战期间，美国政府建立了公共信息委员会，这是第一个由政府主导建立的宣传机构。第二次世界大战期间，美国政府先后成立了新闻协调署、精确资料办公室、美国之音、战时新闻署、战略事务局、国际新闻和文化事务署等众多机构，还设立了专门负责对外文化传播事务的助理国务卿一职，聚焦力量开展对内、对外宣传事务，服务于美国战时的利益需求。

第二次世界大战结束后,美国建立起庞大、高效而且运作成熟的宣传机器。美国政府于1947—1953年成立了国家安全委员会、中央情报局和美国新闻署,均直接对总统负责,为美国的战略传播奠定了雄厚的制度性基础。

美国正式提出战略传播的概念是在"9·11"恐怖袭击事件后。2001年10月,美国国防科学委员会综合国内顶尖智库的30多份报告,向国防部建议提升信息传播控制和战略传播能力。与此相呼应,白宫也首次任命来自传播行业的人士担任国务院要职,同时宣布投入1200万美元,启动针对阿拉伯国家和穆斯林世界的"洗脑赢心计划"。

2002年末,布什总统正式成立"全球传播办公室",国际战略传播的实施由此得到了国家机器和政府机制的保障。2004年,美国《国家军事战略报告》采用了"战略传播"这一概念,并勾画了美国战略传播的体系。2008年9月17日,美国国会通过了《战略传播法案》。2010年3月,奥巴马总统向参众两院递交了一份名为《国家战略传播构架》的报告,首次全面系统地阐述了美国国家战略传播体系的定义、性质、目标和实施路径,勾画出美国国家战略传播的运行机制。① 由此,美国战略传播进入全球实施阶段。

战略传播的核心内容是价值观。在长达近一个世纪的努力中,美国建立起一整套以"普世价值"为核心概念的国家战略传播体系和运作机制,这套体系在冷战中发挥了重要的作用。冷战期间,美国的战略传播有明确的意识形态导向,突出传播活动的战略地位。这一时期,美国在苏联周边建立了数十个广播站,每天24小时全天候用苏联各民族的语言对苏联人民进行广播。为打赢这场传播战,美国政府、军方、媒体等整合力量,为之准备了丰富而庞大的"武器库",比如音乐、电影、电视剧、展览、颁奖、广播节目等,这些文化符号成为美国传播其"普世价值"的重要载体。当时,有一半的苏联人和70%—80%的东欧人每天都能听到由美国自主制作播出的广播节目。这些"武器"击中了苏联人和东欧人的内心,人心开始

---

① 《战略传播:国家利益争夺前沿的较量》,《中国国防报》2016年12月8日。

动摇,开始向往美国式的生活,国家的根基也开始动摇。因此,有学者认为,苏联解体、东欧巨变与美国的战略传播密切相关。

美国的战略传播是精心运作的传播,在战术层面涉及复杂的公开行动和隐蔽行动,令众多国家的不同社会群体,尤其是精英阶层往往在不知不觉中成为美国的呼应者、支持者,很多时候也容易成为受害者。

二、隐蔽性传播：战略传播的柔性途径

根据美国《国家战略传播构架》的阐述,美国国家战略传播构架是总统通过国家安全委员会领导的庞大的跨部门体系,是美国外交、军方和诸多情报机构的联动机制。这一联动机制可通过图2-1予以简要展现。①

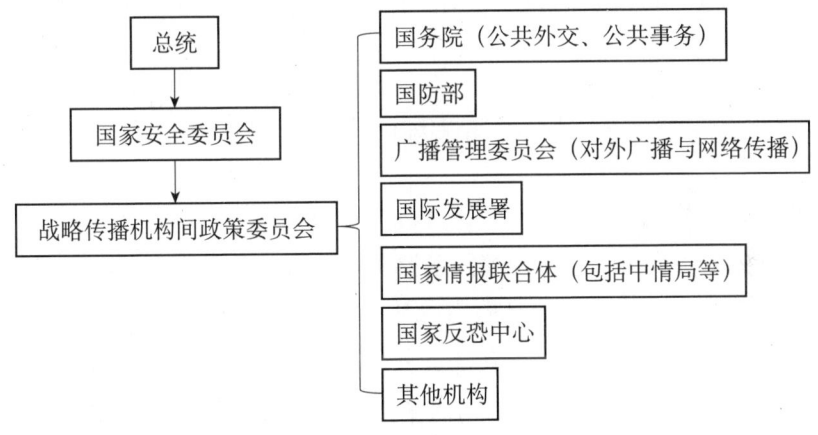

图2-1 美国战略传播的联动机制

美国相关机构与国际发展署、美国新闻处、教育部、国防部、和平队、内政部等政府部门和以私人基金会为代表的各类民间组织积极参与、支持美国的海外传播推广活动,他们擅长以公共外交、公共事务、信息活动、文化交流、奖学金项目、心理战、观念战等术语为掩护,通过控制国内外媒体、收买、利诱政治家和相关国家内部"意见领袖"及媒体从业者充当

---

① 李格琴:《美国国家战略传播机制的特征及特朗普政府涉华战略传播》,《武汉大学学报》(哲学社会科学版)2021年第3期,第102页。

其代言人，进行隐蔽性的对外战略传播。①

语言传播、教育培训、奖学金项目是美国进行隐蔽性对外战略传播的典型模式。英语现在作为国际语言，几乎任何一个国家受过高等教育的人员都会接触到。目前在学习英语的人群中有75%以上的人讲美式英语，以英语为母语的国家中，有70%以上的国家使用美式英语，一个"语言帝国"深深印刻在人们的头脑中。众所周知，语言是文化和价值观的载体，美式英语的传播意味着美国的文化和价值观通过语言渗透和输出到世界的各个角落，潜移默化地改变着人们的生活方式、行为模式。比如，美国的快餐文化。中国本无"快餐"这一词，但是当麦当劳、肯德基传入中国后，中国的餐饮文化也随之发生了变化，各种中式快餐店纷纷落地，人们吃的是中餐，但消费的却是美国文化。这样的快餐文化早已渗透到世界各地。

三、关键受众为本：战略传播的原则

根据美国国防部的定义，战略传播所做的努力，使用的方案、规划、主题、信息和产品都是为了理解并触及关键受众，以增进美国政府的利益。也就是说，美国的战略传播是向国内外受众传达或阻隔特定信息，以影响他们的情感、动机、行为、推断等。这样的行动也面向（国外的）情报系统和所有层级的官员，以影响其国家的官方评估，从而最终致使其国家做出有利于原行为国的目标的官方行为，以达成"认知操控"，其终极目的是通过信息操控而图谋其他国家做出有利于美国实现自身战略目标的行为。

伊拉克战争爆发前后，美国所进行的战略传播就是以关键受众为本的典型案例，其中的关键词就是"认知操控"。美国政府通过统领国防部、国务院、新闻发布会、国际广播、电视新闻、网络媒体等部门的信息活动，运用各种战略传播手段特别是心理战术，向全世界展开了信息轰炸，炮制"鲍威尔牌洗衣粉"，宣称伊拉克拥有大规模杀伤性武器，为了正义、安全和消除恐怖主义威胁，必须打击伊拉克。同时辅之以心理战、信息战，不

---

① 吕祥：《美国的战略传播体系》，《对外传播》2011年第6期，第58页。

仅让国内受众"同意"美国政府打一场伊拉克战争，同时也让国外受众认可自己国家与美国之间的相互利益，相信美国能在伊拉克事务中发挥建设性作用，使国外受众将美国视为应对全球挑战的令人尊敬的伙伴。由此，美国成功"劝服"盟友和国内民众，接受美国政府提供的信息源，国际民众因为伊拉克"遥不可及"而偏信美国政府的说辞，愿意本国同美国一起，绕过联合国，打击伊拉克，从而实现美国控制伊拉克，同时掌控中东"石油阀门"的战略目标。美国战略传播同认知操控的关系如图2-2所示。

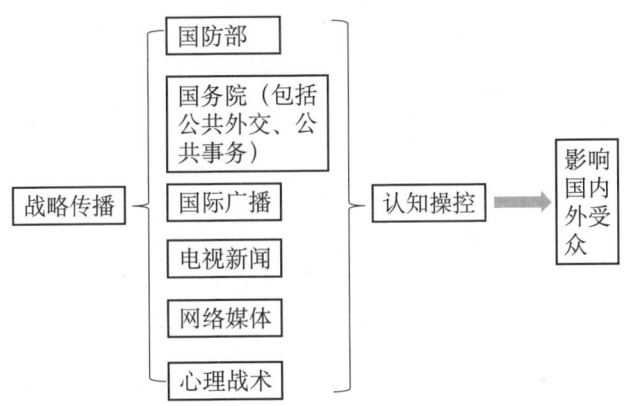

图2-2　美国战略传播同认知操控的关系

四、全政府与全社会联动机制：战略传播的重要依托

"全政府"是源自组织学和公共行政管理的概念，其本身并非应对特定问题的战略或政策，而是调动政府资源、应对公共政策领域问题的一项组织原则。全政府指的是为解决或应对公共行政领域的某一具体问题，两个或多个政府职能部门通过一定机制或组织形式，就制定和实施相关政策相互协调、相互配合和联合行动。这一概念在西方公共行政领域的兴起，主要源于在相互依赖、相互联系日益紧密的全球化背景下，公共行政管理问题的复杂性日益增强，解决或应对这些问题往往需要多种专业知识、技能、管理经验以及信息渠道，强调通过某种组织形式或特定机制，在相互独立的职能部门之间开展水平方向的合作和协调，实现知识和资源共享，来解决或应对公共行政领域的复杂挑战和威胁，即除实现人力、物力在组织形式上的

汇集外,如何使这种汇集充分发挥效力和效率,达致"1+1>2"的效果,实现真正意义上的全政府而非两个或多个组织在形式上的简单叠加。①

全社会模式指的是除政府部门之外,可以动员的媒体、智库、企业、个体、非政府组织以及其他个体机构,积极参与与政府目标一致的行动,更加注重个人、私人机构与政府之间的相互配合。在美国,但凡遇到重要的战略议题,特别是对外战略议题,美国的全社会系统通常会在意识形态、价值观上与政府保持高度的一致,并充当国家战略传播的"马前卒"。②

例如,中美贸易战中的美国企业便充当了这样的角色。美国企业一直扮演着美国政府"先遣部队"的角色,企业与政府之间没有明确的直接隶属关系,表面上看,美国企业是独立参与全球竞争,但美国企业借助独特的市场机制与互动方式,与政府通过多重间接互动达成一致行动,其在全球范围的经营活动都有美国政府的支持。中美贸易是一场长期的博弈,不知道什么时候休战,或者以什么方式休战。对于美国来说,这场博弈之所以能打得持久,一个重要的原因在于美国战略传播框架下全政府与全社会联动机制。如美国政府提出加征关税,但是在加征关税前,会用数月的时间征求各方意见,包括政府各部门、国会、智库、媒体、非政府组织、关键意见领袖、个体组织等的意见。如特朗普通过Twitter等新媒体手段提出议题,广泛征求意见,大力宣传"中国沾光论""美国吃亏论""中国威胁美国地位论""美国重新伟大论""美国第一论"(在"二战"后期美国就曾经成立过"美国第一"委员会这样的机构来宣传美国无人可与之匹敌,其地位也不允许被"威胁")等。在这种裹挟着价值观的宣传之下,有些民众、社会精英、智库、媒体,特别是企业,虽然对这一议题并不熟悉,但依然"甘愿"放弃自身利益与美国政府保持一致行动。

---

① 张帆:《一加一大于二?试析"全政府"在美国国家安全体制中的应用》,《世界政治与经济》2019年第8期,第64—65页。
② 李格琴:《美国国家战略传播机制的特征及特朗普政府涉华战略传播》,《武汉大学学报》(哲学社会科学版)2021年第3期,第102页。

第二节　文化价值观传播

软实力的核心是文化，文化的核心是价值观念。文化价值观传播指的是文化理念、价值观念、意识形态、文化产品等在全球范围内进行的跨越国家和民族界限的信息流动。

一、硬内核与软包装相融合

在信息流动过程中，通常采用硬内核与软包装相融合的模式。所谓"硬内核"指的是意识形态和价值观念，"软包装"指的是文化、传媒、产品等。冷战时期，国际传播是一种具有高度政治化和意识形态色彩的显性传播，如今，显性传播已逐渐被媒体、文化、产品等包裹着价值观的隐性传播模式所取代，它区别于经济、军事等"硬实力"在全球进行的强制性征服，而是利用文化、教育、媒体等"软实力"的吸引力在国际社会形成一定的欣赏与认同。美国是文化价值观隐性传播的标志性国家，将美国的核心价值观融入浸入式的新闻报道、大批量的学术文章、高票房的好莱坞电影、高收益的迪士尼主题乐园、高收视率的美剧之中，向全世界传播美国的核心价值观，这已然成为美国国家安全利益的核心内容。[①]

美国好莱坞的电影产量仅占全球电影产量的10%，但其放映时间和电影票房率却占全球的50%以上。好莱坞电影不但为美国创造了巨大的经济财富，同时也成为其文化价值观向全球渗透的有效且隐蔽的途径。它与美国政治如影随形，每有重大问题，电影界都会作出回应，如越战、民权运动、女性解放、美伊战争、恐怖主义等，这些重大事件都可以在好莱坞的电影中得到解读。尤其是美国投放到国际市场的电影大都传递以下信息，即美国军事一流、美国科技一流（比如3D技术的突破，很多国家的电影后来纷纷效仿）、美国文化一流，只有美国可以拯救世界、拯救地球、拯救人

[①] 史安斌：《软包装、硬内核：全球文化传播战略与技巧》，《对外大传播》2007年6月10日，第34页。

类，内含着英雄主义、爱国主义、国际关怀和西方中心主义的思想和价值观，反映了美国是"世界警察""世界领袖""地球当家人"的逻辑。并且为人们提供了一条实现"美国梦"的美国路径——无论贫富贵贱，只要你肯努力，都可以在美国实现自己的梦想。

此类信息、思想和路径吸引了全世界大批的年轻人赴美留学、打工，追逐"美国梦"。美国总统威尔逊曾经认为电影可以用作国家宣传且是成本极低的传播手段，他说："电影的层次已经达到传播大众思想的最高境界……由于电影使用的是世界语言，更有助于它表达美国的计划和目标。"全球化以及信息化，尤其是互联网的发展，有利于民众表达自身立场，一国的民意基础会影响行为主体的政治与外交决策。好莱坞电影通过隐蔽性、渗透性的传播，将美国文化、思想、理念、价值观、意识形态传播到世界各地，以此来影响目标国的舆论，进而达到影响国家决策的目标。

二、文化价值观的多元化传播

文化价值观的多元化传播指的是借助国民、文化产业、影视作品、教育产品、旅游产品、跨国公司、非政府组织等载体进行的传播。

当今世界有四大文化奇观，中国的网络文学、美国的好莱坞电影、日本的动漫和韩国的偶像剧。以日本动漫为例，日本动漫以其鲜明的民族特色、独具个性且夸张的艺术风格在世界动漫领域站稳了脚跟，并逐渐形成可与迪士尼动画抗衡的规模及影响力。① 日本的动漫产业是日本经济的支柱产业之一，在全球范围内播放的动漫节目中，日本动漫所占比例约为60%，日本是名副其实的动漫大国，动漫也成了日本对外传播文化价值观的重要载体。多年来，日本发挥在动漫领域的优势地位，积极开展对外文化交流，使动漫产业成为日本对外传播文化价值观的重要载体。日本的动漫把日本传统文化元素通过情节表现出来，并在每一部作品中有选择性地蕴含日本的文化价值观，如忠诚、团结合作、勇于斗争、积极进取、追求正义、家庭责任、孝顺、英雄主义、集体主义、生态自然主义、人本主义、女权主

---

① 孙宜学：《中外文化国际传播经典案例》，同济大学出版社2016年版，第182页。

义、反战和平主义、童年文化思想等。为了满足受众的不同需求，日本动漫创作还吸收和借鉴欧美先进动画技术和当代流行文化元素，不仅完整保留了民族文化，而且创作出既包含本国文化特色又符合时代发展特征的作品，让这些作品带着日本的文化价值观走向世界（见表2-1）。

表2-1 优酷网播放量前10位的日本动漫作品

排名	作品名	反映的价值观
1	《火影忍者》	忠诚、团结合作、勇于斗争、积极进取
2	《名侦探柯南》	忠诚、团结合作、集体主义、追求正义
3	《蜡笔小新》	家庭责任、孝顺
4	《海贼王》	勇于追求梦想、团结互助
5	《多啦A梦》	和平、勇气、团结
6	《迪迦奥特曼》	忠诚、勇气、英雄主义、热爱和平
7	《网球王子》	忠诚、团结、积极进取
8	《银魂》	忠诚、武士道精神、集体主义、团结进取
9	《灌篮高手》	忠诚、团结合作、积极进取
10	《中华小当家》	忠诚、勇于追求梦想、追求正义

这些动漫作品无一不是多年连载，对世界各地青少年的价值观都有深刻的影响。《名侦探柯南》连载20多年，陪伴了青少年无数个寒暑假。《多啦A梦》诞生至今已有50年之久，2000多种神秘道具依次登场，展示过的道具竟然有一部分真的进入人们的生活：能自行充电的全自动吸尘器比漫画中的擦地机器人更便利，Photoshop软件完全可以替代快速旅行照相机，带有收音机、电视机、对讲功能的手表，等等。我们不知道设计者是否从《多啦A梦》中得到过启发，但曾经像梦一样的东西成真了。这让人对于《多啦A梦》这部作品会有更深层次的思考，甚至有的人为了看懂《多啦A梦》而去学习日语——语言是思想的载体，学会了日语就会更深刻地了解日本的文化和价值观念。

从表2-1中可以看到，忠诚是日本动漫作品中强调和重视的价值观，这种价值观具有普遍性和共通性，容易在受众中产生一种共情和共鸣的感情色彩，因而容易被受众所接受。但是日本动漫中也有一些暴力、恐怖、血腥、不求上进、懒散、军国主义、崇尚战争等消极的价值观，会在青少年中间产生盲目认同或仿效和沉迷于虚拟世界等问题，冲击青少年的价值观。对此，美国、中国等国家都曾经抵制过日本动漫进入自己国家的市场。在这方面，要对青年学生和少年儿童进行教育引导，创作出更多适合中国受众、弘扬中华优秀传统文化的绘本和动画作品，要让我们的青少年培育与践行社会主义核心价值观和全人类共同价值。

教育产品也是传播文化价值观的有效载体。美国的教育培训和奖学金计划影响了一批又一批奔赴美国的学生、学者、专家、企业人员等。"二战"以后的数十年间，有200多万人参与了美国的教育和培训项目，他们中每年都有人学成归国，美国的实力通过他们被输送到各国精英的头脑中，当他们身居要职时，便有能力在攸关美国政策的问题上施加影响。美国前助理国务卿本顿（William Benton）一针见血地指出："从长远来看，培养外国留学生是一种最有前景、一本万利的推销美国思想、文化的有效方式。"① 这些项目同时还成就了不少世界领袖，如撒切尔夫人等。美国主管公共外交的前副国务卿夏洛特·比尔斯（Charlotte Beers）曾经指出，此类交流项目包括了200多名现任或前任国家首脑，美国盟友中一半领导人都曾经是交流访问项目的成员。他称，这是政府所做的最划算的一笔买卖。美国前国务卿科林·卢瑟·鲍威尔（Colin Luther Powell）曾经宣称："各国的未来领导人在美国接受教育，并从此结下友谊。对于美国来说，这是无可匹敌的，是最有价值的财富。"② 这为美国加强盟友体系建设，进行意识形态渗透，推进"颜色革命""和平演变"等活动提供了有力的文化和价值观基础。

相关机构调查数据显示，英国已经反超美国，成为中国留学生的首选国家。在英国取得高等教育资格的中国学生已有60万人，这一人数甚至超过大多数英国城市人口，并且正在持续增长。③ 英国高等教育统计局2021

---

① 李青、杨小洪：《略论"美国学"和美国文化》，《杭州师范学院学报》1999年第2期，第24—27页。
② 约瑟夫·奈：《软实力：权力，从硬实力到软实力》，马娟娟译，中信出版社2013年版，第61页。
③ 袁源：《教育交流与合作是建立信任最有效方法——专访英国文化教育协会中国区主任、英国大使馆文化教育公使包迈岫》，《国际金融报》2021年5月17日，第1版。

年1月发布的数据显示,在英国的中国留学生已超14万人,5年间增长了56%。此外,据英国大学招生服务中心数据,申请2021年入学英国本科的中国内地学生人数相较去年同期增长了21.46%。① 英国的高等教育不仅吸引着中国青年学生来到英国学习交流,同时也吸引着世界各地的留学生。

一个国家强大的高等教育是本国推进国际传播能力的重要渠道之一。公共外交包括三个层次:第一层是最直接的日常沟通,主要涉及对内政与外交政策背景进行解释;第二层是通过战略沟通达成目的;第三层是在数年甚至数十年的时间内,通过奖学金、交换活动、培训计划、研讨班、会议等形式培育同关键人物之间的持久关系。英国政府每年拨款7300万英镑为国际学生提供一系列奖学金项目,比如,志奋领奖学金项目,由英国外交部负责,向118个国家开放。英联邦奖学金由英国国际发展部,商业、创新和技能部以及苏格兰政府提供,向英联邦国家开放。这些奖学金项目培养了一大批对英国友好的留学生,有利于提高英国的国际声誉和吸引力,高等教育也成了英国软实力的重要支柱之一。留学生相应地也成了英国出口思想和价值观的重要载体,英国的软实力通过他们被输送到各国精英以及民众的头脑中。

三、文化外交

文化外交指的是一国政府所从事的对外文化交流行为,通常带有一定的政治色彩,是一国外交的重要组成部分,着重突出政府在对外文化关系中所起的作用。

法国对文化外交经营已久,共分为以下几个阶段:第一阶段是16世纪至17世纪,法国主要通过缔结条约和向海外派遣文化传播使节的方式——一为保护法国在海外的基督教教徒;二为传播法语和法国文化,进行文化交流活动。第二阶段是18世纪至19世纪初,通过设立文化顾问一职,方便向所在国家的精英和民众传播法国思想和文化艺术。伏尔泰、狄德罗、卢梭等法国著名作家和哲学家都曾担任此职务。第三阶段是19世纪中叶至20

---

① 袁源:《教育交流与合作是建立信任最有效方法——专访英国文化教育协会中国区主任、英国大使馆文化教育公使包迈岫》,《国际金融报》2021年5月17日,第1版。

世纪初，政府对国家事务的管理有了更多的自主权，以更加直接的姿态介入文化领域，一大批对外文化传播机构相继问世，艺术去中心化局、对外文化关系总司、法国艺术行为联盟、法国思想传播联盟等，为法国在海外推广法语教学，传播法国的文化和价值观念，增强法国文化在全球的吸引力和影响力，奠定了制度性基础。第四阶段是在第二次世界大战后，法国针对英语成为世界"通用语言"、法语被逐渐取代的事实，正式提出对外文化政策，并将其纳入国家的优先行动领域，逐步建立了日益完善的制度体系，对外推广法语等一系列法国文化符号，挽救自身不断衰落的国际地位。[1] 目前全球大约有 1/5 的国家母语是法语，法语是除了汉语、英语、西班牙语、阿拉伯语之外的第五大语言。这样的地位与法国重视文化外交的理念密切相关，为维护法国的大国地位和国际影响力发挥着重要作用。第五阶段是 1983—2000 年。1983 年，法国确立首个"对外文化计划"，较为全面、清晰地界定了其对外文化行动在不同领域的具体目标：确保法国在世界传播与视听网络中的地位；推广法语并推动国际传播多元化；通过对外图书推广加强文化与商业协作；发展科学技术合作；发展人文科学，促进对当代世界的认知，提升法国的文化形象；加强文化遗产与创造的国际化管理；推动法国教育走向海外；等等。第六阶段是进入 21 世纪后，法国开始下大力气开展"影响力外交"，强化其对外文化行动中传播软实力的目标取向。2010 年，法国颁布了《国家对外行动法》，推广文化与语言多样性，通过机构及其职能改革，进一步强化了其对外文化行动能力，欲通过多个维度来提升其国际吸引力，如文化、旅游、教育，以期实现政治、安全与经济等多重目标，而文化外交依然是其最为核心的行动载体，[2] 同时将法国的思想、理念、价值观等通过文化外交和文化交流活动传播出去。

对外法语传播是法国文化外交的核心基石和第一要务。法语联盟是法国对外进行法语传播的主要推动者。成立于 1883 年的法语联盟自 19 世纪末就在世界上建立了一个庞大的法语教学网络，它同时也是法国最早的文化

---

[1] 王吉英、孙纯：《全球化背景下法国文化外交的"守"与"攻"》，《公共外交季刊》2019 年第 4 期，第 97 页。

[2] 张金岭：《法国文化外交实践及其启示》，《当时世界与社会主义》2021 年第 4 期，第 156 页。

外交网络。法语联盟虽不是法国官方机构，却与政府有密切的协作关系，肩负着重要的公共使命：在世界各地提供法语课程、推广法国及法语区国家文化、促进文化多样性。2018 年，法语联盟在全球范围内 131 个国家共建有 832 家分支机构，在册法语学习者达 47.4 万人。就目前法语联盟的地域分布及招收学员、提供课程的情况来看，它在南美洲、北美洲和亚洲的影响力甚大，这是法国在非洲之外大力推广法语的结果。①

文化艺术交流是法国文化外交的基本载体。法国平均每年在世界各地组织开展 2.6 万场文化艺术活动，同时也形成了富有特色的文化活动品牌，比如文化年、文化季、文化月、艺术节、法语节、电影节、舞蹈节等主题活动。② 更为知名的是巴黎时装周，被称为"时尚界的诺贝尔奖"。如果给四大国际时装周——伦敦、纽约、巴黎、米兰时装周排名的话，巴黎时装周"拔得头筹"是毫无争议的。巴黎时装周起源于 1910 年。法国时装协会一直秉持将巴黎打造成为世界时装之都的最高宗旨，正是这样一种力量推动巴黎时装周能够历经百年不衰，其地位无可取代。巴黎时装周每年一届，每届又分为两个部分——春夏（9—10 月）和秋冬（2—3 月），每次都会在为期 10 天左右的时装周和为期一个月的时装月举行数百场时装秀与时尚发布会，是世界最著名、历史最悠久、规模最大、最具国际性的时装盛会，吸引着成千上万的设计师、明星、名流政要、媒体人、品牌商家、超级买家等来到巴黎。各大品牌、场外达人、时装之外的奢侈品纷纷在巴黎登场。这些都让巴黎成为"流动的盛宴"。巴黎汇聚着法国文化的核心价值，巴黎对每一个去过那里、在那里生活过的人，都会毫不吝惜地将她的精神倾注到那些人的骨髓当中。③

同时，文化产品出口是法国文化外交的产业依托。文化产品出口具有双重任务，既可以提升国家的形象和影响力，也可以为法国带来巨大的经济利益。法国文化产品出口具有突出优势，尤其在文学、音乐、艺术、设

---

① 张金岭：《法国文化外交实践及其启示》，《当时世界与社会主义》2021 年第 4 期，第 158 页。

② 张金岭：《法国文化外交实践及其启示》，《当时世界与社会主义》2021 年第 4 期，第 156—159 页。

③ 孙宜学：《中外文化国际传播经典案例》，同济大学出版社 2016 年版，第 102—110 页。

计、建筑等方面，深受世界各国民众的喜爱，很大程度上提升了法国国际传播的主动性。

此外，戛纳电影节是当今世界最具影响力、最顶尖的国际电影节，与威尼斯国际电影节、柏林国际电影节并称为世界三大国际电影节，定在每年5月中旬举办，为期12天左右。作为戛纳的形象宣传窗口和经济"火车头"，电影节每年吸引至少6万名电影界专业人士和20万名游客。电影节期间，还有4000多部电影在电影市场进行交易，销售额高达10亿美元。除此之外，电影节也带动了周边的酒店住宿、旅游餐饮以及极大地刺激了媒体经济的发展，形成了复合型产业链，向世界完美诠释了什么是"一个产业一座城"。

在法国，法国国家博物馆联合会与卢浮宫、凡尔赛宫、卢森堡博物馆等32所知名博物馆协同开发馆藏复制品、衍生品。时至今日，法国国家博物馆联合会已开发数千种商品，艺术年代跨越时空，各个类别皆有，商品畅销全球。

第三节　新闻传播

国际传播就是以信息传播、大众传播为支柱的跨越国界的传播，其中新闻传播是最传统、最基本、最直接的方式，主要通过传统媒体以及新媒体进行。当今世界，国际传播的格局主要表现为：以政府为舵手，以企业为推手，以媒体（新闻）为先锋，以全民为依托。就新闻传播而言，这是国家直接在新闻媒体领域的竞争，聚焦的是议程设置、讯息、媒介等。

一、秉持"议题设置"的新闻报道原则

戴维·瑞夫（David Ryfe）是美国新闻传播领域的权威学者之一，他提出了著名的新闻传播理论——新闻议题设置。大众传播媒介在报道新闻人物和新闻事件的过程中，常采取大规模、高密度的报道模式，及时深度跟进报道内容。这些内容通常情况下变成了人为的新闻议题设置。

通常媒体是新闻议题设置的主体,但是政府出于实现国家战略利益的考量,也会主动参与媒体议题设置,从而影响公众议程。美国从美西战争后就开始启动政府层面的国际新闻传播,使用的手段具体包括:直接的渠道(如新闻发布会、记者招待会、官方报告等)、间接的引导及施加影响(媒体公关)、主动策划媒体新闻事件等。为了对舆论实施持续的操纵,美国政府通常会将这三种手段综合起来运用制造连环议题来引导舆论走向。围绕大事件展开连环议题设置能够持续吸引媒体和公众的关注力,也能在危机事件爆发后一步一步将危机事件的负面影响降到最低。[1]

"锐实力论"就是美国政府精心设计的传播议题。2017年底,特朗普政府发布《国家安全战略报告》,第一次将中国定位为"修正主义国家""美国的战略竞争对手"。该报告也是美国自2001年来首次将其面临的最大安全威胁从恐怖主义调整为大国竞争。几周后,美国智库国家民主基金会以研究报告的形式提出"锐实力论",报告将软实力与锐实力进行了比较,认为中国、俄罗斯等"威权主义国家"通过媒体、文化传播、学术研究等方法实施影响力,并不是依靠吸引和劝服的"软实力",而是一种操纵和干扰的"锐实力"运作。报告认为,"锐实力"是中国等国家输出影响力的新形式,对美国乃至整个西方社会的主流价值观构成了严重的威胁。

"锐实力"一词提出后,美国国会为此举行了听证会,发言人包括智库、非政府组织、学术界、社会精英等,在听证会上借助"锐实力"概念声讨中国。之后美国政府各机构通过新闻发布会、记者招待会、学术研讨会等形式,就"中国锐实力""中国影响威胁论"等发表意见。这些意见很快被国际主流媒体广泛报道,"锐实力论"成功进入国际主流媒体、社交平台的议程设置中,迅速成为国际舆论的热门词汇。这反映了美国成熟的战略传播运作,此议题先由政府各界积极输出,再由主流媒体、社交平台、学术界毫无争议地转述和论证,在美国社会乃至于国际社会形成了一种舆论共识。[2]

---

[1] 李格琴:《美国国家战略传播机制的特征及特朗普政府涉华战略传播》,《武汉大学学报》(哲学社会科学版)2021年第3期,第103—104页。

[2] 李格琴:《美国国家战略传播机制的特征及特朗普政府涉华战略传播》,《武汉大学学报》(哲学社会科学版)2021年第3期,第104—106页。

不仅如此，国际主流媒体对于中国的政治议题（中国内政与改革、中国对外关系、台湾问题等）、经济议题（中美贸易摩擦、中外经贸合作、"一带一路"倡议等）、社会议题（脱贫、灾难事故、教育、法治、医疗、人口等）、人权议题、环境议题（空气质量、野生动物保护、光污染、垃圾处置、森林退化等）、科技议题（平台企业、太空探索、医疗技术、新能源等）、军事议题（南海问题、核武器、航母、航空航天等）、文化议题（艺术展览、时尚、中医药、文化遗产等）甚为关注。有的媒体对于中国的报道是友善的，但不少媒体却借助议题设置抹黑中国。

2021年3月24日，H&M声明抵制新疆产品后，"新疆棉事件"将中国推到了新闻报道的风口浪尖。美国有线电视新闻网（CNN）等西方媒体在经济、政治、文化、社会等多个方面设置议题，制造"人权话题"，歪曲事实，抹黑中国。经济上，CNN围绕"品牌抵制"这一议题制造多篇虚假报道。政治上，CNN将中国网民自发的反抵制爱国行为污蔑为"激进运动"和"新疆棉花运动"，把新疆的职业技能教育培训中心诬陷为一种"短期'军事化'职业培训和思想教育"，借此抹黑中国的政策、制度乃至意识形态等，把虚假新闻作为反华的政治工具。文化上，通过"种族歧视""种族灭绝"等议题制造骇人听闻的新闻消息，妄图扰乱民族团结。社会上，CNN借助"强迫劳动""再教育营"等论调对中国问题进行双标报道。

议题设置理论不仅把媒体议题作为研究的自变量，而且积极探讨什么因素主导、影响着媒体议题的设置。政府与其他公共机构作为公共信息的来源成为议题设置理论的研究重点。大量研究表明，政府之所以愿意公开信息，并主动向国内外记者透露信息，就在于它能通过信息过滤来管理和操纵信息，从而设定媒体的报道议题，最终达到制造与操纵舆论的目的，即政府通过参与媒体议题的设置，来达到影响公众议程的目标。同时，媒体也乐意将政府等公共机构的信息作为自己议题设置的重要来源。由此，CNN的议题设置更多反映出西方国家政府与公共机构对华的整体认识，媒体议题设置的重要性可见一斑。尤其是像CNN这样的在西方具有话语权的媒体，利用大众传媒的杠杆作用，更善于整合西方世界对于中国的整体认识、认知和情感。这种传播的影响力不容小觑，我们对此要有针对性地回应,甚至要用更有效的传播方式扭转西方世界对中国的认知。可以借力新媒体,如 TikTok 在海外媒体中的点击率比较高、用户黏性比较大的优势,不必同西方媒体进行针锋相对的传播,而是主动设置议题,实现从跟着讲、对着讲到领着讲的跨越,为国家崛起和民族复兴创造一个良好的国际舆论环境。

二、坚持"精准传播"的分众化传播模式

在进行国际传播的时候,经常会出现以下情况。一是忽视国外受众在文化、宗教、信仰、思维取向等方面的特点,将海外受众与国内受众等同起来,在传播时所用的语言和话语体系超出了受众可以理解的范畴,导致传播效果差、传播速度慢、传播范围窄。二是传播的时候说教味大、趣味性小,有的生动但不深刻,有的深刻却不够生动,国外受众要么不乐于接受,要么听了之后很快就忘记,无法引起受众的回味与思考。[①] 也就是说,没有做到以受众为本的精准传播。三是没有做到分众化传播,对于同一篇新闻、同一个故事,面对不同的受众采用同样的传播内容,采取同样的传播渠道,传播效果不显著。

英国广播公司(BBC)成立于 1922 年 10 月 18 日,是世界上历史最悠久、最有影响力、规模最大的传媒机构之一,拥有全球最大的海外记者网。世界上第一个广播电台声音、第一幅电视台图像,都发端于这里。除此之外,BBC 还提供书籍出版、英语教学、交响乐团、纪录片拍摄、报刊和互联网新闻等服务,所以受众从婴幼儿到成年人都可以在 BBC 的传播中找到可以与自己产生共鸣的消息。BBC 在西方,甚至在全球都具有相当大的话语权,在以受众为本的精准传播方面驾轻就熟、深谙此道,往往将对外传播的目标受众集中于 18—40 岁的青年人群,争取有效受众。

"服务大众""影响大众"是 BBC 的先天理念,也是其后天生存的根本要素。虽然有着固定的执照收入,但是英国议会每 10 年就会审查一次其服务质量,评估它是否较好地完成了三大使命:提供信息、提供教育、提供

---

① 匡文波:《区分受众群体 采用多种手段 增强对外传播针对性实效性》,《人民日报》2016 年 8 月 21 日。

娱乐。这也倒逼了 BBC 必须做好节目，为公众提供最好的服务，否则议会有权中止收费，断其生存之本。BBC 在节目制作上秉承"一切为了受众"的工作准则，承诺力求达到最高的节目品位和水准，为此 BBC 非常重视受众调查。① BBC 所做的问卷对象通常有 2 万多人，分别来自不同年龄阶段、不同地区、不同社会背景。BBC 每天都会给他们发放问卷，并能回收大约 1/3，从中 BBC 可以获知什么样的节目能跟观众产生情感共鸣和共情，能够为观众提供最佳品质的服务体验。BBC 通过问卷的方式，通过议会监督的方式对节目进行有效实时的评估与鉴定，确保节目真正做到以受众为本的精准传播。

在问卷调查中，BBC 最为关注的是报道"公信力"。在英国有一种说法：可以不相信政治家的话，但一定会相信 BBC 的报道。BBC 的频道中有婴幼儿频道、儿童频道、少年儿童频道、青年频道、娱乐频道、纪录片频道、教育频道、电视剧频道、电影频道、互联网新媒体频道等，包罗万象。它不仅是一家电视台，更是英国文化、理念的代表与象征，体现了英国国际传播的强大实力。从孩童到成年人，BBC 对于英国大众的影响极其深远。不仅如此，如今，BBC 每周用 35 种语言向全球播出节目时长超过 796 个小时。英语节目实现 24 小时不间断播出，覆盖全球，其新闻报道在 60 多个国家的 250 多家电台通过卫星进行播放。② 可以毫不夸张地说，BBC 是英国可以撬动外部世界的一个重要支点，为维护英国的国际地位和国际影响力发挥了重要作用。

三、展现"内容为王"的新闻传播理念

在全球化背景下，大国之间的较量集中于综合实力的竞争，往往表现为以经济科技为基础，以军事实力为依托，以政治外交为主战场，以舆论传播为先锋。

俄罗斯曾经在世界传媒发展史上占有重要一席。从历史上看，苏联在第二次世界大战中具有丰富的战争宣传经验，激发了本国人民的抵抗意志

---

① 孙宜学：《中外文化国际传播经典案例》，同济大学出版社 2016 年版，第 61 页。
② 孙宜学：《中外文化国际传播经典案例》，同济大学出版社 2016 年版，第 65 页。

和必胜决心，也涣散了纳粹德国的军心士气。冷战期间，面对西方国家的宣传压力，苏联凭借塔斯社和莫斯科广播电台等传播渠道，保持着对外宣传的强大优势，树立了一个能与美国分庭抗礼的超级大国形象。苏联解体后，俄罗斯传媒业衰落。在西强东弱的国际传播格局中（世界主流媒体几乎等同于西方主流媒体，全球80%的新闻供稿都由西方主流媒体提供），俄罗斯在争夺国际话语权中落于下风。冷战结束初期，面对西方媒体对俄罗斯的消极报道，面对西方媒体对俄罗斯形象的"妖魔化"，面对西方媒体在独联体国家"颜色革命"中发出的攻势，俄罗斯几乎无招架之力。普京担任俄罗斯领导人后，整合传媒机构。2005年3月，"今日俄罗斯"英语频道开播，开启了俄罗斯媒体全球化进程。

"今日俄罗斯"是国家支持的外宣媒体，其主要任务是加强克里姆林宫内外政策的对外宣传，使俄罗斯能够在国外特别是在非西方世界树立良好形象。在建立国际频道的同时，俄罗斯政府也努力对国外媒体施加影响，试图通过与国外媒体的交流和合作，有意识地影响国际知名媒体的报道倾向和报道重点。"今日俄罗斯"从创办至今取得了有目共睹的成就，已成为在国际上能与西方主流媒体抗衡、形成不同舆论场并有全球影响力的国际媒体。如今，其全球受众超过7亿人，在英国仅次于半岛电视台，是排名第二的外国频道，在YouTube上的频道订阅量和视频点击量超过西方媒体，位列国际主要电视频道第一位。

"今日俄罗斯"取得这样的成就，究其原因，主要是其秉持内容为王的新闻传播理念并加以创新。"今日俄罗斯"成立的目的不仅要让世界更加全面地认识俄罗斯，还要打破美国对英语媒介的垄断。为此，"今日俄罗斯"在有争议的国际新闻报道中更多的是还原真相，提供第一手资料，呈现俄罗斯新闻视角。在报道重大国际性问题时，"今日俄罗斯"采取不同于美国惯用的"贴标签"模式，而是采用多种维度呈现资料，让受众从众多信息中能够独立得出结论。① 这种独特的视角被称为"question more"，即"提出更多的问题"，希望受众能"寻找不同的声音""洞悉真相""大胆设问"。

---

① 罗怡静：《国际环境下"今日俄罗斯"的传播策略分析》，《视听》2020年第8期，第67页。

"今日俄罗斯"主编玛格丽塔·西蒙尼杨认为,"客观性并不存在,只有聆听尽可能多的不同声音,才能尽可能逼近真相"。① 在互联网时代,舆论环境、社交平台和受众思想都发生了变化,"今日俄罗斯"敏锐地捕捉到了这种变化,强调其并不是向受众灌输思想,而是客观描述事实,让受众自己去思考、去判断、去得出结论。这就使"今日俄罗斯"在与CNN、BBC等著名老牌的西方媒体竞争中脱颖而出,并且推动了非西方国家媒体的崛起历程。

另外,"今日俄罗斯"非常重视在线传播。其有效利用社交媒体,促进传统媒体与新媒体相互融合、相互补充,将"提出更好的问题"的理念传播出去,提升了国家形象,提高了俄罗斯的国际传播话语权。

半岛电视台也秉承内容为王的传播理念。半岛电视台是一家立足阿拉伯、面向全球的国际性媒体,其总部位于卡塔尔首都多哈,于1996年开播,除了阿拉伯语之外,还使用英语、土耳其语等多种语言,向全球播出以新闻和纪录片为中心的节目内容,与BBC、CNN并称为世界三大电视新闻频道。半岛电视台在新闻报道方面视角独特而多元生动,它在节目中引入了电话采访、电视论战等多种节目形式。很多重大事件,如"9·11"事件,多次率先播放新闻消息,从而引起全世界的广泛关注。在报道中坚持与西方媒体不同的独特视角与创新性的报道方式,使其逐渐成为阿拉伯世界乃至全世界具有重要影响力的电视媒体。

在半岛电视台的国际传播中,新闻类消息占比为83%,电视节目[包括尖锐的辩论节目,如Head to Head(深入人心)]占比为7%,观点类节目占比为6%,记者笔记等其他节目占比为4%。其节目形式突破传统、内容新颖。半岛电视台在全球有140多个国家超过2.7亿家庭收看其英语频道的节目,不仅打破了西方主流媒体的话语垄断,也打破了中东一些国家对信息的封锁。为此,西方政治学者提出了"半岛效应"一词,来形容半岛电视台创造的"去中心化"影响。

---

① 傅琼:《俄罗斯RT的国际传播策略与实践》,《电视研究》2016年2月5日,第36页。

第三章
中国国际传播的重要任务

回顾党的百年光辉历程,做好国际传播事业,维护国家利益是中国共产党的一项光荣而艰巨的历史任务。当前,国际社会处于百年未有之大变局,国际话语权成为大国博弈的重要焦点,话语权的强弱体现一个国家在国际权力格局中的地位与影响力。党的十八大以来,习近平总书记着眼国内国际两个大局和世界发展大势,多次强调要加强国际传播能力建设,提升中国国际话语权,为我国改革发展稳定营造有利外部舆论环境。2021年5月31日,习近平总书记在主持中央政治局就加强我国国际传播能力建设进行第三十次集体学习(以下简称"5·31"重要讲话)时强调:"讲好中国故事,传播好中国声音,展示真实、立体、全面的中国,是加强我国国际传播能力建设的重要任务。"这一论断指明了新形势下加强和改进国际传播工作的努力方向,为提升中国国际话语权指明了具体方向和实践要求,对于做好新时代中国国际传播工作具有重要的理论和现实意义(见图3-1)。

第一节 入耳:提升中国国际传播效能

入耳,即让全世界都能听到、听清、听准来自中国的声音。推进国际传播能力建设,使中国国际话语权与综合国力和国际地位相匹配,是一项紧

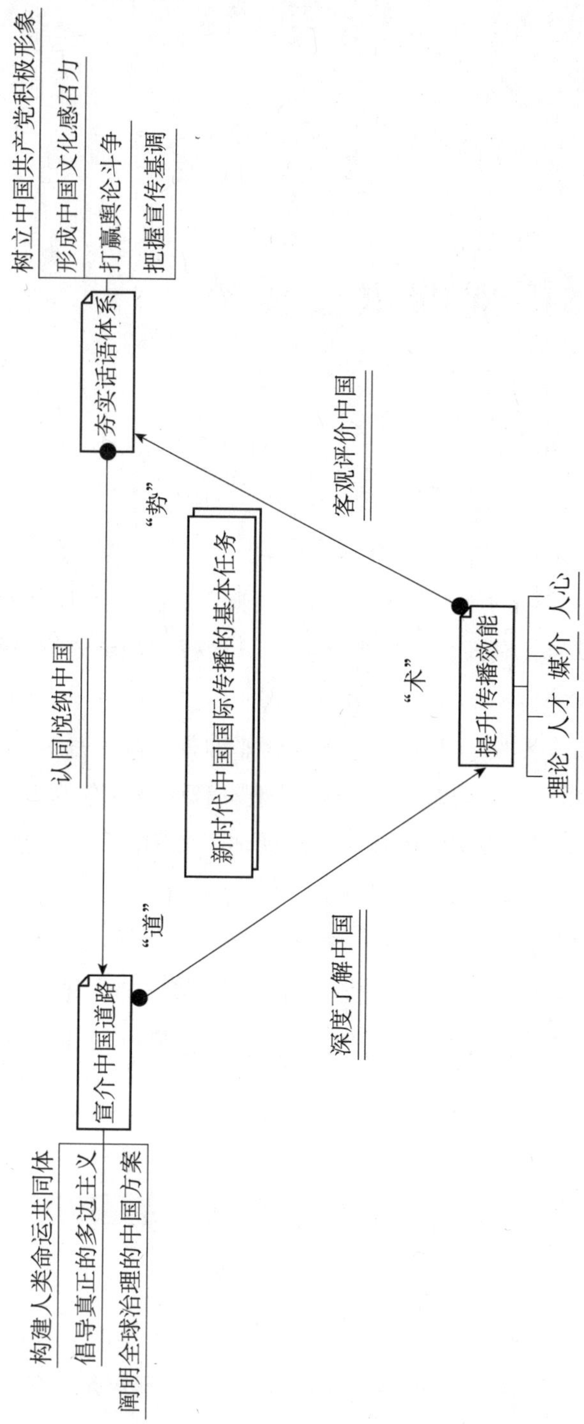

图 3-1 新时代中国国际传播的基本任务

迫的战略任务。提升国际传播能力，首先在于全面提升中国国际传播效能。要让中国的声音传得更广、传得更准，让更多的国际受众听到中国故事，真实全面地了解中华大地上已经发生的变化和正在进行的事业。要在总结以往国际传播实践经验的基础上，把握国际传播规律，广泛整合各种传播力量，把中国的制度优势、组织优势、人文优势转化为传播优势，全面提升对外传播效能。

一、人才之基：建强适应国际传播需要的专门人才队伍

千秋基业，人才为本；治国经邦，人才为急。丰富和优质的人才是党和国家事业兴旺发达的根本保障。在国际传播领域，中国古代的张骞、法显、玄奘、鉴真等都为国家之间、文明之间交流互鉴作出了不可磨灭的贡献。随着数字技术的发展，个人和组织的国际传播能力空前增强，具备宽广全球视野的传播人才是提升国际传播能力的关键资源。中国需要突破知识局限、具备宽口径知识储备和熟悉全球各区域国别特点的专门人才，以国际传播促民意畅通，推进国内舆论环境与国际舆论环境的接轨，更好地讲述中国故事、传播中国声音。

因此，习近平总书记在"5·31"重要讲话中强调必须"建强适应新时代国际传播需要的专门人才队伍"。第一，要增强国际新闻教育的定位，进一步科学规范推进课程改革。国际传播和新闻教育要有一个清晰的定位，即用一种人文的、人性的和人道主义的视角，培养讲故事的匠人和艺人。[①]必须夯实新闻学教育的人文积淀，在现有新闻学基础课程之上增强世界历史、宗教、哲学、文学等人文知识和国际关系、世界经济、国际法等社会科学知识的教育，培养国际传播人才历史的、思辨的、文化的和跨文明的眼光，既能做出基于事实的客观报道，也能用知识性、普及性、准专业的报道引发受众思考，展示国际国内社会的真实面貌。第二，国际传播人才的培养并非"一锤子买卖"，要持续培养，为人才的成长提供终身教育。要深刻认识到国际传播人才是涵养国家文化软实力的重要基础，是必须重点

---

① 李希光：《从国家战略高度培养国际传播人才》，《对外传播》2021年第10期，第10页。

培养的战略储备性人力资源。必须建设梯次结构合理、能力结构完备、衔接有序的国际传播人才队伍,对国际传播人才,特别是领军人才不断"充电"、终身培养,构建人才协同培养模式、完善能力导向的教学模式、建立系统性继续教育培训体系。① 第三,要特别重视掌握尖端技术的人才培养。随着大数据、人工智能、云计算等数字技术的发展,以多元化、移动化、社交化、全能化为特征的全媒体时代已经来临。在全媒体时代,尤其要重视掌握先进数字技术的新型传播人才的培养,培养适应市场需求、通晓传播技术与规则的国际传播人才。在国际传播教学中增强虚拟现实、移动互联、融媒体、元宇宙等新技术、新手段的推广与实践。② 在人才培养层次上,国际传播本科生教育立足于培养宽口径、具备国际视野的通才教育,研究生教育则要侧重培养跨学科、专业化、复合型人才,尤其要重视国际传播创新性、尖端性技术的研发与应用,培养研究型高层次人才。

二、理论之基:加强国际传播的理论研究

在社会科学领域,国际传播是个比较年轻的学科,它的主要理论来源为传播学、新闻学和国际关系学等学科。要提升中国国际传播的效能,不能奉既有的西方国际传播理论为圭臬,要积极寻求以中国视角描述诠释国际传播领域的理论热点、中心议题和理论转向,追踪国际传播的中国式建构的学术轨迹,为增强我国国际传播力和学术影响力寻找现实与理论对策。③

党的十八大以来,习近平总书记就加强国际传播能力建设,讲好中国故事,传播好中国声音发表了一系列重要论述,用马克思主义辩证唯物主义思想方法研究当代人类社会精神交往现象,创造性地继承和发展了中国共产党的外宣理论和工作方法,指明了新时代国际传播工作的目标使命、

---

① 范奎耀:《关于构建国际传播人才终身教育体系的思考与建议》,《对外传播》2021年第10期,第16—18页。
② 李建新、姚惟怡:《全媒体时代国际传播人才培养的现状、问题与策略》,《对外传播》2021年第7期,第36—37页。
③ 邰书楷:《国际传播理论的中国式建构——一种文献综述式的描述》,《浙江传媒学院学报》2009年第6期,第6页。

路径方法、主要力量和国际传播工作者的素养要求，是新时代做好国际传播工作的总遵循。①习近平总书记关于加强国际传播能力建设的系列论述为新时代掌握国际传播的规律、构建对外话语体系、提高传播艺术提供了丰富的理论研究素材，应当充分挖掘习近平新时代中国特色社会主义思想中对人类社会普遍规律的探索与总结，构建具有中国特色的国际传播理论体系，突出中国国际传播理论体系的开放性、包容性与创新性的特征。此外，还要牢牢坚持马克思主义新闻观，把马克思主义新闻观作为构建中国国际传播理论的"定盘星"。要坚持正确的舆论导向，深入研究马克思主义理论中关于精神交往、国际交流的相关理论，继承和发展马克思主义媒介技术观，继承中国共产党实事求是的思想方法和与时俱进的理论品格。要立足中国实践，用中国理论阐释中国实践，用中国实践升华中国理论，②更加鲜明地展现中国思想，更加响亮地提出中国主张，使党的十八大以来中国特色社会主义实践的新境界、新成就成为向世界表达中国故事的源头、读懂中国的标识。

三、媒介之基：着力打造具有国际影响的外宣旗舰媒体

工欲善其事，必先利其器。切实提升国际传播效能，需要打造能够代表国家形象，在国际新闻界和受众当中具有强大公信力和感召力的王牌媒体。世界各国际传播强国无不高度重视并着力打造传递自己声音的旗舰媒体。由于先发及累积优势，西方国家媒体在全球新闻信息、娱乐节目等精神性产品的传播方面居于垄断性优势。据统计，西方50家旗舰媒体占据世界95％的传媒市场，控制着全球媒介体系和海量媒介资源。③美联社、路透社、法新社西方三大通讯社长期垄断国际新闻的叙事话语权，CNN、BBC、《纽约时报》、《泰晤士报》、《朝日新闻》等媒体平台则利用新媒体时代国际传播体系扁平化、扩散化的契机进一步夯实其在国际传播中的优势地位。

---

① 何兰、邓德花：《习近平关于国际传播的论述对于新时代中国特色国际传播理论体系的贡献》，《思想理论教育导刊》2019年第12期，第15页。
② 《习近平在中共中央政治局第三十次集体学习时强调 加强和改进国际传播工作 展示真实立体全面的中国》，《人民日报》2021年6月2日，第1版。
③ 李智：《国际传播》（第2版），中国人民大学出版社2020年版，第127页。

要讲好中国故事、传播好中国声音,在竞争激烈的国际传媒市场拼得一席之地,就必须打造精干高效、具有话语权的旗舰媒体。2016年2月9日,习近平总书记在党的新闻舆论工作座谈会上提出要着力打造具有较强国际影响的外宣旗舰媒体,这是党中央在洞悉国际传播规律基础之上,为中国国际媒体建设规划的蓝图与愿景。

纵观世界各国的旗舰媒体,其共同特点包括:掌握先进的传播技术,通过卫星传送和遍布世界各个角落的记者站实现24小时全球热点新闻滚动播放;具有强大的国际市场推广策略,奉行"内容为王"的品牌策略,深入研究受众心理,实现品牌推广与经济效益双丰收;主动适应新媒体时代对国际传播的影响,第一时间将新媒体技术用于产品开发与运营,推出满足不同用户需求的多媒体融合产品等。① 打造外宣旗舰媒体,是中国主动融入世界、塑造世界的战略需要,必须对标世界顶级媒体平台,从顶层设计层面不断完善硬件设施、优化人员技术配置、拓展对外传播渠道与网络。

2016年12月,立足于国际传播的中国国际电视台(CGTN)正式开播,成为中国第一个真正意义上的全球级媒体平台。新华社、中央广播电视总台等中国主流媒体也不断提升全球新闻采编能力,新闻信息产品已覆盖全球200多个国家和地区。《人民日报》等传统的权威媒体也纷纷利用社交媒体"借船出海",在脸书(Facebook)、推特(Twitter)、优兔(YouTube)等国际主流社交媒体平台发出中国声音,成为中国国际传播重要信息出口。此外,抖音国际版(TikTok)也成为中国传递声音、建构国家形象的重要媒体平台,透过各种关于中国的"爆款"短视频,用减少说教、易于接受的形式将真实、立体、全面的中国展现在国际受众面前,为提升中国国际形象作出了重要贡献。未来,中国的外宣旗舰媒体还需不断对标世界一流媒体,遵循国际传播准则与规律,注重国际传播的本土化和在地化,打造针对不同人群、贴近受众生活的拳头产品,提升中国媒体国际影响力、感召力、公信力,形成具有高美誉度和中国气派的外宣旗舰媒体。

---

① 李珍晖:《新媒体时代中国国际传播力研究》,中国传媒大学出版社2021年版,第169—173页。

四、人心之基：不断扩大知华友华的国际舆论朋友圈

搞好统一战线工作，广交朋友、团结和争取大多数，这是中国共产党取得革命成功的宝贵历史经验之一。当前，面对国际传播格局中西强我弱的基本态势，一方面要靠中国新闻工作者的不懈努力为中国赢得良好的国际舆论环境，另一方面也要积极争取境外知华友华新闻工作者和媒体的理解和支持，这是提升中国国际传播效果的重要和可行途径。要团结知华友华媒体力量，鼓励他们用自己的亲身经历展示真实的中国，通过"借船出海"塑造可信、可爱、可敬的中国形象。

早在 20 世纪三四十年代，中国共产党就通过史沫特莱等国际新闻记者，突破重重新闻封锁，向中国之外的世界传递中国共产党的声音、描绘真实可信的中国共产党的形象。新中国成立以来，中国的新闻主管部门通过举办新闻发布会、新闻茶座、组织外国记者集体采访等方式，用事实和诚意向全世界展示真实的中国，搭建沟通交流平台，用事实澄清谬误。当前，国际反华势力频繁炮制涉华谣言，国际舆论斗争成为中国外交工作的重要任务之一。必须团结境外新闻界的知华友华力量，与反华新闻报道针锋相对，及时消除国际受众的误解，用生动的案例诠释中国共产党是值得信赖的政党，中国人民是值得信赖的人民，中国是值得信任的国家。

除了厚植与亲华友华新闻工作者的友谊，还要培育知华友华的"意见领袖"，加强对政治人物、著名学者、明星艺人等"意见领袖"的引导，以"意见领袖"的人格魅力向国际社会传递真实可信的中国信息，全面提升中国的国际形象。例如，2019 年 10 月，美国职业篮球联赛休斯敦火箭队总经理达雷尔·莫雷通过其 Twitter 账号发布支持乱港分子的错误言论，引发恶劣反响。美国职业篮球著名球星勒布朗·詹姆斯同样通过其 Twitter 账号讲述了其在香港访问时目睹的乱港分子行径，直斥莫雷在这一问题上隐瞒事实真相，奉行双重标准。由于詹姆斯的"巨星效应"，很多境外网民通过他的表态了解了事实真相，支持中国中央政府和香港特区政府坚决维护国家安全，保障香港长治久安的正义举措。

同时，在新媒体时代，在互联网平台上具有重大影响力的个人或群体

"网红"成为不容小觑的平民"意见领袖",他们以社交媒体为主要平台进行信息传播和文化创作,具有可观的传播影响力和话语权。要重视跨国婚姻人士、跨境商贸人士和留学生等知华友华"网红"的传播力,积极引导、发挥他们的影响力,借助他们的智慧与力量讲好中国故事,让他们成为国际传播的使者,为争取国际舆论支持贡献力量。

第二节　入脑:夯实中国话语体系

入脑,即引导国际受众接受中国的话语与叙事,同时对污蔑攻击中国的抹黑行为进行有理有力的驳斥,唤起国际受众对涉华信息进行客观思考,树立正面的中国形象。国际传播不仅是一国软实力的重要体现,也是实现国家利益的重要手段。当前,国际传播不仅要致力于传播好中国声音,还要塑造好良好的国家形象,提升中国的亲和力、感召力、塑造力,争取国际认同与支持。因此,必须有计划、有目的地加强国际传播顶层设计与研究布局,本着全局观念,谋划、动员、协调、使用国家整体资源,精心设计中国国际传播路径,提升国际传播效能。

一、正本清源:加强对中国共产党的宣传阐释

中国特色社会主义最本质特征和最大优势是中国共产党的领导。中国共产党植根于中国人民,是中国人民和中华民族的主心骨。塑造可信、可爱、可敬的中国形象,首先要塑造可信、可爱、可敬的中国共产党形象。要通过讲好中国共产党的故事,帮助国外民众认识到,中国共产党始终坚持以正在做的事情为中心,集中精力做好自己的事情,通过推动中国发展为世界创造更多机遇。① 在中华民族伟大复兴战略全局和世界百年未有之大变局的背景下,国内外多种因素相互交织,污名和解构中国共产党正面形象,弱化中国共产党领导力和感召力的严峻挑战始终存在,必须保持高度

---

① 熊若愚:《加强对中国共产党的宣传阐释》,《解放军报》2021年6月16日,第7版。

警惕，既要对各种污名化宣传进行回击，推动"负面修正"，也要通过正面宣传和引导进行"正面强化"，积极建构一个胸怀天下、敢于担当、立体全面的世界大党形象。

中国共产党历来重视对自身的宣传。早在抗日战争时期，周恩来就为党的对外宣传工作定下了"宣传出去，争取过来"的总方针。要把中国共产党领导下党、政、军、民、学各条战线的具体政策与成绩宣传出去，同时在国际舆论中扩大影响，争取国际友人与国际合作。① 习近平总书记在"5·31"重要讲话中指出，"要加强对中国共产党的宣传阐释，帮助国外民众认识到中国共产党真正为中国人民谋幸福而奋斗，了解中国共产党为什么能、马克思主义为什么行、中国特色社会主义为什么好"。

新时代对外传播要通过丰富的传播内容，把中国共产党的执政话语转化为贴近各国受众的话语，切实满足国外受众的信息需求。要以领导人的话语为切入点，增强国际社会对中国共产党执政形象的体验感，重点体现中国共产党超越民族、国家、文化和意识形态界限，放眼全人类福祉的"天下胸怀"。在做好中国共产党执政形象、执政理念的"宏大叙事"的同时，还要做好细致描绘，讲好千千万万中国共产党人坚定信仰、艰苦创业、不负人民的故事，阐明在中国共产党的领导下"个人梦"与"中国梦"的实现紧密相连，使不同国度和文化背景的受众群体心中产生共鸣，增强国际受众对中国共产党人形象的认同感。② 例如，在讲述抗击新冠肺炎疫情的故事时，既要允分展现以习近平同志为核心的党中央英明领导、科学决策、心系人民、统揽全局，在重大关头作出重大决策，领导中国人民开展疫情防控的人民战争、总体战、阻击战，最终交出了胜利答卷的宏大叙事，也要展现钟南山、张伯礼、张定宇、陈薇等优秀共产党员敢医敢言、勇于担当，扎根医疗一线，疫情期间义无反顾、冲锋在前、救死扶伤的感人事迹，用一线报道向世界展示大国战"疫"的伟大壮举，用事实澄清污名化中国的谣言，还要深入挖掘中国援外抗疫医疗专家组的感人事迹，唱响中国共

---

① 王纪刚：《这里是延安——中国共产党如何讲好革命故事？》，人民出版社 2021 年版，第 103 页。
② 欧庭宇：《论进一步加强中国共产党执政形象的对外传播》，《国际传播》2021 年第 3 期，第 17—19 页。

产党人提供中国经验、传递中国温度、贡献中国力量,以实际行动帮助挽救了全球成千上万人生命的赞歌,体现马克思主义政党与时俱进的国际风范,展现大国大党的情怀和责任担当。

二、润物无声:推动中华文化走出去

文化是一个国家和民族自强不息、发展壮大的精神支撑。《中共中央关于党的百年奋斗重大成就和历史经验的决议》强调,"中华优秀传统文化是中华民族的突出优势,是我们在世界文化激荡中站稳脚跟的根基,必须结合新的时代条件传承和弘扬好"。实现中华民族伟大复兴需要中华文化繁荣昌盛,习近平总书记在"5·31"重要讲话中强调,"要更好推动中华文化走出去,以文载道、以文传声、以文化人,向世界阐释推介更多具有中国特色、体现中国精神、蕴藏中国智慧的优秀文化"。中国文化走出去的目的是让世界人民了解和熟悉中国文化,理解和接纳中国文化蕴含的价值观念,① 进而对中国在国际交往中的行为与思想表示理解与支持。

推动中华文化走出去,要深挖中华文化的文化价值吸引力、文化产业竞争力、文化传播影响力,三者相互融通支撑,合力助推中华文化走向世界。文化价值吸引力是文化走出去的核心基础。在国际传播中要展现中国特色的价值观念,提炼中华优秀传统文化的精神标识。文化产业竞争力是中国文化走出去的内在驱动。通过提升中国文化企业、文化产品在国际市场的核心竞争力与市场份额,可以形成中国文化产业的良性发展,产生发展的内驱力,推动中国文化产业竞争力跨越式发展。文化传播影响力是中华文化走出去的强力支撑,决定着中国文化走出去的效果及意义。② 推动中华文化走出去归根结底必须依托紧跟时代、内容精良、引人入胜的好作品。习近平总书记强调,"必须把创作生产优秀作品作为文艺工作的中心环节,努力创作生产更多传播当代中国价值观念、体现中华文化精神、反映中国

---

① 汪信砚:《中国文化走出去:意涵、目的和路径》,《江淮论坛》2020年第3期,第5页。
② 黄晓曦、苏宏元:《中国文化走出去:评估指标构建与提升路径探析》,《学习论坛》2020年第1期,第74页。

人审美追求,思想性、艺术性、观赏性有机统一的优秀作品"。① 回顾既往的中华文化传播,虽然取得了一定的成效,但始终存在内容浅层化和定位偏差的问题,未能达到预期的良好传播效果。对中华文化的宣传推介既要有政府担当传播主体的拳头产品,也要发挥民间主体作用,鼓励公众以"百花齐放"的姿态进行国际文化传播。官方的文化产品侧重展现中华文明的源远流长,以宏大的历史视角展现中华文化的丰富内涵及对世界的深远影响。民间的文化传播侧重对中华文化扎根生活的柔性呈现,展现独具中国特色的传统工艺、习俗文化,这是对中华文化扎根生活的柔性呈现,② 在潜移默化的传播过程中培育海外受众对中华文化的兴趣及好感。

三、针锋相对:讲究舆论斗争的策略和艺术

国际舆论斗争是大国崛起的必修课,一个国家如果不熟悉舆论战的表现、特点和本质,不仅难以实现和平发展,甚至连维护正当国家利益都举步维艰。不懂得舆论斗争的策略与艺术会导致话语权丧失、国际处境孤立,严重危害国家政局稳定和社会发展。提升国际舆论斗争水平,加强重大问题对外发声的能力,是提高国家综合国力的题中应有之义,也是坚守意识形态主阵地、巩固全党全国人民团结奋斗的共同思想基础的重要工作。

在未来一个历史时期内,中美关系的主旋律就是美国对中国的全面打压和战略遏制。对华开展舆论斗争成为美国为首的西方国家从政治、文化、价值观等领域全方位遏制打压中国的重要工具。在国际舆论斗争中,应注意以下三点:第一,要敢于斗争,直面核心问题,阐明中国立场。在舆论斗争中发声,需要针对事实真相,做到正本清源,给国际社会以权威性的解释和回答,在涉及党和国家根本利益的重大问题上必须以事实为依据进行针锋相对、有理有据的舆论斗争。通过披露事实主动出击,阐明中国态度,表达中国立场。第二,国际舆论斗争要围绕中心,服务大局。国际舆论斗争的根本目的是为实现"两个一百年"和中华民族伟大复兴的奋斗目

---

① 习近平:《论党的宣传思想工作》,中央文献出版社 2020 年版,第 184 页。
② 田玉霞:《中华文化走出去的路径选择——以"李子柒现象"为例》,《传媒》2020 年第 5 期(下),第 83 页。

标创造和平稳定的国际环境,所有的话语、媒介、资源和谋略都必须围绕这一目标来设计,最大限度赢得国际社会对中国的认可和认同。国际舆论斗争不是为斗而斗,也不是单打独斗。要运用一切对中国有利的积极因素,团结一切可以团结的媒介力量,形成最广泛的统一战线,打破西方舆论对中国的战略围剿。第三,在重大问题的舆论斗争中要注意提升传播艺术。国际舆论斗争的有效性不取决于哪一方的调门高、话语狠,而是取决于斗争的策略与艺术。在舆论斗争中,要善于借筒传声、借梯上楼,运用第三方传达中国声音,扩大自身舆论影响力,达到事半功倍的传播效果。例如,2019年7月10日,美国为首的20余个西方国家致信联合国,诋毁中国政府的民族政策,表达对新疆少数民族人权状况的所谓"担忧"。中国政府在第一时间邀请各国外交官、记者和国际组织代表访问新疆,呼吁联合国各机构客观公正地开展工作。到了2019年7月26日,就有50个国家致函联合国人权理事会,支持中国政府在涉疆问题上的立场。一些国家的大使通过他们的社交媒体账号展示新疆高水平的经济社会发展成就和人权保障水平,展现了一个与西方媒体报道的完全不一样的新疆。新疆各族人民的幸福感、获得感和安全感使各国人民感同身受。中国政府的治疆成就赢得了包括伊斯兰世界在内的众多国家的普遍认同与支持。在融媒体时代,要推动政府、媒体、智库、非政府组织、国际公关公司、调查公司、跨国企业、意见领袖多元主体联动,就关键议题构建协同支撑体系,最大限度发挥主体联动效应。[①] 对可能产生的重大舆论斗争议题进行动态评估和实时预警,加强议题管理和设置能力,通过先声夺人、配合发声、抢占舆论先机等方式,牢牢掌握舆论斗争主导权。

四、有礼有节:注重把握宣传基调

建构良好的国家形象在大国崛起中具有重要战略支撑作用,习近平总书记在"5·31"重要讲话中首次提出,"要注重把握好基调,既开放自信也谦逊谦和,努力塑造可信、可爱、可敬的中国形象"。强调可信、可

---

① 荣婷、李品菡:《国际舆论战的历史、现状及应对策略研究》,《传媒》2021年第1期(上),第96页。

爱、可敬的中国形象，表明中国共产党对于中国国家形象的认知不断深化，也对中国形象塑造提出更高要求，是新时期对加强和改进国际传播工作提出的重要任务。

"可信、可爱、可敬"体现了中国致力于构建大国形象的新视角、新目标。从受众感知的角度对中国国家形象的传播效果作出预期和要求。"可信"意味着中国作为新兴大国的能力、实力、诚意能被世界认可，这是中国国家形象的基础与前提。"可爱"意味着中国在国际受众眼里是一个有吸引力的、值得喜爱甚至热爱的国家，这是中国国家形象的进阶与情感升华。"可敬"意味着中国的历史文化、制度模式、责任担当、国内发展、国际贡献得到国际受众深层次的认同与敬重，这是中国国家形象的落脚点和理性升华。可信、可爱、可敬分别强调中国形象的不同层次，但同时也互相关联、层层递升。①

塑造"可信、可爱、可敬"的中国形象，要求国际传播的话语自信不自满，既开放创新也谦逊谦和。讲出中国故事背后的温度，以全人类喜闻乐见的方式、形式和渠道，增强形象塑造的亲和力和实效性，用各种生动事例说明中国的发展本身就是对世界的最大贡献、为解决人类问题贡献了智慧。这一目标的达成同样需要推动政府、企业、民众等多种传播主体实现联动，采取以用户为中心，贴近不同区域、不同国家、不同群体受众的精准传播方式，推动中国同各国的人文交流和民心相通。新冠肺炎疫情暴发以来，部分国家经济社会发展与社会稳定受到冲击，一些反华政客煽动民粹主义思潮迁怒于中国，对中国的国家形象造成冲击与不良影响。在国际传播中要特别强调国际团结抗议的重要性，把构建人类卫生健康共同体，共同守护人类健康美好未来作为宣传工作的重要着力点，讲好中国与"一带一路"沿线国家和地区共同抗疫的故事。要大力宣介"一带一路"倡议等中国方案对助力各国恢复社会经济发展及民生改善的重要价值，为深化国家间良好关系营造更加积极的民意氛围。

---

① 钟新、蒋贤成：《完善全民国际传播体系 构建可信、可爱、可敬的中国形象》，《中国记者》2021年第7期，第38—39页。

第三节 入心：宣介中国主张、中国智慧、中国方案

入心，就是在引导海外受众客观公正看待和评价中国的基础之上，通过国际传播使中国擘画的人类未来以及对全球性问题的治理方案获得全球范围内的认同，将中国提出的主张、智慧与方案融合为人类文明的共同财产。历览近500年来的世界历史，每一个全球性大国的崛起都为人类经济社会发展提供了丰厚的人文和思想资源。

中国是一个拥有5000多年光辉灿烂文化遗产的东方古国，中国共产党是一个由先进思想和科学理论武装起来的马克思主义政党。日益走近世界舞台中央的中国必须提供一份包含对人类未来的思考、对国际秩序的倡议、对全球治理的设计在内的合格答卷。从这一角度而言，中国的国际传播不仅要讲好"中国是什么"的中国故事，还要讲好"世界会怎样"的世界故事。置身百年未有之大变局，国际形势乱象纷呈，中国与世界的互动空前复杂。国际社会期待听到中国对"世界往何处去，人类应怎么办"这一时代之问的解答。党的十八大以来，在习近平外交思想的指引下，中国针对国际社会存在的治理赤字、信任赤字、和平赤字、发展赤字给出了全球治理的中国主张、中国智慧、中国方案。新时代的中国国际传播必须大力弘扬和推动和平、发展、合作、共赢的时代潮流，回应世界人民祈求和平与发展的愿景，通过生动翔实的案例说明"中国梦"的世界意义及"中国梦"与"世界梦"的息息相通、交相辉映。必须清晰而深刻地阐明发展起来的中国给世界带来哪些贡献，中国共产党给全球治理带来哪些中国智慧与中国方案，中华文化在当今可以为人类文明提供哪些启迪与借鉴。这是中国在成长为世界性大国道路上必须向全人类提供的思想资源与公共产品。

一、高举人类命运共同体大旗

坚持推动构建人类命运共同体是新时代坚持和发展中国特色社会主义的基本方略之一。构建人类命运共同体科学地回答了建设一个什么样的世

界、如何建设这个世界、中国外交如何更加有为三个核心问题，为人类社会的共同发展、持续繁荣和长治久安绘制了新的蓝图与实现路径，对中国的和平发展和世界的繁荣进步都具有重大而深远的意义，成为引领时代潮流和人类前进方向的鲜明旗帜。

推动构建人类命运共同体思想提出后引起了国际社会广泛关注，被载入多项联合国决议，获得各国政要及学者的积极评价，成为境外媒体通讯中反复出现的高频词。新冠肺炎疫情暴发以来，国际社会共同推动构建人类命运共同体的意愿进一步高涨，摒弃零和思维，加强协调合作，结成命运共同体共同应对全球性挑战、共同分享发展成果已经成为符合各国利益的共同诉求。然而，现阶段对人类命运共同体思想的国际传播仍有亟待加强之处，例如：传播主体以官方性质为主，缺乏丰富的话语主体；传播内容在学理层面尚未形成体系，在国际学术层面失语；[1] 传播策略缺乏灵活性、鲜活性，理论与案例的结合不够紧密，易引起误读、逆反与抹黑等。让推动构建人类命运共同体这面旗帜高高飘扬，既是新时代中国国际传播能力建设的目标与方向，也是当前讲好中国故事的焦点、重点和立足点。习近平总书记在"5·31"重要讲话中强调，"要高举人类命运共同体大旗，依托我国发展的生动实践，立足五千多年中华文明，全面阐述我国的发展观、文明观、安全观、人权观、生态观、国际秩序观和全球治理观"。

必须精心设计"人类命运共同体"思想叙事模式与叙事落点。一是要丰富话语主体。除了依靠党和国家领导人、涉外部门和新闻机关的正面宣介外，还要动员多元主体，充分利用数字技术拓展人类命运共同体国际传播的平台，综合运用国际媒体和社交媒体提升传播效果。[2] 二是要创新话语内容，发掘人类命运共同体的吸引力与感召力，强化人类命运共同体的逻辑性与说服力，尤其是要讲清楚构建人类命运共同体如何有力引领了当前世界百年未有之大变局的正确方向，讲清楚中国和平发展道路、人与自然和谐共生、坚持开放合作、坚持多边主义、倡导文明互鉴等思想如何为人

---

[1] 李雪婷：《人类命运共同体理念海外传播与认同的研究现状及展望》，《对外传播》2020年第10期，第38页。
[2] 朱玲玲、蒋正翔：《人类命运共同体的理论阐释与国际传播》，《党政研究》2019年第1期，第18页。

类共同发展开辟了广阔前景,从而提升人类命运共同体的国际认同。三是要完善话语方式,研究各国人民文化心理与思维特征,探寻各国人民易于接受的话语方式。不能"一篇讲稿通天下",要实施浸润式、精准性传播,深入挖掘不同文化、文明间的交汇点,把抽象的、理念的共同体转化为政策共同体和行动共同体,推动这一思想在世界各国落地生根。

二、倡导真正的多边主义

受国际格局和新冠肺炎疫情双重影响,国际社会面临开放与封闭、包容与排外、合作与对抗的激烈交锋。面对乱象乱局,中国立足世界格局变化,着眼应对全球性挑战需要,坚持开放包容,坚持以国际法则为基础,坚持协商合作,坚持与时俱进,提出要维护和践行真正的多边主义。新时代对外传播要阐明中国对维护多边主义和国际公平正义的坚定承诺,提振国际社会对坚持多边主义的信心,争取国际社会理解支持应对全球性挑战的中国方案。

开放包容是维护和践行多边主义的基础。在国际传播中要阐明中国的发展哲学,即发展是第一要务,经济发展是人民幸福生活的根本保证,是各国人民的普遍追求。只有推动不同民族、种族、宗教、政体之间不断增进包容、开阔视野,才能使各国在相互学习中增强自身发展水平,为各国间互鉴互信贡献源源不断的动力。

遵规守制是维护和践行多边主义的保障。在国际传播中要强调有秩序的世界离不开对法治的追求与建设,要坚决维护联合国宪章的宗旨和原则,遵守国际法和国际关系基本准则,信守共同商定的国际协议,大国尤其要带头维护国际法治的尊严和效力。

协商合作是维护和践行多边主义的原则,也是中国外交最鲜明的风格之一。在国际传播中要阐释中国倡导与践行多边主义的道德准则和价值追求,即在平等的基础上进行对话,以协商取代胁迫,以多赢共赢取代赢者通吃,相互照顾、彼此关切。①

---

① 曲鹏飞:《更大力度维护和践行多边主义》,《学习时报》2021年2月26日,第2版。

创新发展是维护和践行多边主义的动力。21世纪的多边主义要守正出新、面向未来。在国际传播中要推动国际社会以创新方式思考全球治理和多边主义，着力推动规则、规制、管理、标准等制度型开放，持续打造市场化、法治化、国际化营商环境，推动建设理念相通、要素流动畅通、科技设施联通、创新链条融通、人员交流顺通的创新共同体，促进各国创新协同发展及合作应对挑战，使各国人民在多边合作中共享全球化创新成果。

三、阐明全球治理中的中国智慧与贡献

讲好中国故事，应从两方面入手。一方面，要讲好中国特色社会主义实践的成功，这是讲好中国故事的根本和依据。另一方面，也要讲好中国发展实践如何助力解决世界难题，彰显中国智慧的故事。习近平总书记指出："解决好民族性问题，就有更强能力去解决世界性问题；把中国实践总结好，就有更强能力为解决世界性问题提供思路和办法。这是由特殊性到普遍性的发展规律。"① 讲好中国故事需要明确中国始终是世界和平的建设者、全球发展的贡献者、国际秩序的维护者，要把中国外交理念的创新之处、发展起来的中国对世界的重大贡献讲清楚，唤起国际受众的情感共鸣。

讲清楚"中国发展是对世界贡献"的第一层逻辑是说明中国发展本身就是对世界的最大贡献、为解决人类问题贡献了智慧。中国是一个人口众多的发展中大国，中国经济的发展、民生的改善、治理的提升具有世界范围的影响力，必须善于发现、提炼和传播中国发展过程中各种生动案例，以客观翔实的数据、生动鲜活的画面，打造便于国际受众理解的中国故事，回答国际社会最为关切的中国问题。叙事的角度一方面要落脚微观，贴近国计民生，以小见大，聚焦中国社会发展的客观事实。另一方面要用大量宏观、直观、清晰的数据，使受众从海量数据中直观感受到中国发展对世界的重大贡献。例如，在消除贫困议题上，既要通过个案展示中国式脱贫的典型案例，体现中国脱贫攻坚在提升全民基础教育、医疗卫生、社会保障等领域取得的重大成就，也要通过直观的数据体现中国作为世界上减贫

---

① 《在哲学社会科学工作座谈会上的讲话》，《人民日报》2016年5月19日，第2版。

人口最多的国家，为全球减贫作出的巨大贡献。通过对中国故事的生动讲述，阐明中国特色社会主义为什么好、中国共产党为什么能、中华民族为什么能够为人类作出重大贡献，阐释好中国智慧和中国方案所蕴含的世界价值。

讲清楚"中国发展对世界贡献"的第二层逻辑是阐释发展起来的中国对全球治理的贡献。随着中国综合国力的提升，中国参与全球治理的领域和程度不断拓展。无论是在联合国的地位和作用，还是在应对国际和地区热点问题方面的影响力，中国都发挥着不可替代的作用。中国以实际行动承担与其地位相匹配的责任，为世界的和平与发展持续作出贡献。以全球抗击新冠肺炎疫情为例，中国倡导全球疫苗合作行动，主张加强国际抗疫合作，公平分配疫苗，最早承诺将新冠疫苗作为全球公共产品，最早支持疫苗知识产权豁免，最早同发展中国家开展疫苗生产与合作，迄今已向120多个国家和国际组织提供了近20亿剂疫苗，成为对外提供疫苗最多的国家，为人类抗疫事业作出了不可磨灭的贡献，彰显说到做到的大国担当。

面对大疫情与大变局的双重考验，世界人民对全球治理体系变革的呼声越发强烈。在国际传播中，要将中国提出的全球卫生合作、全球气候治理、落实"双碳"目标、维持生物多样性、全球数字治理等领域的治理目标和愿景讲清楚，还要将中国全球治理方案中的价值观讲清楚，即中国在推动全球治理体系变革过程中如何秉持以人为本和实事求是的价值基础，使经济发展和科技创新成果更好造福各国人民。在处理全球性问题时，如何根据事情本身的是非曲直决定立场和政策，说公道话，办公道事。中国在参与全球治理时一贯以秉持多边主义、兼顾安全发展、坚守公平正义为基本原则，主张在国际关系中强弱守望相助、贫富共同发展，维护世界各国尤其是发展中国家的正当合法权益。这是能够唤起国际受众情感共鸣与心灵契合的重要内容，在中国国际传播议题中占据重要地位。

在新时代，国际传播的基本任务主要体现在三个方面。首先，要提升中国的国际传播效能。通过人力、物力、智力和亲和力的长期投入，精准把握国际传播的时机、节奏、力度、程度，着力提升国际传播的效果、结果、功效、实效，达到国际传播之"术"的提升，打破国际传播"西强我弱"的总体格局，引导国际受众客观了解、感知和评价中国。通过传播内容的精心设计、生产与投放，将简洁生动、饱含温度、富于趣味的优质内容贯穿中国国际传播实践的全过程，让中国声音在多元化的国际舆论场中发挥更加积极的建设性作用。其次，要夯实中国国际传播的话语体系。当前，争夺国际话语权正成为没有硝烟的战争。面对"失语挨骂"风险，中国应增强战略定力，积极发掘中国共产党治国理政的智慧以及中国文化的时代价值，以理性平和、开放包容的心态客观看待自身发展与外部变革，以价值共识占据时代发展的制高点，推动人类社会共同进步。同时洞悉现代舆论斗争的规律与手段，面对污名化的攻击敢于亮剑，掌握打赢舆论战的制胜之道，熟练运用国际舆论之"势"，夯实中国话语体系之基。通过对话语文本与内涵的悉心打磨以及富有张力且生动形象的表现手法，使国际受众形成对中国发展的积极正面的评价。最后，要向国际社会广泛宣介中国主张、中国智慧、中国方案。党的十八大以来，中国坚持走和平发展道路，坚持推动构建人类命运共同体，推动构建新型国际关系，秉持正确义利观，提出共建"一带一路"倡议，积极参与全球治理，始终致力于推动人类进步事业和国际公平正义，在大潮流大格局大历史中把握前进方向，推动人类发展的车轮向前迈进。在国际传播当中，要大力弘扬中国主张、中国智慧、中国方案之"道"，向国际社会展现一个负责任、有担当且富有亲和力的大国形象，引导国际受众理解支持中国道路及中国描绘的人类未来愿景，吸引他们主动加深对中国的认识并积极同中国相互借力、结伴成行。

第四章

战略传播体系

当前,百年未有之大变局和世纪疫情交织叠加,世界进入新一轮动荡变革期。中国和世界的关系也正在经历历史性变化,中国的世界观与世界的中国观也都在经历持续性调整。中国需要更好地了解世界,世界也需要更好地了解中国。2021 年 5 月 31 日,中共中央政治局首次围绕国际传播工作开展专题学习,习近平总书记在学习时强调,"必须加强顶层设计和研究布局,构建具有鲜明中国特色的战略传播体系,着力提高国际传播影响力、中华文化感召力、中国形象亲和力、中国话语说服力、国际舆论引导力"。

"战略传播体系"是理念先行,由国内学界引入的一个概念,还需要通过研究不断细化,并在中国国际传播具体的实践中本土化。[①] 而"五力"密切联系、相互促进,共同构成了新时代中国特色战略传播体系的关键主体和核心目标。

第一节 国际传播影响力

没有传播的影响力和没有影响力的传播都不是有效传播。实践证明,

[①] 于运全:《推动建设与我国综合国力相匹配的国际传播能力》,《旗帜》2021 年第 7 期,第 53 页。

国际传播的影响力以传播力为基础，但有传播力未必能够带来相应的影响力。因此，国际传播影响力就成为一个重要课题。

一、国际传播影响力的内涵及变迁

从学术研究的角度来看，在我国新闻传播领域，影响力作为一个重要概念进入学术讨论，大致可以追溯到 2003 年喻国明教授对传媒作为一种影响力经济的阐述。① 2009 年之后，影响力概念延伸至国际传播研究，学者主要从内容质量和受众两个方面来谈论国际传播影响力的提升策略。② 影响力的大小取决于改变他人思想和行动的效果。关于影响力，在某种程度上指的是链接力，就是指一个人的影响力更多是取决于跟这个世界有多大链接。③ 然而对于国际传播影响力，目前学界还没有出现比较完整的学理分析和概括。

实际上，国际传播影响力不只是一个学术概念，它更是一项工作任务和实践课题。在实践层面，因主体的不同，也就出现了媒体国际传播影响力、城市国际传播影响力、企业国际传播影响力、大学国际传播影响力、期刊国际传播影响力等分类。中国国际问题研究院院长徐步认为，着力提高国际传播影响力，就是要掌握国际传播规律，构建对外话语体系，创新对外宣传方式，拓展对外传播平台和载体，提高传播艺术，全面提升国际传播效能。④ 本书所谈的国际传播影响力，单指中国作为一个国家整体的国际传播影响力。

党的十八大以来，以习近平同志为核心的党中央高度重视加强和改进国际传播工作。对构建和发展现代传播体系、提高传播能力多次提出过明确要求。2014 年 8 月 18 日，习近平总书记在中央全面深化改革领导小组第四次会议上强调，"着力打造一批形态多样、手段先进、具有竞争力的新型主流媒体，建成几家拥有强大实力和传播力、公信力、影响力的新型媒体

---

① 喻国明：《影响力经济——对传媒产业本质的一种诠释》，《现代传播》2003 年第 1 期，第 1—3 页。
② 周翔、李静：《权力网络视域下的国际传播影响力》，《新媒体》2016 年第 2 期，第 57 页。
③ 骆光宗、李雯：《让中国声音洪亮而悦耳》，《学习时报》2021 年 8 月 20 日。
④ 徐步：《让世界读懂中国人的精神风貌和价值追求》，《光明日报》2021 年 6 月 9 日。

集团，形成立体多样、融合发展的现代传播体系"。2018年6月15日，习近平总书记在致《人民日报》创刊70周年的贺信中要求，"改进宣传报道，讲好中国故事，构建全媒体传播格局，不断提升传播力、引导力、影响力、公信力"。2019年10月，党的十九届四中全会提出，"建立以内容建设为根本、先进技术为支撑、创新管理为保障的全媒体传播体系"。2021年5月31日，习近平总书记在中央政治局第三十次集体学习时又明确提出了"必须加强顶层设计和研究布局，构建具有鲜明中国特色的战略传播体系"的要求。从现代传播体系到全媒体传播格局，再到全媒体传播体系，直至中国特色的战略传播体系，既是国内外形势发展的客观要求，也反映了中国国际传播影响力的稳步提升。

二、提升国际传播影响力的策略

随着中国国际传播影响力的提升，我们遭遇的来自外部的警惕、质疑和诋毁正在加剧。特别是近几年，中国国际传播能力建设日益受到美国等西方政界和媒体界的广泛关注。特别是以美国为代表的西方国家，不断升级对中国媒体的歧视和政治打压。2020年2月18日，美国将新华社、《中国日报》美国发行公司、中国国际电视台（CGTN）、中国国际广播电台、《人民日报》海外版美国总代理（海天发展有限公司）5家中国媒体列为"外国使团"；6月22日，美国再次宣布将中央电视台（CCTV）、《人民日报》、《环球时报》和中国新闻社4家中国媒体列为"外国使团"；10月21日，美国国务院决定将"一财全球"、《解放日报》、《新民晚报》、中国社会科学杂志社、《北京周报》、《经济日报》6家中国媒体在美国的分支机构列为"外国使团"。为此，我们需要认真思考进一步提升国际传播影响力的有效策略。

第一，形成多主体共同参与的生动局面。长期以来，国际传播工作都具有政治性、专业性的特点，主要是依托宣传文化战线开展工作。然而实际上，一个国家的国际传播是立体的、多维度的，是由各行各业和各种社会群体共同去塑造的。一方面，应该鼓励大家立足自身特色与优势，各负其责、各显其能，主动发挥作用。另一方面，应该加强各主体之间的协同配合、形成合力，最终形成系统集成、条块结合、协同高效的体制机制，构建"高、中、低"错落有致的国际传播格局，这样才能形成全社会、宽领域、多角度的国家叙事。而在这其中，媒体、民间和智库的力量是最为重要的三个方面。

一是媒体。媒体是国际传播当仁不让的主力军。特别是在今天这个万物智联的时代，媒体已越来越成为国际传播生态的记录者、参与者、构建者、引领者。2016年12月31日，中国国际电视台正式开播，自此形成了媒体国际传播的新格局。应继续加强专业国际传播媒体的建设，特别是从软实力、巧实力角度，提升专业性和国际性。同时，也要加大中外媒体层面的交流对话合作，通过共同采访、共享稿件等形式，加强合作传播。

二是民间。2014年5月15日，习近平总书记在中国国际友好大会暨中国人民对外友好协会成立60周年纪念活动上发表讲话，对开展民间外交提出要求："民间外交要开拓创新，多领域、多渠道、多层次开展民间对外友好交流，广交朋友、广结善缘。要以诚感人、以心暖人、以情动人，拉近中外人民距离，使彼此更友善、更亲近、更认同、更支持，特别是要做好中外青少年交流，培养人民友好事业接班人。"未来，我们需要强化国际传播的"民间维度"，挖掘和释放"意见领袖""草根人士"等传播潜力，支持并帮助他们接受国际知名媒体采访、为国际知名媒体供稿，参加国际民间交流活动、学术活动等，推动他们从个体视角、民间渠道讲好中国故事，使民间声音与官方声音形成有效配合。

三是智库。智库首先是学术资源的集合体，且处在政策研究的最前沿，能够集众多优秀学者的智慧，精准、到位地理解全球治理中国方案与理念的内涵，生产出符合国际传播规律的优质思想和知识产品。再者，智库是人脉资源的集合体，能够利用自身影响力与号召力调动广泛的社会资源，加强与国外同行的对话交流，举办各类国际研讨会，不断拓展中国话语对外传播渠道，极大延展中国话语的辐射面，也更容易深入他国社会肌理，直达外国普通民众的内心。

第二，发挥不同传播渠道的独特优势。国际传播影响力的提升是一项系统工程，需要十八般武艺样样精通，需要逢山开路、遇河架桥，需要兵来将挡、水来土掩。从全球范围看,新技术的发展步伐并不一致,很多地方的互联网普及程度并不高,即便是一些发达国家和地区,大家对传统信息接收渠道依然很依赖。因此,一方面,我们要继续做实、做优、做强传统的书、刊、报的发行工作,继续做好、做特、做精传统广播、电视节目的制作和传播工作。另一方面,也要顺应国际传播移动化、可视化、社交化、平台化、智能化发展趋势,形成由端、微、屏等多介质平台组成、统分结合的国际传播矩阵,策划制作微电影、短视频、纪录片、动漫等可视化、互动化产品。

特别是要用好社交平台的渠道。专业报告显示,截至2021年1月,全球手机用户数量为52.2亿人,互联网用户数量为46.6亿人,而社交媒体用户数量为42亿人。社交媒体用户数量约占全球总人口的56%。对于一般的社交媒体用户,现在每天在社交媒体上花费的时间为2小时25分钟。第48次《中国互联网络发展状况统计报告》显示,截至2021年6月,我国网民规模达10.11亿人,较2020年12月增长2175万人,互联网普及率达71.6%。10亿用户接入互联网,形成了全球最为庞大的数字社会。我们需要顺应上述全球数字化的趋势,在社交平台上实现更大作为。

除了重视全球知名媒体、抢占世界舆论的制高点,我们的国际传播渠道还应"下沉"到目标国国内舆论的"小"环境,加强与目标国地方媒体的联系。多项研究表明,美国地方新闻是美国公众获取政治信息的最重要渠道之一;同国际新闻相比,美国公众更加关心并且愿意相信国内新闻和地方新闻。

此外,我国也要进一步拓展渠道,鼓励"走出去"的中国企业、中国品牌、中国文化机构通过媒介化公共外交,发展同目标国当地媒体的关系,广泛联系当地的"意见领袖",寻找同国外民众利益、兴趣或情感密切相关的"中国故事",即讲述"我们"的故事,而不仅仅是"中国自己的故事",这样才能增强目标国民众对我国的理解和认同,夯实对华友好的民意基础。

第三,加强优质内容的供给。全媒体时代极大丰富了媒体产品、传播内容和用户体验,广大受众对高质量精品内容的需求更为迫切。目前中国国际传播在内容领域存在两方面突出问题:一是国际新闻的信息量、实效性不足，面对突发事件和热点争议发声相对滞后；二是介绍中国的节目视角较为单一，对于国外受众而言吸引力不够。面对上述挑战，加快推进内容生产供给侧结构性改革、"量身定制"传播内容成为国际传播影响力突围的关键。比如互利共赢、命运共同体等理念，美国政府并不接受；扶贫减贫等理念和做法，在非洲和拉美地区就特别受欢迎；对欧洲，我们则需要多讲气候变化、移民难民、多边主义、规则规范等问题。

第四，坚持以海外受众为中心。我们面对着海外 60 多亿人口的庞大受众群体，他们对中国信息的需求以及信息接收习惯，他们的中国观以及了解中国的意愿等，存在着非常大的差异。现在，一套话语满足不了所有人，一个腔调难以唱遍天下。为此，我们需要加强分类研究，充分了解和掌握不同群体受众的文化生活、文化心理、文化需求。在此基础上，针对海外政要精英、专家学者、普通民众，开展分众化、差异化、精准化传播。我们要将重心放在争取广大中间群体的理解信任支持、影响多数外国普通民众上，并注意收集当地民众的反馈；我们要和替我们说话、为我们辩护的朋友对话，加强合作研究、共同引导舆论；我们也要和不愿意为我们说话甚至说我们坏话的人进行对话，尽量消除隔阂和偏见。

第五，不断优化我们的国际传播技巧。讲故事是国际传播的最佳方式，中国话语也应以各种精彩、精练的故事为载体进行传播。从毛泽东向美国记者斯诺、史沫特莱等人讲述"延安故事"，到习近平总书记通过讲愚公移山的故事、阿拉伯商人在义乌奋斗成功的故事、梁家河变迁的故事等，介绍中国发展以及构建人类命运共同体的理念主张，都产生了很好的国际传播效果。

我们需要坚持把讲故事作为第一手段，把摆事实和讲道理相结合。道理是生硬的，故事是鲜活的。要按照中央要求，着力讲好中国共产党的故事、中国特色社会主义的故事、中国梦的故事、中国人的故事，把中国道路、中国理论、中国制度、中国文化、中国精神、中国智慧寓于中国故事的表述之中，使人容易听、听得懂。建议加大培训轮训力度，引导国际传播战线工作人员树立"用故事传递思想"的意识。同时，鼓励各级领导干部和专家学者在出国访问、接受外媒采访、发表演讲或在相关媒体发表文章时,尽可能变宏大的国家叙事为个体故事,变刚性的政治表达为柔性表述,变官方话语为民间语言。

要重点做好突发事件的国际传播工作,坚持速度第一原则。要注重时效,第一时间发布信息,边做边说。"快说经过、重讲态度、慎下结论",这是基本经验。事实的公布,尤其是结论性的事实,一定要有权威论证。要建立效果评估的长效机制。效果评估是国际传播工作的重要一环,它与前期策划、中期实施共同构成完整的链条。只有科学评估国际传播效果,才能反哺国际传播工作,不断提升国际传播实效性。我们需要通过全方位、全视角、持续性、机制化的效果评估,摸清我们当前在国际传播工作中的海外覆盖面、在国际舆论场中的总体占有率以及不同地域和国别的差异情况,精准掌握我们对国际传播的覆盖率、落地率、接受率,掌握我们对国际传播影响力的关键效果指标。

第二节　中华文化感召力

翻开世界历史,一个大国发展兴盛,必然要求文化影响力大幅提升,实现软实力和硬实力相得益彰。文化自信是更基础、更广泛、更深厚的自信,是更基本、更深沉、更持久的力量。一个文化日益繁荣的中国,将不仅拥有日益增强的经济实力,更拥有不可战胜的精神伟力。正因为文化的独特价值和作用,习近平总书记把"兴文化"作为宣传思想工作的重要使命任务,要求激发全民族文化创新创造活力,建设社会主义文化强国。

一、中华文化感召力的内涵与现状

习近平总书记指出:"古往今来,中华民族之所以在世界有地位、有影响,不是靠穷兵黩武,不是靠对外扩张,而是靠中华文化的强大感召力和吸引力。"[①] 感召力原指个人具有的一种人格特质,尤其指那种神圣的,鼓

---

① 习近平:《在文艺工作座谈会上的讲话全文》,《人民日报》2015年10月15日。

舞人心的,能预见未来、创造奇迹的天才气质。一个国家的文化感召力,体现在他国对这个国家文化的认同与追随上。文化感召力与国家实力相关,更与文化形态、传播方式相关。① 着力提高中华文化感召力,就是要立足5000多年中华文明,深入开展人文交流,积极推动中华文化走出去,以文载道、以文传声、以文化人。

近年来,海外普通民众接触中国文化的机会越来越多,对中国文化的感知越来越深,渴望更深入地了解中国文化。中华文化走出去取得显著进展,尤其是短视频、直播、游戏、网络文学等数字文化走出去强劲增长,呈现"百家争鸣、百花齐放"的新趋势。借助文化活动、海外中国文化中心、孔子学院等平台,中国传统文化频繁亮相国际舞台。"感知中国""欢乐春节""四海同春""五洲同春"等各类大型国际文化活动,使对外文化交流形成合力。

各方在推动中华文化海外传播方面,形成了很多品牌和代表性案例。比如,"中华之美"海外传播项目,以国际传播为鲜明特点,着力呈现创造性转化、创新性发展。《记住乡愁》国际版第一季、第二季制作完成并在国家地理频道播出,引起海外热议。纪录片《佳节》通过国家地理"华彩中国"栏目、腾讯视频面向170多个国家和地区的4亿受众播出,向全球观众开启了一段体悟中国传统节日文化的奇妙旅程。英文歌剧《红楼梦》用"世界语言"将中国古典文学名著演绎得细腻精美。上海昆剧团将汤显祖的《临川四梦》首次完整搬上舞台,世界巡演所到之处盛况空前。一批中国作家走到国际大奖舞台的聚光灯下。图书《平"语"近人——习近平总书记用典》版权输出30多个语种,系列图书《中华优秀传统文化百部经典》深受读者欢迎。电视节目《中国诗词大会》《典籍里的中国》《中国考古大会》《记住乡愁》在海内外热播。大型舞剧《大梦敦煌》亮相德国、意大利、新加坡等国,以精彩的视听盛宴,让外国观众感知中华文化的底蕴。《情满丝路》中国杂技武术专场走出国门,让海外友人了解中华文化的多彩。《流浪地球》《急先锋》等电影出口全球五大洲150多个国家和地区,取得良好票

---

① 骆光宗、李雯:《让中国声音洪亮而悦耳》,《学习时报》2021年8月20日。

房。1万余部中国网络文学作品成功出海……奋力抒写多彩的中国、进步的中国,中国文艺获得越来越多国外受众的关注与喜爱。①

中国文化走出去的效果也在学界研究中得到体现。2019年12月,英国罗德里奇出版社出版图书《中国特色软实力:中国争取民心的行动》,聚焦党的十八大以来中国改善国际形象,在欧洲、拉美、非洲等地区受到好评。2021年3月,英国著名金融品牌公司发布的《全球软实力排名2021》显示,中国位列第八。相比之下,因为在新冠肺炎疫情中的糟糕应对表现,美国在软实力榜单中的排名从2020年的第一名,下降到了2021年的第六名。当代中国与世界研究院近年来发布的《中国国家形象全球调查报告》显示,海外受访者认为最能代表中国文化的是中餐、中医药和武术,高达80%的海外受访者体验过中国饮食文化。

同时我们也应正视,中华文化从"走出去"到"走进去"还有很长一段距离,面临的短板也还很多。一方面,从内部来说,要看到,中国文化的海外传播能力有限,难度很大。中国文化面对西方陷入被动、长期失语,沦为"文化孤岛"已有300多年历史,乃至今天中国在融入世界之时,西方受众对中国文化精神依然所知甚少。通过谷歌趋势搜索发现,2019年至2020年,世界范围内对涉中国文化搜索最多的英文关键词仍是熊猫,其次为长城。可见,海外对中华文化的认知,还是停留在历史传统层面和物器层面,反映当代中国的文化符号,还缺少有效提炼和传播。另一方面,从外部来说,当前跨文化交流遭遇巨大挑战,逆全球化、民粹主义、保守主义思潮在西方兴起并形成气候。特别是在此次新冠肺炎疫情冲击下,传统的文化交流方式遭遇断崖式打击,短期内看不到恢复迹象,这也给数字文化等互联网产业全球化发展增加了新的不确定性。而且,以美国为代表的少数西方国家借此掀起"新冷战",一些极端势力蓄意挑起意识形态和价值观之争,甚至胁迫各国选边站队。如果这种情况继续恶化,反映在全球文化传播领域,必然会导致个人、群体、国家间的交流不畅,不同文化要素在全球的移动与变迁受到阻碍,观念危机与认知鸿沟加剧,加速文明和文

---

① 王思北、周玮、施雨岑等:《高擎民族精神火炬 吹响时代前进号角》,《人民日报》2021年12月14日。

化的单一化与同质化。以美国为代表的少数西方国家指责中国搞"锐实力",将中外文化交流政治化,渲染孔子学院是"红色宣传工具""间谍情报机构",诬称中国文化"走出去"具有"侵略性",企图进行"文化渗透",等等。

鉴于此,我们要深刻认识到中华优秀传统文化国际传播的优势和短板、机遇和挑战,坚定文化国际传播的自觉和自信,调整文化国际传播的策略和布局,揭示中华优秀传统文化的道义旨归,推动中华优秀传统文化的事实化、立体化和国际化,拓宽中国在国际文化场域的话语版图,使中华优秀传统文化成为国际化的"公共话语"。①

二、提升中华文化感召力的策略

"十四五"规划和2035年远景目标纲要对提升中华文化影响力作出了明确要求:加强对外文化交流和多层次文明对话,创新推进国际传播,利用线上线下,讲好中国故事,传播好中国声音,促进民心相通。开展"感知中国""走读中国""视听中国"活动,办好中国文化年(节)、旅游年(节)。建设中文传播平台,构建中国语言文化全球传播体系和国际中文教育标准体系。

提升新时代中华文化感召力,应该追求的是更基础、更持久、更广泛的效果,应该对人的心灵有所触动、对人的思想有所启迪,能够丰富人的精神世界、增强人的精神力量,不能仅停留在简单的热闹场面、一般的形象展示、表层的文化符号上,要在内容的深耕细作上下功夫。

第一,坚定文化自信。文化自信,是一个国家、一个民族、一个政党对自身文化价值的充分肯定。坚定文化自信,事关中华民族伟大复兴。坚定中国特色社会主义道路自信、理论自信、制度自信,说到底是要坚定文化自信,文化自信是更基本、更深沉、更持久的力量。只有坚定文化自信、发挥自身文明的优势,才会实现更好的文化传播。自信才能从容,自觉才能不断提升与其他文化之间平等交流与和谐相处的能力。要把文化作为一

---

① 张明、陈波:《中华优秀传统文化国际传播感召力建构研究》,《湖北社会科学》2021年第8期,第157—162页。

种国家战略资源去运用、去设计。要认识到坚守民族立场是开展对外文化工作的前提,博大精深的中华优秀传统文化是中国在世界文化激荡中站稳脚跟的根基,要以充足的底气与自豪感在对外工作中积极展示中华文化的独特魅力。坚定文化自信,需要摒弃自卑自弃和自大自傲两种倾向,只有不忘本来、融合外来,才能开辟未来。

第二,做强文化精品。"问渠哪得清如许,为有源头活水来。"文化感召力的强弱首先取决于内容是否具有独特魅力。这就需要不断提高各种文化产品的表现力,用情感、细节、故事来打动人,提高亲和力、吸引力和感染力,达到春风化雨、润物无声的效果。中华优秀传统文化中蕴含着许多哲学思想、人文精神、道德理念等,在今天仍有重要借鉴意义。比如,"大道之行、天下为公"的大同理想,"道法自然、天人合一"的人与自然和谐相处之道,"和羹之美,在于合异"的文明交流互鉴理念,"天行健,君子以自强不息"的担当和拼搏精神等。①

文化感召力除了来自传统文化,更要重点展示当代文化。今天面向世界的中国文化传播更需要把当代的、鲜活的中华文化展示出来,生动、形象地展现当代繁荣、文明的中国形象,传播中国的"现在时"文化。在传播中华优秀传统文化时,我们要进行"时态"转换,从"过去时"变为"现在时",注重传承和发展,对中华优秀传统文化做好现代解读,进行创新性发展,这样更容易被广泛接受。更要注重展示当代中国的发展进步、当代中国人的精彩生活,推动反映当代中国发展进步的价值理念、文艺精品、文化成果走向海外,既要入乡随俗又要入情入理,努力进入主流市场、影响主流人群。

第三,用好数字传播。文化表达可以有很多新选项,如李子柒没有一句台词的视频所展示出的田园生活方式,以及2021年的云南"野象旅行"事件中海外受众对中国自然生态与保护措施的认可,等等。在5G、大数据、云计算、物联网、人工智能新技术新应用迅猛发展的背景下,要抓住信息技术变革的重要契机,在推进融合发展、实现"看不见的宣传"中,加大

---

① 张垒:《提升中华文化感召力》,《人民日报》2021年8月4日。

文化走出去的力度，提升国家形象塑造的效果，使个性化定制、精准化生产、智能化推送等技术更好服务国家软实力提升。这次全球性疫情也给数字文化传播带来了一些新机遇，更多人从不得不选择数字文化消费，到最后习惯数字文化消费，这很可能会成为一种新常态。这意味着数字文化产业的繁荣并非是短暂的疫情应激反应，文化业态和消费结构的变化可能将是长期性的，未来极有可能出现融合多种网络文艺形式的大型平台。

2021年5月举办的"走进三星堆 读懂中华文明"主题活动，推出了"看中国·看三星堆"外国青年影像计划、三星堆系列图书国际出版项目、三星堆主题电影项目、数字三星堆国际展项目、"走读三星堆"文化体验产品设计与全球推广项目等九大项目，受到国内外广泛关注，这对未来推动中华文化走出去提供了很好的探索经验。相关部门需要进一步利用数字形式让这些优秀文化"活泼起来""灵活起来"，让收藏在禁宫里的文物、陈列在广阔大地上的遗产、书写在古籍里的文字走进人们的日常生活，创新发展人们喜闻乐见、易于传播的文化产品，给人们带来身心愉悦和审美享受。

第四，做好"润物无声"。要想提升自身文化的感召力，首先要在心平气和中完成对不同文明的比较并在对比中找到不同文明差异的坐标，然后再去寻找与外部世界的共通点、共情点，找到最大公约数，找到与国际社会的交集。要注意中外文化差异，传播什么文化，要选择，要循序渐进，不能一哄而上，要做深入细致的工作。大数据时代，可以充分利用海量的数据，对受众的个人喜好进行分析。在传播过程中，要更接近每一个独立的受众个体，换言之，实现满足个体差异化需求的"精确传播"。精确的文化传播，强调对每个受众的尊重。为此，我们需要更有针对性、因时因地作出调整，突出文化传播内容的可信性、普适性、贴近性，只有这样，才能真正实现文化传播的有效性。

寻找最适宜、最有表现力的载体，满足个性需求，把中华文化用最精练的方式提炼出来，在最合适的时间、地点，用最恰当的表达方式呈现在受众面前，才能真正提升中国文化传播的效率和品质。通过小切口让外国受众借着"共性"的桥梁自觉走进我们的文化。我们尤其要摆脱"送文化"

的传统做法，要探索经营之道，充分利用市场机制，发掘和培养市场潜力，真正实现"卖文化"。要把视角下沉到平凡的日常生活的细节中，多设计体验式、沉浸式传播活动，落地、落细、落实，做好"润物细无声"的工作。

第三节 中国形象亲和力

国家形象与一国的国家利益、国家地位和国际话语权等密切相关。长期以来，中国的真实形象与外界特别是西方形成的主观印象存在明显"反差"，给外国人造成中国属于"另一个世界"的印象，因此，需要不断提升中国形象的亲和力。

一、中国形象亲和力的内涵及现状

亲和力最早是属于化学领域的一个概念，是特指一种原子与另外一种原子之间的关联特性，后来越来越多地被用于人际关系领域。亲和力是人与人之间信息沟通、情感交流的一种能力，即使人亲近、愿意接触、促成合作的力量。1994年出版的《当代港台用语词典》和2003年第1版的《两岸现代汉语常用词典》都把它引申为"与人亲切和谐的能力"。2005年第5版的《现代汉语词典》，在原有解释的基础上，增加了另外一个意思，即"比喻使人亲近、愿意接触的力量"。国家亲和力主要是指某一国家主体与国内外社会公众通过相互作用和有效沟通，使二者关系得以协调与融合，并使双方的认知能力、价值观念得以提高和升华的本质力量。① 党的十七大报告中也指出，要把中国建设成为对外更加开放、更加具有亲和力、为人类文明作出更大贡献的国家。这是中央文件中首次将国家形象与亲和力结合在一起论述。

习近平总书记高度重视中国国家形象问题。2013年12月，习近平总书记在十八届中央政治局第十二次集体学习时指出，"要注重塑造我国的

---

① 詹文都、冯娟：《论提升中国对外国家亲和力》，《广东外语外贸大学学报》2009年第7期，第14页。

国家形象，重点展示中国历史底蕴深厚、各民族多元一体、文化多样和谐的文明大国形象，政治清明、经济发展、文化繁荣、社会稳定、人民团结、山河秀美的东方大国形象，坚持和平发展、促进共同发展、维护国际公平正义、为人类作出贡献的负责任大国形象，对外更加开放、更加具有亲和力、充满希望、充满活力的社会主义大国形象"。此后，习近平总书记在2018年的全国宣传思想工作会议上明确提出了"向世界展现真实、立体、全面的中国"的要求。2021年，习近平总书记在"5·31"重要讲话中进一步提出"努力塑造可信、可爱、可敬的中国形象"的要求。"可信"，与真实度、信誉度密切相关；"可爱"，与好感度、美誉度密切相关；"可敬"，与认同度、欣赏度密切相关。2022年1月4日，习近平总书记专题调研北京冬奥筹备工作时有感而发："这是百年变局的一个缩影。成功举办北京冬奥会、冬残奥会，不仅可以增强实现民族伟大复兴的信心，也给世界展现了阳光、富强、开放、充满希望的国家形象。"这再次丰富了国家形象的维度。

党的十八大以来，中国日益走近世界舞台中央，中国共产党前所未有地走进世界政党舞台中心，中国大国地位和形象日益赢得外界认可。特别是新冠肺炎疫情以来，中国积极开展抗疫国际合作，推动构建人类卫生健康共同体，全面展示了国际人道主义和负责任大国形象。我们可以从中外各类专业机构的调查中，直观地感受到中国形象在海外受众中的认知情况。当代中国与世界研究院开展的《中国国家形象全球调查》历年报告均显示，"历史悠久的文明古国"和"当代世界大国"的形象已经得到多数国际民众的认可。经济进步、社会安定、爱好和平、对国际事务负责的东方大国形象已经逐步树立。

2021年1月，"阿拉伯晴雨表"网站在阿尔及利亚、约旦、黎巴嫩、利比亚、摩洛哥和突尼斯这6个国家进行了全国性调查，以判断普通民众对中美两个世界大国的看法。调查结果清楚地显示，阿拉伯民众更喜欢中国。在阿尔及利亚、摩洛哥和突尼斯这3个国家，有半数或更多的人对中国持正面看法，分别占60%、52%和50%，而在黎巴嫩、约旦和利比亚，有1/3以上的人对中国持积极看法，分别占43%、35%和34%。相比之下，这6个国家都只有不到1/3的人对美国持正面看法,占比最高的为摩洛哥,为28%;最低的是利比亚,为14%。① 2021年11月,非洲知名民调机构"非洲晴雨表"发布的报告显示,中国在非洲影响力排名第一,63%受访者认为中国对本国的政治经济影响"非常"或"比较"积极,66%受访者认为中国在非洲的政治经济影响是正面的。芝加哥全球事务委员会2021年7月展开的调查发现,40%的受访美国民众认为中国经济实力强于美国,在2016年和2019年的调查中持此观点的人为38%和31%。盖洛普2021年2月3日至18日进行的民调显示,在"谁是世界首要经济强国"的问题上,有50%的盖洛普民调受访者选择中国,选择美国的只有37%。这跟2020年同期相比,中美几乎对调了位置。2021年6月9日发布的《慕尼黑安全报告》将中国形容为"一个镇定的国家"。报告还显示,当被问及"认为50年内哪个国家会成为科技领域的最强力量"时,包括德国、意大利、法国、加拿大、日本、美国、英国、印度、巴西、南非等在内的全球11个国家中,平均超过50%的人认为中国会在50年内领导全球科技发展。

综上可见,外界对中国大国形象的共识在逐步增强,对中国的未来也更有信心。

二、提升中国形象亲和力的策略

第一,更加贴近海外的需求和习惯。大国在国际舆论场上最吸引人、感染人的叙事,是其如何克服困难、解决自身问题,如何践行负责任大国担当、为世界稳定和发展作出贡献。② 塑造可信、可爱、可敬的中国形象,需要注重把握好基调,既开放自信又谦逊谦和,昂扬不张扬,自信不自满,绵绵用力、久久为功。多挖掘中国的"酷文化""萌文化""义文化",深入推进"好感传播"。多谈具体、少谈抽象,多用真感情、少用空概念,以海外喜闻乐见的方式、形式和渠道,增强形象塑造的亲和力和实效性。

第二,不断丰富形象展示的渠道和方式。进入全媒体时代后,媒体融合的发展已经在全球主要国家的信息传播中得到充分体现。从主要国家的

---

① 《民调显示:阿拉伯民众喜爱中国远胜美国》,《参考消息》2021年1月29日。
② 傅莹:《努力塑造可信可爱可敬的中国形象》,《人民日报》2021年10月14日。

政府部门到传统意义上的报纸、电视台等，多在社交网络平台上开设账号，展现全媒体时代对于塑造国家形象的影响。因而，在全媒体时代已经形成传统媒体、新媒体相互交融与共同发展。此外，也要更好地借主场活动全面提升国家形象。例如，2012年伦敦奥运会，是英国"振奋经济、凝聚民心以及重塑政府威信"的重要契机。借助伦敦奥运会，英国用创意、民心、媒介、旅游等策略展示、提高英国国家形象，进而促进英国国内经济发展与引进外资。2016年的里约热内卢奥运会，也被巴西政府视为重塑其国家形象的历史契机。该届奥运会不仅向全球展现了巴西经济发展的既有成就，也凸显了执政的劳工党卓越的国家治理能力、卢拉政府积极推动社会改革的成效。2022年北京冬奥会的举办，再次掀起了国际社会聚焦中国的新一轮热潮。北京冬奥会围绕"简约、安全、精彩"的要求，不仅把赛事办得很好，还把形象展示的很好。

第三，学习借鉴其他国家的主要做法和经验。将塑造国家形象提升到战略高度，成为近年来主要国家塑造形象的通行做法。一是设立专门机构。例如2018年，美国将全球媒体总署作为实施国家形象塑造的核心机构。日本外务省2004年设置广报文化交流部，积极推动其公共外交实施国家形象的塑造。英国通过国家旅游局等专门机构，积极推动塑造国家形象的充分落实、不断完善。二是提供专门资金。以美国全球媒体总署的资金来源为例，美国政府是全球媒体总署的全额出资人。该署2020财年拨付预算为8.1亿美元，2021财年的预算申请额为6.37亿美元。三是加强统筹协调。以日本为例，进入21世纪后，日本努力从产业大国和商业大国形象转变为文化大国，塑造"体面、优雅、荣耀、有个性、自豪、杰出、有威望、自尊、自强的'受人尊重'的"国家形象。2019年，日本在提出"酷日本"战略的基础上，将数字媒体技术、社交网站运营等纳入这一战略的提升中。除了外务省，相关专项工作的大臣（复兴大臣、奥运担当大臣等）在其具体工作（东日本大地震后重建、筹备2020年东京奥运会）中，积极地参与塑造日本国家形象，进而形成在日本政府内部关于国家形象塑造的有效协调。四是重视品牌挖掘。较之以往的"创意英国"，近年来，英国将"非凡英国"的国家品牌与英国旅游、教育等对外交往的传统优势加以结合，设置"非凡英国"奖学金,吸引更多的人才,实现对于英国国家形象潜移默化的塑造与优化。有别于以往的音乐、影视作为国家品牌的主要内容,韩国逐步打造"动感韩国""IT强国""文化韩国"的现代形象,持续强化"勤勉、诚实,具有成熟市民意识、团结"的韩国国民形象。除了宝莱坞等电影作为国家品牌的标志,近年来,印度投入大量资源,通过广告宣传等方式努力在国际上树立印度的独特形象——放松身心的绝佳之地,文化和信仰发达之处。德国将塑造国家形象的基本态势,逐步对标《国家工业战略2030》的发展需求,以适应"德国制造"作为其国家品牌在全球范围内的充分优化。新加坡在提出与贯彻"你的新加坡"的国家品牌的基础上,在全球范围内以"新加坡节""新加坡艺术节"等积极强化其国家品牌的影响力。

第四,更加重视与国际青年的交流互鉴。新冠肺炎疫情加速了全球数字化的发展趋势,而真正影响全球数字化趋势走向的,是未来5—10年全球新消费的主导力量——"Z世代"的崛起。"Z世代"是指1995—2009年间出生的一代人,他们一出生就与网络信息时代无缝对接,受数字信息技术、即时通信设备、智能手机产品等影响比较大,所以又被称为"网生代""互联网世代""二次元世代""数媒土著"等。2021年1月,道琼斯旗下新闻网站"市场观察"和美国劳动力统计研究咨询机构"代际动力学中心"联合发布的研究报告认为,62%的"Z世代"相信他们这一代将为世界带来积极变化。他们有能力推动和创造世界变革,愿意发出自己的声音。2021年6月7日,美国智库"德国马歇尔基金会"和德国智库"贝塔斯曼基金会"发布的民调报告显示,欧美民众对中国的正面看法进一步加强,在年轻人中尤为明显。在回答"如何看待中国在全球事务中的影响力"这一问题时,18—24岁年龄段的欧洲年轻人对中国普遍持正面评价,他们更愿意将中国视为合作伙伴,尤其是在法国、德国和英国。同一年龄段的美国年轻人也有61%对中国持正面评价。与此形成对比的是,在大多数国家,年轻受访者比年长受访者更不看好美国。当代中国与世界研究院在全球21个主要国家调研后发布的《国际青年眼中的中国与世界》调查报告显示,2020年,国际青年受访者心目中最具国际事务影响力的三个国家分别为美国、中国和英国。中国位居第二名,选择率(71%)超过英国(56%)。与 2019 年相比,国际青年对中国国际事务影响力的认可度提升了 3 个百分点。对中国了解越多的青年,对中国的积极评价也越高。① 2021 年 8 月,习近平总书记在给"国际青年领袖对话"项目外籍青年代表回信时指出,"我们欢迎更多国际青年来华交流,希望中外青年在互学互鉴中增进了解、收获友谊、共同成长,为推动构建人类命运共同体贡献青春力量"。我们要进一步加大中外青年的对话交流,以他们的视角去发掘和呈现中国的可爱,去展示真实、立体、全面的中国形象。

第四节　中国话语说服力

用中国理论阐释中国实践,更加充分、鲜明地展现中国故事及其背后的思想力量和精神力量,事关中国道路自信和文化主权,事关中国人民的尊严和责任。着眼第二个百年征程,需要我们把中国的发展优势转化为国际话语优势。

一、中国话语说服力的内涵及变迁

20 世纪 70 年代,法国思想家米歇尔·福柯明确提出了"话语即权力"的论断。自此,西方学界特别是欧洲学界对话语的讨论越来越多。话语说服力,一般是指主体通过自己的话语内容以及运用各种可能的技巧去说服受众的能力。进入 21 世纪以来,这一概念日益受到中国学界的重视,既成为一个理论热词,又成为一个非常重要的工作概念。

2013 年 8 月 19 日,习近平总书记在全国宣传思想工作会议上的重要讲话中明确提出,要精心做好对外宣传工作,创新对外宣传方式,着力打造融通中外的新概念、新范畴、新表述,讲好中国故事,传播好中国声音。2016 年 2 月 19 日,习近平总书记在党的新闻舆论工作座谈会上提出,加快

---

① 任鹏:《中国影响力受到国际青年普遍认可》,《光明日报》2021 年 10 月 20 日。

提升中国话语的国际影响力,让全世界都能听到并听清中国声音。2021年5月31日,习近平总书记在中央政治局第三十次集体学习时提出,要加快构建中国话语和中国叙事体系,用中国理论阐释中国实践,用中国实践升华中国理论,打造融通中外的新概念、新范畴、新表述,更加充分、更加鲜明地展现中国故事及其背后的思想力量和精神力量。

习近平总书记不仅提出明确要求,他本人也是驾驭语言的行家里手。党的十八大以来,习近平总书记利用国内外重大场合发表演讲及媒体撰文等方式,多次提出并阐释了人类命运共同体理念;以和平合作、开放包容、互学互鉴、互利共赢的丝绸之路精神为指引的"一带一路"倡议;以合作共赢为核心的新型国际关系理念;平等相待、互商互谅的全球伙伴关系理念;推动经济全球化朝着均衡、普惠、共赢方向发展的全球发展倡议理念;和平、发展、公平、正义、民主、自由的全人类共同价值观;创新、协调、绿色、开放、共享的新发展观;共商共建共享的全球治理观;义利兼顾、义大于利的正确义利观;共同、综合、合作、可持续的新安全观;平等、互鉴、对话、包容的文明观;开放、融通、互利、共赢的合作观;对话而不对抗、结伴而不结盟的国际交往观;等等。

在各方共同努力下,中国话语说服力在近年来得到了大幅提升。以"一带一路"倡议为例,"一带一路"倡议提出多年以来,国际社会的关注度不断提升。《中国企业形象全球调查报告2021》显示,在全球12国受访者中,平均有76%的受访者表示关注。肯尼亚、泰国、沙特阿拉伯的受访者关注度最高,分别是91%、90%、89%。八成全球受访者从多个角度认可共建"一带一路"对全球和地区经济发展带来的积极影响。其中,平均有54%的全球受访者认为共建"一带一路"促进了共建国家人民的沟通合作;50%的受访者认可共建"一带一路"的进展和成效超出预期,有广阔发展前景;45%的受访者认可共建"一带一路"推动金融和贸易往来;42%的受访者认可共建"一带一路"惠及国家基础建设和人民生活改善。

2021年11月24日,美国外交学者网站发布了伦敦政治经济学院外交政策智库研究助理雨果·琼斯(Hugo Jones)的题为《中国寻求更大"话语权"》的文章,该文章指出中国经济和军事实力的转变颇受关注,但是极少有人意识到中国国际话语权的性质和影响正在发生改变。仍有部分人倾向于认为中国无法发挥其软实力且与外界沟通不畅。然而,仔细观察后不难发现,2021年似乎见证了中国"话语权"的微妙增长。①

二、提升中国话语说服力的策略

长期以来,我们不仅面临着西方的话语霸权,也长期受到西方叙事的困扰,因"词穷"而变得"理屈"。在当前国际学界和媒体界,我国总体上还处于"阐释中国"的阶段,还没有进入到"中国阐释"的阶段,我们亟须弥补"话语赤字"。正如国务院新闻办原主任赵启正所言,"由于国家发展程度不同、与国家关系疏密不同和文化差异等因素,我国在跨文化传播的实践中仍存在较为严重的话语力赤字"。② 我国哲学社会科学理论界、学术界还没有完全摆脱对西方话语的依赖,在某种程度上仍然是西方理论的"跑马场""传声筒"。中国道路、理论体系、制度、文化总是在别人的概念框架中获得解释,经常导致"误读""误解""误判"。同时,我们还缺少具有国际竞争力的高端智库,需要提出更多引领性概念和原创性观点,提高话语"产能",打造话语"精品"。

第一,夯实话语基础。硬实力是话语权的基础。有实力就有地位,有地位才能有无声的国际话语权。围绕国际话语权的大国博弈,其实质是依托国家发展成就、国家综合国力的国际竞争。西方话语权处于优势与强势地位,并不是因为政治制度、发展模式、生活方式等有多么先进,而是因为有强大的硬实力,而且长期以来,西方将强大的硬实力通过一系列安排与布局,经由各类方式、多种渠道充分体现出来。从美国经验看,话语权背后起作用的主要是国家实力,是美国的身份和地位。国家实力不会自动带来国际话语权的提升,但增强国际话语权还是需要以国家实力为基础的。

作为一个新兴大国,中国争取国际话语权,一定离不开综合国力的提升。一方面,我们需要继续增强中国的硬实力,提升我们说话的底气,挺直我们说话的腰板。另一方面,也要在善于运用硬实力、转化硬实力上多

---

① 《美学者文章:2021年中国有更大"话语权"》,《参考消息》2021年11月25日。
② 赵启正:《跨文化传播中的话语力问题》,《甘肃社会科学》2020年第5期,第1页。

下功夫,争取把中国特色社会主义的发展优势真正转化为理论优势,把中国社会科学理论的道义优势转化为舆论引导的话语优势。比如,近些年来,随着我们减贫扶贫工作成效的显现,我们在治理贫困领域乃至整个人权领域的话语权就取得了明显的提升。新加坡《海峡时报》有文章写道:"如何在不利的条件下创造成功,如何将发展中国家的问题转化为可能的解决方案,以及如何利用一国特有的知识体系应对挑战。在这些方面,中国都是教科书般的案例。"

第二,协调话语主体。当前,官方是争夺国际话语权的主体,但媒体、智库和民间组织等也发挥着重要的作用。这四类主体的话语天然具有差异,有些时候还可能会出现相互矛盾的情况。以"一带一路"倡议的话语体系构建为例,围绕"一带一路"倡议的属性、内涵及外延等,官方话语体系通过领导人讲话及中央文件表述,已经非常明确、相对稳定,但相比之下,国内媒体和学界的报道及研究,没有及时跟上官方话语的更新步伐,且产生了更为多元的解释体系和角度。比如,尽管对多样的学理探讨应该鼓励,但有些基本事实仍然存在错误,如对沿线国家和地区的数量与路线图的反复讨论导致互联网上的相关数字和地图出现了不同的版本,这就在一定程度上对外界产生了误导。可见,在我们对外争夺话语权时,需要尽可能地把各方面的话语做到协调一致、相互配合。要坚持官方对官方、智库对智库、民间对民间、媒体对媒体的原则,官方的声音要做到权威响亮,智库的声音要专业精准,民间的声音要体现个性,媒体的声音要全面平衡。如此,我们才能形成不同"声部"的"大合唱"。①

第三,破解西方话语。消除基于西方中心论的话语对中国形象的歪曲。西方学者构建话语体系的一个理论基点是西方中心论,他们将资本主义解释为现代化的唯一途径,并极力向世界推广。在对世界历史进程的叙述中,西方学者为了其理论体系、论述框架的需要,任意"裁剪"中国形象,中国成了"被描述的中国",中国形象也因为这些描述而变得支离破碎、面目全非。要加大对西方话语体系的研究,特别是理解他们攻击中国问题时的

---

① 孙敬鑫:《"一带一路"对外话语体系建设的问题与思考》,《当代世界》2019年第1期,第76页。

表述方式和逻辑，不仅要从意识形态方面进行研究，还应从文化传统、语言产生历史等技术角度进行研究，只有如此，我们的回应和反制措施才容易奏效，最终避免落入他们的话语陷阱和圈套中。

例如，2021年以来，针对彭博社发布虚假"全球抗疫排名"，中央广播电视总台充分发挥自身优势，在海外组织三轮抗击疫情"全球网民民意调查问卷"，并发布一系列"溯源美国"的重磅报道评论，得到了国际有识之士的广泛支持，有力扭转了溯源调查的国际舆论走向。同时，我们也要注意增强中国话语的亲和力和公信力。我们不能自说自话，完全沉浸在自我封闭的话语体系中无法自拔，也不能照抄照搬，完全模仿西方早已得心应手的话语套路。要通过理论创新与实践创新不断提升中国话语的供给水平，同步做好中国话语的全球化表达、区域化表达、分众化表达。

第四，争夺叙事主导权。加强对外话语创新基地建设，强化核心话语的研究阐释、对外译介和发布传播，持续推进当代中国特色话语外译传播平台建设，用好各类传播渠道，更好地以中国话语阐释中国理念、中国主张，努力提升中国国际话语权和国际传播影响力。正如澳大利亚迪肯大学高级讲师潘成鑫在《国际政治中的知识、欲望与权力——中国崛起的西方叙事》一书中指出："由于中国在西方认知中的不确定性，导致了在西方的'中国叙事'中，常常出现'中国威胁'和'中国机遇'这两种南辕北辙的观念的共生状态。"特别是新冠肺炎疫情以来，西方一些政客刻意渲染"中国威胁"，编造"中国瞒报疫情""中国恶意渗透"等虚假叙事。美国参议院外委会通过的《2021年战略竞争法案》，希望2022年至2026年的每一财年，美国都能投入3亿美元，用于采取各种措施打击"中国的全球影响力"。

面对这种情况，我们需要不断加强对中国的正面叙事，在涉及新冠肺炎疫情等一系列重要问题上说明事实真相，留下客观、真实的人类集体叙事和记忆。另外一个更高的要求，就是要加强来自中国的世界叙事，以"中国式叙事"回应世界议程，为人类提供一个不同于西方传统叙事所描绘的未来世界的愿景。在讲述和沟通的内容上，尽可能避免打"口水仗"，努力"轻声说重话"，以柔克刚、理直气和、以理服人。多以"未来式"的语言告诉外界，人类命运共同体的未来将更加美好。

第五,更加重视翻译。翻译工作是一项连接中外的桥梁工作,翻译质量决定了国际传播工作的效果。要结合国外受众的思维习惯和阅读习惯进行精准翻译,坚持"音译"和"意译"结合,跨越文化鸿沟,实现源语言和目标语言的最大对等。需要改善对外翻译中出现的望文生义、不符合国际通用惯例、不了解中外文化差异而生硬"移植"等问题,实现翻译工作的融通中外、贯通古今、内外有别。建议完善翻译人才培养机制,尤其要加快对小语种高级翻译人才的培养,推进全国高端应用型翻译人才培养等机制的常态化;加强国内翻译人才的国际交流与互动;推进翻译人才激励机制,提高翻译人员的政治素养和专业能力,建立一支高素质、专业化的翻译人才队伍。

第五节 国际舆论引导力

习近平总书记曾在 2016 年新年贺词中说:"世界那么大,问题那么多,国际社会期待听到中国声音、看到中国方案,中国不能缺席。"长期以来,我们处于对假新闻或被诬陷的被动回应状态,在事关自身发展的重大问题上经常被"贴标签",在事关全人类发展的全球性议题上经常被"带节奏"。我们时常"有苦说不出""有理说不清"。中国崛起一定要有自己话语的崛起,这件事无法逃避。实践也一再证明,舆论是可以被塑造和引导的。特别是新冠肺炎疫情以来,舆论争夺战的必要性、迫切性都进一步彰显。

一、国际舆论引导力的内涵及现状

从广义上说,国际舆论是指国际公众、大众传媒、国际组织和一些非政府组织等对某一国家或地区事务所形成的相对一致的、具有一定影响力的态度和信念的总和。舆论引导力包括舆情监测力、议程设置力、演化传播力和效果影响力四个方面。① 新闻舆论发挥引导力,责无旁贷。引导力是

---

① 王雪莲、王晶晶:《我国主流报刊国际舆论引导力机制创新与策略》,《中国报业》2021 年第 17 期,第 28—31 页。

在对公众舆论进行引领的过程中体现出来的。新闻舆论的引导力在很大程度上就是新闻媒体的引导力。① 着力提高国际舆论引导力，就是要广泛宣传中国主张、中国智慧、中国方案，针对不同受众精准传播，及时有效地传递中国声音。

2016年2月19日，习近平总书记主持召开党的新闻舆论工作座谈会并发表重要讲话指出："党的新闻舆论工作是党的一项重要工作，是治国理政、定国安邦的大事，要适应国内外形势发展，从党的工作全局出发把握定位，坚持党的领导，坚持正确政治方向，坚持以人民为中心的工作导向，尊重新闻传播规律，创新方法手段，切实提高党的新闻舆论传播力、引导力、影响力、公信力。"2020年2月3日，习近平总书记在主持中央政治局常委会会议时特别指出："国际社会高度关注疫情发展，要主动回应国际关切，讲好中国抗击疫情故事，展现中国人民团结一心、同舟共济的精神风貌。"2020年2月23日，习近平总书记又在统筹推进新冠肺炎疫情防控和经济社会发展工作部署会议上强调："我们改进和加强对外宣传，运用多种形式在国际舆论场及时发声，讲好中国抗疫故事，及时揭露一些别有用心的人污蔑抹黑、造谣生事的言行，为疫情防控营造了良好舆论氛围。"

我们提升国际舆论引导力，目的就是让中国的发展道路和中国共产党的执政理念得到世界更多的认同与支持，为我国改革发展稳定营造有利的外部舆论环境，为推动构建人类命运共同体作出积极贡献。

二、提升国际舆论引导力的策略

随着中国日益走近世界舞台中央，一些原本优越感十足的西方国家看待中国的心态失衡，经常戴着"有色眼镜"看中国，打着"手电筒"找问题，拿着"放大镜"挑毛病，并且不断变换话语策略，炮制反华论调，制造话语陷阱。我们在国际上"有理说不出、说了传不开"的局面仍然没有根本扭转。这些年，西方对华话语攻击的火力点，已经从民主、自由、人权、民族、宗教等传统领域，延伸、蔓延到环境保护、食品安全、国有企

---

① 丁柏铨：《论新闻舆论传播力、引导力、影响力、公信力》，《新闻爱好者》2018年第1期，第5页。

业改革、数字治理等多个领域,这些话语都遵循"非黑即白"的二元话语框架和叙事模式。

从现实的国际舆论格局来看,包括中国在内的新兴国家和发展中国家处于话语弱势。西方媒体处在信息链的上游,在很大程度上扮演着国际新闻"提供商"的角色。西方三大通讯社(美联社、路透社、法新社)、五大电视网(ABC、NBC、CBS、CNN、FOX)和六大新闻报刊(《时代》《新闻周刊》《经济学人》《纽约时报》《华盛顿邮报》《华尔街日报》)构成全球国际新闻主要供应商。西方国家的社交媒体几乎在全球社交媒体市场上占据着垄断地位,Twitter、Facebook、YouTube、瓦次艾普(WhatsApp)、照片墙(Instagram)等知名的社交媒体悉数来自西方国家。社交媒体管理平台Hootsuite公司发布的报告显示,截至2020年1月底,若按活跃用户量排名,全球最大的5家社交媒体中有4家来自美欧国家,而中国的社交媒体微信仅排第5名。

相比之下,西方国家也善于打舆论战。西方国家打舆论战不仅在对外方面历史悠久,即使在他们对内的选举战中,打这套舆论战也是驾轻就熟。美国的总统大选、国会的中期选举、各州州长的竞选,都少不了这类舆论战。他们很会包装,知道什么时候该说什么话,该怎么说这一套话。他们也知道什么时候应该亮出自己的长处,什么时候应该攻击对方的短处。

特别是新冠肺炎疫情以来,美国对华开展了"舆论战",并产生了恶劣影响,美国民众对华态度达到中美建交以来的最低点。盖洛普公布的民调显示,2020年2月,认为中国是美国最大敌人的美国人占比为22%,认为俄罗斯是美国最大敌人的美国人占比为23%;2021年,45%的受访者认为中国是美国最大敌人,认为俄罗斯是美国最大敌人的美国人变化不大,占比为26%。美国皮尤研究中心在2021年6月初公布的一项民调也显示,在日本、瑞典、澳大利亚、韩国和美国,约有3/4的受访者对中国持负面看法。中国的国际形象在2020年急剧下降,原因之一是当时的大多数受访者认为中国政府对新冠肺炎疫情处置失当。芝加哥全球事务委员会2021年7月展开的调查显示,57%的民众支持大幅减少美国和中国之间的贸易。在全球其他国家,也出现了类似情况,比如,2021年中日关系舆论调查显示,日本民众表示对中国印象"相对不好"或"不好"的受访者比例升至90.9%的高位。因此，提高我们的国际舆论引导力势在必行。

第一，坚持以重要思想传播为引领。党的十八大以来，在习近平新时代中国特色社会主义思想的科学指引下，党和国家事业取得了全方位、开创性的历史性成就，发生了深层次、根本性的历史性变革，得到国际社会高度认同和广泛关注。在"中国之治"与"西方之乱"形成鲜明对比的时代背景下，在国际舆论场上各种思潮的激烈交锋中，习近平新时代中国特色社会主义思想所蕴含的中国观点、中国主张、中国方案，体现了高度的中华民族自觉、鲜明的中华文化立场，具有很强的国际感召力、说服力和影响力，是我们彰显国家文化软实力和国际影响力的重要思想武器。

在中国开启新时代、踏上新征程的重大历史机遇期，对外传播好这一伟大思想，有助于充分阐释中国共产党带领人民创造的一个个举世瞩目的中国奇迹及其背后的理论意义和制度因素，把我国的发展优势和综合实力转化为话语优势，为实现中华民族伟大复兴营造有利的国际舆论环境。做好《习近平谈治国理政》《习近平谈"一带一路"》《论坚持推动构建人类命运共同体》《摆脱贫困》《之江新语》等领导人著作的海外发行工作，为各国政党读懂中国打开"思想之窗"。巧妙做好元首外交、主场外交、多边外交等重大外交外事活动中领袖形象的展示工作，生动宣介习近平总书记举旗定向、励精图治、革故鼎新，以巨大的政治勇气和强烈的使命担当，解决了许多长期想解决而没有解决的难题，办成了许多过去想办而没有办成的大事。

第二，以精准议题设置为前提。议题蕴含着一个国家的道德追求和价值观念，是文化软实力的重要体现。策划、设置、传播议题的过程，实际上就是传播价值观念、争取国际社会理解和认同的过程。国际话语权的争夺，很大程度上是议题的争夺。谁在议题的策划、设置和传播上技高一筹，谁就能在国际舆论中占据更多主动。西方国家能够主导国际舆论，一个重要原因就是他们善于设置议题、控制议题，再加上西方媒体的强大传播力，使国际舆论跟着他们的议题走。对我们而言，需要进一步找准中国与世界的利益双赢点、情感共鸣点和价值汇聚点，完善全局重大主题对外传播统筹策划机制，抓住重要时间节点和重大主题，多层面多角度讲好新时代中国故事。

一是做好高端访问等重要涉外活动的议题设置。要结合中央领导同志出席的重要外事活动、多边国际活动、国际重要纪念活动等活动的主题来设置议题，把我们倡导的重要对外理念和主张更好地传播出去。

二是做好党和政府重要方针政策、重大理论观点出台时的议题策划，找准国际传播切入点和侧重点，放大正面舆论效果。紧紧围绕党和国家总体战略和部署，宣传介绍中国的发展进步，介绍中国为什么能，介绍中国共产党为什么能，告诉国际社会中国从哪里来、到哪里去，引导外界形成正确的中国观。

三是深入梳理国际社会长期关注的涉华重要问题，围绕国际社会普遍关注的重大议题，以政府白皮书等形式，及时表明中国立场、形成中国话语。积极反映中国对人类命运共同体的思考和担当，反映中国参与全球治理的态度和行动，反映中国在全球热点问题上的立场和主张，反映中国发展对世界的贡献和益处，充分说明中国发展进步与世界的正相关性，最大限度地增加中国与世界的共通性和共同性。

四是围绕地区和全球治理主要议题，主动参与讨论，参与规则制定。要围绕网络安全、气候变化、生物多样性、扶贫减贫、反恐等非传统安全领域的行动和实践作文章，精心设置一批议题，介绍中国的努力和贡献，争取话语主动权。同时，在自由、民主、人权等全球性议题上，过去我们没有什么话语权，现在我们的国际话语权增强了，国际社会想听中国说话的人多了，要善于利用这些因素，抓住有利时机进行议题设置。比如，在2021年阿富汗局势报道中，中央广播电视总台抢独家、保首发，发回的大批全球独家视频新闻成为全球媒体主要信源，并持续披露美军滥杀无辜的真相，向全世界传递客观真实的一手信息，彻底打破了以往国际突发事件中中国媒体只能充当"二传手"的尴尬局面。

第三，坚持以国际舆论动态研究为基础。随着中国话题在世界舆论场中的分量加重，更加全面、准确、及时地掌握国际涉华舆论，成为我们做好对外交流和国际传播的必然要求。应做好国际舆情监测这项基础工作，及时发现苗头性、倾向性信息，对善意的批评、意见、建议认真听取，对借机恶意攻击的言论要及时处置应对。加强细致研究和精准监测，开展民意调查是不可或缺的手段。

民意调查不仅可以反映民众的看法，也可以引导民众的看法；民调结论不仅是舆论的一部分，也通常是舆论的重要推手。相对于新闻媒体，民意调查因其调查方法的科学性、议题设置的数据性、调查结论的客观性，而使得调查报告具有独特的公信力，广泛地被国际社会认可。开展全球民意调查是西方国家进行舆论引导和价值传播的重要抓手。长期以来，海外民调机构，特别是美欧民调机构常常发布涉华全球民调报告，意图塑造所谓的"国际社会"的中国观，由于立场等问题，其研究结果不可避免地存在差错。特别是在当前百年未有之大变局下，随着大国博弈加剧、新冠肺炎疫情冲击，一些西方敌对势力频频借助民调误导外界的中国观。相比之下，中国的民调行业目前还处于起步阶段，还未形成国际话语权和品牌公信力，对西方信息来源依赖度高。民调机构之间，调查数据缺乏整合，不同机构间存在壁垒。开展民意调查应该与国际标准接轨，特别是遵守国际上通行的社会调查专业规范，在样本量测算、抽样方式、权数调整、抽样误差计算，以及调查实施过程中的质量控制中，坚持高标准、严要求，与国际标准接轨，经得起科学性评估与检验。

第四，处理好舆论引导与舆论斗争的关系。舆论引导与舆论斗争相辅相成，缺一不可。当前，敌对势力出于意识形态偏见和文化霸权主义逻辑，对中国实施全力位打压遏制，对中国进行污名化、妖魔化，国际舆论交锋斗争尖锐复杂。因此，我们要积极开展舆论斗争，在事关大是大非和政治原则问题上，必须增强主动性、发出最强音，决不能含糊其词、退避三舍。在重大问题上不缺位，在关键时刻不失语，这是抢占舆论制高点的基础。抓住民主人权、民族宗教、反腐倡廉等西方对我们存在认知错位的关键问题，主动阐明基本事实、亮明基本主张、讲透基本道理，有针对性地驳斥歪曲攻击、澄清错误认识，坚决维护我国的良好国际形象。

同时，我们面临的是一场"非对称性战争"，要增强斗争本领、提高斗争水平，研究斗争策略和艺术。国际舆论斗争很难靠理论取胜，要靠讲好故事。故事比理论生动,易于传播,故事的内涵就是我们想表达的道理。①要深入探究不同国家对中国已有的解释框架和解释逻辑,以及不同受众的理解框架和接受心理,加强对国际社会不同受众的研究和了解,为做好舆论引导做足功课。要善于突破思维习惯,因势利导,借势而上,善于把西方设置的议题拿来为我们所用,争取"转危为机",引导国际社会理性看待中国共产党的自身特色,期待中国共产党的未来发展。要学会巧发声,尽量避免声嘶力竭,要理直气和地做好舆论引导和斗争,逐步提高发声效能。要加强统筹协调,多元主体形成"合唱",而不是庞杂的甚至互相矛盾与抵消的众声喧哗。

要特别强调在重大问题上的发声。重大问题的新闻性更强,影响面更大,正向的引导力和反向的破坏力都更强。越是众声喧哗,越需要主流声音。习近平总书记强调:"我们要主动发声,让人家了解我们希望人家了解的东西,让正确的声音先入为主。"② 近年来,在国内的涉港、涉台、涉疆、涉藏、人权、民主、宗教等重大问题,以及全球的疫情防控、气候治理等问题上,我们尽管发声的速度越来越快、发声的音量越来越大,但相比西方在这些问题上制造的"谎言"和"谣言",相比他们发声的技巧和渠道,我们还是有很大的提升空间。这时需要我们既要自豪地讲成绩,又要勇于直面问题;既要有开放包容的心态,从容地讲不足、坦诚地讲矛盾、客观地讲问题,又要主动面对和积极回应国际社会的疑虑和关切,勇于直面并善于开展国际舆论引导工作,以开放自信的心态赢得国际社会理解。

总之,我国的国际传播事业正进入新的发展阶段,内外环境的深刻变化既带来新机遇,也带来新挑战,危机并存、危中有机、危可转机。在世界百年变局和世纪疫情交织叠加的国际背景下,站在"两个一百年"奋斗目标历史交汇点上,世界比以往任何时候都需要中国,我国的国际传播工作需要再接再厉,要尽快建立起中国特色的战略传播体系。

---

① 赵启正:《舆论斗争拼的就是讲故事》,《国际传播》2020 年第 5 期,第 4 页。
② 中共中央党史和文献研究院:《习近平关于社会主义文化建设论述摘编》,中央文献出版社 2017 年版,第 209 页。

第五章
国际传播的"工具箱"

国际传播具有鲜明的国际性和政治性,良好的国际传播能够助力国家提升自身在国际社会上的国际形象,得到更多国际受众的尊敬和认可,进而能更好地实现本国的战略目标。在中国与世界的关系发生深刻变化的当下,加强中国国际传播能力建设已成为当务之急。中国需要向世界展示自身独特的叙事体系与理论实践积淀,世界也需要在正确了解和理解中国的基础上借力于中国主张、中国智慧和中国方案构建更加美好的未来。在这样的双向需求下,中国如何才能更有效地开展国际传播?换言之,当前中国开展国际传播有哪些可资利用的工具?本章主要讨论中国有效开展国际传播的方式及手段,意在整理并归纳实用、可靠的国际传播"工具箱"。

第一节 打造国际传播"工具箱"的层次与思路

国际传播肩负着助力提升中国国际话语权、为中国稳定发展营造有利外部舆论环境的重要作用。大力推进国际传播理论创新与实践创新,改变国际社会中存在的对中国"认知错位"的情况,完善并塑造好中国的国际形象,这是当前极为紧迫的任务。"工具箱"的打造就是为了推动中国国际传播能力建设,为这一任务的完成提供强有力的抓手。

国际传播超越国界，因而具有国际性；它体现国家的理念及战略目的，因而具有政治性；新时期的国际传播更要求达到精准效果，这在一定程度上也体现出了必要的专业性。基于国际传播的这几个鲜明特性，国际传播"工具箱"可以从宏观层面、中观层面、微观层面三方面入手来配齐相关实用工具。

宏观层面的工具着眼于国际体系与国家间关系，主要目的是要妥善运用国际传播工具处理好与世界不同国家之间的关系，尽可能在全球范围内形成更有利于本国发展的舆论环境和亲华友华的外交氛围。中观层面的工具侧重于国家本身的国际传播能力建设，意在通过提升国际传播能力灵活应对外部环境变化，同时增强中国引领国际话语塑造的实力与积淀。微观层面的工具聚焦于个人、企业等个体所能发挥的作用，在政府的有意引导下激发个体参与国际传播进程的热情与创造力，增强中国叙事的吸引力和塑造力。三大层面的工具互为补充，以促进中国国际传播效能全方位提升为目标，共同发挥作用（见图5-1）。

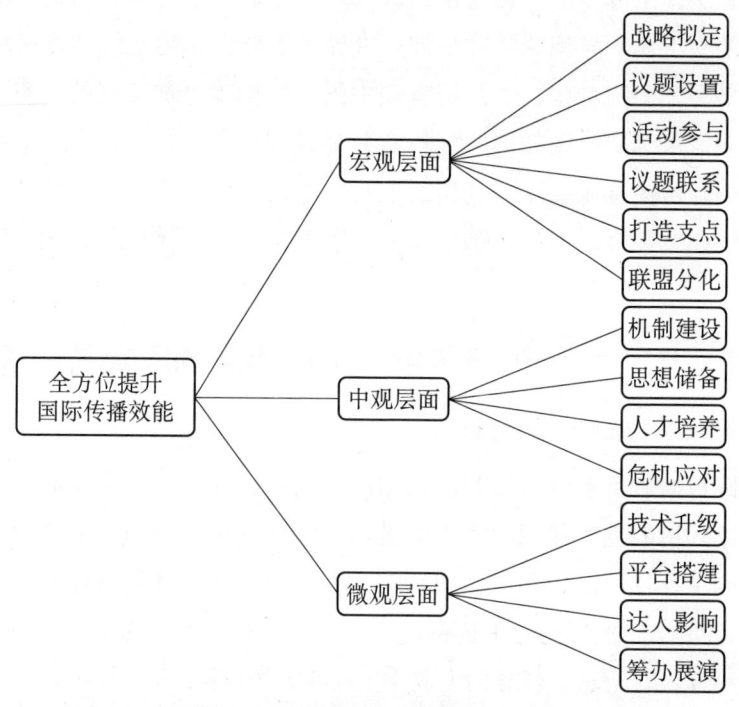

图 5-1 国际传播"工具箱"层次

整体而言，国际传播"工具箱"包括 14 项工具。其中，宏观层面工具有 6 个，包括战略拟定、议题设置、活动参与、议题联系、打造支点、联盟分化；中观层面工具有 4 个，包括机制建设、思想储备、人才培养、危机应对；微观层面工具有 4 个，包括技术升级、平台搭建、达人影响、筹办展演。下面对三个层面的国际传播工具进行具体阐释和分析。

第二节　宏观层面：从国家间关系出发营造有利的国际传播氛围

国际传播本质上是跨越国界的信息传递与交流，它牵涉国与国之间的关系互动，也就是说，从国家间关系出发，能够为国际传播的有效开展寻找助力。作为一个正在崛起的大国，中国日益走近世界舞台中央，在诸多国际事务和国际议题上与不同社会制度、不同经济发展水平的国家打交道，推动建设互相尊重、公平正义、合作共赢的新型国际关系。[①] 在塑造国家间关系的过程中，中国需要大量使用宏观层面的国际传播工具，以在国际范围内营造更加于我有利的环境氛围。

一、战略拟定

2021 年 5 月 31 日，习近平总书记在中共中央政治局就加强我国国际传播能力建设进行的第三十次集体学习时指出，"必须加强顶层设计和研究布局，构建具有鲜明中国特色的战略传播体系，着力提高国际传播影响力、中华文化感召力、中国形象亲和力、中国话语说服力、国际舆论引导力"。这意味着加快提升国际传播能力、强化国际传播效能已经受到党中央高度重视，其重要性和紧迫性已然呼之欲出。中国开展国际传播，首先必须加快顶层设计，制定国际传播战略，在传播目标、方向、内容等方面加以明

---

① 徐步：《构建新型国际关系的理论内涵及时代意义》，《国际问题研究》2021 年第 3 期，第 1—22 页。

确。当前,对国际传播特别是国际政治传播的研究大多关注策略而非战略,① 缺乏战略规划与指引可能会使国际传播的开展不可避免地存在一定的应急性、短视性、波动性。因此,战略拟定是所有国际传播"工具"之首,所有工具的运用均应围绕制定好的战略来开展,这样才能做到有的放矢。

战略拟定要注意从现实情况出发,实事求是,制定与本国国情及国家需求相符的国际传播战略。学者已经注意到,加强国际传播,提升中国国际话语权,在很大程度上有赖于坚实的综合国力和物质基础,中国要提升国际话语权,需要对自己的国内基础与国际地位有清晰的认识。② 党的十八大以来,中国特色社会主义进入新时代,党和国家事业发展取得举世瞩目的成就。中国已经成为世界第二大经济体和世界最大的发展中国家,但目前其国际制度性话语权却与自身实力地位不相匹配。这一现实状况客观上要求中国从自身实力地位出发尽快考虑并制定相配套的国际传播战略。诚然,建构国际话语权并从崛起国转变为真正的世界大国还需要长期学习与历练,③ 但若有基于客观事实条件的正确战略作统筹指引,这一过程能更加顺利。有学者提出要形成巧传播战略,应以"共建人类命运共同体"为基本世界观,构建中国"文化价值观国际话语权—政治性国际话语权—全球治理国际话语权",从而提升中国文化的感召力、创造力、公信力。④ "巧"战略的表述可为我国当前国际传播战略的制定提供一定的启发。

战略拟定要尊重历史经验,从历史中汲取战略拟定的重要借鉴。延安时期,"红色中国"突破封锁走向世界,成为中国共产党国际传播能力建设的经典案例,当时中国在高度重视中主动作为、善于斗争,以确凿事实和先进思想赢得人心,从而在国际传播层面打破了敌人封锁、树立了良好形象。⑤ 当时的传播理念和传播方式值得深入回溯并在战略拟定过程中加以参

---

① 荆学民、苏颖:《中国政治传播研究的学术路径与现实维度》,《中国社会科学》2014 年第 2 期,第 79—95 页。
② 孙吉胜:《中国国际话语权的塑造与提升路径》,《世界经济与政治》2019 年第 3 期,第 39 页。
③ 李新烽、冯峰、张萍:《美国新生大国转型期的国际话语权建构》,《世界经济与政治》2018 年第 7 期,第 69—91 页。
④ 陈先红、宋发枝:《"讲好中国故事":国家立场、话语策略与传播战略》,《现代传播》2020 年第 1 期,第 40—52 页。
⑤ 赵磊:《加强我国国际传播能力建设的方向与路径》,《中国党政干部论坛》2021 年第 7 期,第 50—53 页。

考。改革开放以来,中国对外传播事业逐渐得到恢复,在1978—1999年的第一次浪潮中,中国确定了以经济建设为中心,服务国家发展与现代化建设的外宣思想路线,实现从"宣传"向"传播"的理念转型;在2000—2017年的第二次浪潮中,中国对外传播在"走出去"战略背景下实现了多元化发展,逐渐形成具有一定国际影响力的现代传播体系,呈现出向"跨文化传播""精准传播"理念过渡的趋势;在2018年至今的第三次浪潮中,媒体融合步入新阶段,全媒体格局加速发展,中国面临着全球性战略传播格局的重组。① 可见,中国国际传播理念在历史进程中逐渐演化,体现出与时俱进的特点,这对当前中国国际传播战略的制定也有着深刻的启发意义。

横向来看,中国国际传播战略的制定应立足于对本国国家实力及国际地位的准确认知;纵向来看,不同时期的国际传播又表现出一定的历史变化。当前中国亟须国际传播战略的指引,要运用好战略拟定这一工具手段,把握好现实性、阶段性问题是关键。

二、议题设置

早在2013年8月19日,习近平总书记在全国宣传思想工作会议上就强调,"要精心做好对外宣传工作,创新对外宣传方式,加强话语体系建设,着力打造融通中外的新概念新范畴新表述,讲好中国故事,传播好中国声音"。其中,"着力打造融通中外的新概念新范畴新表述"实际上指明了中国国际传播可使用的一个重要工具——议题设置。议题设置是传播学中的一个重要概念,它被引入中国后在内涵、研究方法、适用范围等方面都发生了契合中国现实的适用性衍变;② 它通常指的是大众媒介基于某种目标对某一议题或话题集中报道,以影响和引导公众的价值判断与认知倾向,从而赢得舆论的主动权和优势话语权,使舆论按照既定方向发展。③ 换言之,议题设置这一工具的使用能将公众的关注引导到于我有利的方向和内容上

---

① 姜飞、张楠:《中国对外传播的三次浪潮(1978—2019)》,《全球传媒学刊》2019年第2期,第39—58页。
② 张军芳、潘霁:《"西学东渐"后的理论衍变——对中国"议题设置"理论研究(1986—2008年)的实证分析》,《当代传播》2008年第6期,第15—18页。
③ 杨安、张艳涛:《议题设置与中国话语建构》,《理论探索》2020年第6期,第41—46页。

来，引发讨论并形成更为有利的舆论动态，从而提高中国国际传播的效用。

具体而言，议题设置可分为存量设置与增量设置。存量设置一般是基于已有的议题提出中国方案与中国主张，并在国际社会中通过舆论发酵争取更多国际受众对中国主张的支持与认可。例如，在世界百年变局和世纪疫情交织的背景下，经济全球化遭遇逆流，单边主义、保护主义抬头，而中国在多个国际场合都郑重宣誓中国将坚定不移维护真正的多边主义、坚定不移同世界共享市场机遇、坚定不移推动高水平开放、坚定不移维护世界共同利益，这种多边合作、开放共赢的主张引发国际社会热烈反响，为中国赢得了更加广泛的认同。又如，在当前新一轮科技革命和产业变革蓄势待发，各国促进数字和实体经济融合发展的历史时刻，全球数字治理成为国际社会广泛关注的焦点议题，但仍未形成统一的全球性治理方案。在这一背景下，中国从应对数据安全风险出发提出中国的方案与主张，即《全球数据安全倡议》，以期为数字安全国际规则提供一个蓝本，开启一个全球进程。既有议题领域中往往存在着竞争性方案及主张，中国可灵活运用存量设置这一工具，认真分析自身方案与其他方案之间的异同，必要时候可以联合其他国家提出的相近方案共同加以传播和宣传，从而进一步扩大本国方案的影响力、提高国际受众对自身的认可度。

与存量设置相对应，增量设置往往意指创造性地提出新表述、新概念、新观点，更主动地将中国经验与中国理念转化为一种世界知识在全球范围内传播。例如，构建人类命运共同体就是中国为破解"世界之问""时代之问"而提出的中国方案，这是中国的首创。人类命运共同体理念不仅继承和发展了新中国不同时期重大外交理念和主张，反映出中外优秀文化和全人类共同价值追求，更为世界发展和人类未来指明了前进方向，对中国的和平发展、世界的繁荣进步都有着重大深远的意义。人类命运共同体理念先后被写入国际多边机制的宣言和成果文件，以及联合国多项决议，显示出强大的国际影响力和感召力，在全世界范围内引起高度关注与热烈反响，这正是中国主动设置新议题并取得良好国际传播效果的突出表现。可以说，推动人类命运共同体的议题设置，既是中国扩大国际传播、建设国际话语权的重要内容，也是中国提升国际影响力、吸引力的重要方式。①目前，中国在精准扶贫、新冠肺炎疫情防控等方面都有着突出的实践成就和可供他国借鉴的宝贵经验，但尚未转化为具有国际影响力的理论和话语，这是未来中国议题增量设置可以继续挖掘的方向所在。需要注意的是，在创新设置议题和凝练相关可供国际传播的话语时，要注意传播内容的可接受度、可理解度，做好与国际常用话语的对接，这不仅需要高水准、高质量的翻译成果，还需要找到合适、精妙的话语角度才能实现事半功倍的效果。

三、活动参与

活动参与这一工具手段主要指的是积极主动地参与对外人文交流活动，包括但不限于政府官员间的交流交往，相对于政府间的"第一轨外交"，"1.5轨对话""二轨外交"等工具手段更加灵活、实用，常常能起到官方渠道难以起到的作用。活动参与主要包括两大方面：一是在双边层面，主动参与所在国当地举行的交流活动；二是在多边层面，积极参加相关国际组织召集的活动。

在双边层面，应积极与对象国开展广泛交流活动。一般而言，交流活动不像外交活动一般严肃和程式化，特别是在"二轨外交"和"1.5轨对话"中，参与方往往以私人身份参与交流，不代表官方立场，交流氛围相对轻松。在这种交流场合下，各方相处更加自如，更容易在减少成见和分歧的基础上向对象国展示来自中国的看法和观点，从而进一步影响或说服对象国欣赏、认同中国的理念和行为；而且在一定条件下，中方交流者的个人魅力往往也能转化为对象国对中国的友好认知。当前，智库已经成为在国家对外传播过程中的一个关键角色，美国智库就为美国构建政策理念与价值观传播网络发挥了重要作用；② 中国国内智库也与其他国家的智库开展了智库间互访与专题研讨，通过这种国际合作与交流更好地传递中国声

---

① 刘社欣、古晓兰：《论人类命运共同体议题设置》，《思想教育研究》2019年第2期，第42—47页。
② 王莉丽：《美国公共外交中智库的功能与角色》，《现代国际关系》2012年第1期，第39—42页。

音与政策主张,拓展和提升了我国智库智力成果的传播能力和影响力。① 在双边层面的活动参与中,要想达到更好的国际传播效果,还要注重传播内容的"本地化",在参与对象国交流活动时注意因地制宜、因时制宜,讲求精准的"一国一策",才能提升中国国际传播的针对性、贴近性和穿透力。当然,在适当的情形下,也可邀请对象国相关人士来华体验式交流,让其在亲身感受的过程中更好地读懂和接受新时代的中国,在实地考察中消除隔阂与误解,使其在有所感、有所思的情况下自觉传播中国故事,让中国故事在国际社会中传播得更广、更深、更远。

在多边层面,应积极响应国际组织号召,参加相关活动。国际组织外交向来是中国外交的重要组成部分,中国参与国际组织工作及活动,承担起负责任大国应有之义,为促进国际合作、践行真正的多边主义作出贡献。同时,由于国际组织具有相对中立的地位和全球经验,具有一定的权威性,也具有相应的话语传播和规范扩散的能力,② 从这一点上来看,积极参与国际组织工作和活动往往有助于中国理念的全球共享。③ 在新冠肺炎疫情全球蔓延背景下,中国与世界卫生组织开展积极合作,多次参加世卫组织牵头举办的技术交流活动,配合世卫组织的考察及相关工作,这是当前中国参与国际组织活动的最为鲜活的例子。④ 中国主动参与的多边疫情防控防治活动,实际上是人类命运共同体理念的具象化表现,它使得中国为构建人类卫生健康共同体的努力更加生动,也更有说服力,能帮助国际社会通过切实的合作成果与防疫体验来深刻理解中国对人类未来的构想和主张。桃李不言,下自成蹊。用事实和行动说话比言语更加有力。通过参与国际组织的多边活动,中国理念能相对更容易向国际组织的议程和规范转化,从而达到中国理念向国际社会加速传播的效果。

---

① 姜铁英:《"智库+外宣"深度融合高质量服务国际传播》,《国际传播》2020 年第 1 期,第 17—23 页。
② 吴文成:《组织文化与国际官僚组织的规范倡导》,《世界经济与政治》2013 年第 11 期,第 96—118 页。
③ 祁怀高:《中国发展理念的全球共享与国际组织的作用》,《国际观察》2014 年第 6 期,第 18—29 页。
④ 张贵洪、王悦:《论当代中国特色国际组织外交的主要特点——以世界卫生组织为例》,《国际观察》2020 年第 4 期,第 85—112 页。

四、议题联系

议题联系是国际谈判中的一种常用策略,在针对某一项议题进行谈判过程中,国家可以通过将相关度较小的新议题、新问题附加到谈判议程当中,以此确保自身的谈判优势。这一手段策略也可运用于国际传播当中,成为一种实用的工具。也就是说,在中国开展国际传播过程中,可以根据对象国对华态度立场及其对中国国际传播的接受度和认可度作出判断,在其他议题上作出相应的应对,以实现对对象国的正向激励或强制威慑,对对象国的价值判断有所引导。目前,中国具有庞大的市场规模和消费潜力,国家经济发展的韧性和潜力巨大,经济议题是中国可重点加以联系和利用的手段工具。

第一,奖励式议题联系。这是一种正向的物质激励手段,即对于那些对华特别友好,发自真心欣赏、理解、尊重中国理念和价值观的国家,中国可给予特殊的优惠和支持政策,使其率先享受中国经济深度改革和高水平开放的红利,助力其经济稳定增长。以获取经济发展红利为激励,促使对象国更有动力地自发了解、理解、支持和传播中国相关理念及主张,形成良性激励循环。以这样的对象国为典型,在国际社会上形成示范效应,吸引更多国家加深对中国的理解,为在更大范围内倾听中国声音、传播中国故事提供支持。

第二,惩罚式议题联系。对于恶意诋毁中国政府、抹黑中国形象,严重歪曲事实并误导公众的国家及相关媒体,中国在讲清事实真相、揭穿谎言的同时,还可以采取一些强制性措施,迫使目标国改变对华不利言论及政策。惩罚手段可以是多样化的,由于世界上多数国家与中国有比较密切的经济联系,对华经济依赖度高,因而经济惩罚或经济制裁手段往往相对有效。贸易进出口管制、拒绝金融及资本市场准入、暂停联合项目投资运营、减少财政援助或贷款、限制或禁止技术出口或转让等,都是可以利用的惩罚式议题联系的手段。例如,中国已成为菲律宾香蕉最大进口国,2020年新冠肺炎疫情暴发时,一些菲律宾议员在疫情问题上公开污蔑中国,中国通过限制菲律宾进口香蕉等措施予以惩罚。又如,英国广播公司(BBC)世界新闻台多次炒作涉疆、涉疫情、涉港等不实信息,甚至炮制假新闻,持续对华攻击抹黑,严重误导民众,中国根据规定吊销了BBC广播牌照，终止 BBC 在华经营活动以示惩罚。

显然，议题联系这一工具的实施重点在于奖惩分明，引导对象国或目标国朝着更客观真实的方向理解中国并制定对华友好的政策；更进一步来看，这样的奖惩措施还能增加中国外交行为的可信度，在世界范围内形成典型示范效应，增强他国在利益权衡的基础上自觉制定更为亲华、友华的政策，降低中国国际传播的成本和难度。

五、打造支点

中国加强和改进国际传播要注重策略，有的放矢。面对国际社会中诸多传播对象国，传播策略和手段的统一化很可能会造成传播偏差，也会增加许多不必要的传播成本。为达到事半功倍的传播效果，中国可以尝试打造传播支点国家，即选取合适的对象国进行重点传播，利用支点国家的影响力逐步形成中国的国际传播网络，以支点国家带动其他国家与中国形成情感共鸣与价值共振。

支点国家往往具有中等规模与能力，能够与中国形成比较稳固的利益联系，且会对区域或全球产生比较深远的影响。根据对象国实力、联系、影响这三方面的特点，中国打造国际传播支点国可以从周边国家、地区大国、国际组织核心或重要成员国三方面入手进行挑选。

第一，中国应重点关注并选择合适的周边国家作为支点国。早在 2013 年 10 月的周边外交工作座谈会上，习近平主席就已经指出，"把中国梦同周边各国人民过上美好生活的愿望、同地区发展前景对接起来，让命运共同体意识在周边国家落地生根"。强化中国在周边国家及地区的传播不仅重要，而且必要；① 要明确传播目标，实践精准"制导"。② 例如，对中国周边的东盟十国，中国可先按照东盟各国国情状况及其与华关系进行分类，再根据类别特征挑选支点国家。一般而言，东盟国家中具有较强经济实力、对华关系亲善、与其他东盟国家关系紧密的对象国更可能成为中国的传播

---

① 陆地、许可璞、陈思：《周边传播的概念和特性——周边传播理论研究系列之一》，《现代传播》2015 年第 3 期，第 29—34 页。
② 聂鑫焱、李本乾：《"一带一路"背景下中国对东盟传播的创新路径》，《国际传播》2020 年第 4 期，第 20—30 页。

支点国。对这些重要支点国分配更多传播资源和外交资源，助力其更深刻理解中国"亲、诚、惠、容"的周边外交理念，增进该国及其民众对中国的正确认知；在争取到支点国对中国的认可和支持后，利用该国在东盟组织中的影响力及内部联系，带动更多东盟国家对华亲善，由此形成良好和谐的周边舆论环境。成功的周边传播经营案例不仅极大地助益中国地区影响力的提升，更有利于中国在全球层面树立亲邻、惠邻、善邻的仁慈大国形象。

第二，一些地区大国也可成为中国的传播支点国家。在世界其他地区，中国因地理距离、历史疏离等原因的限制，可能对该地区的情况了解得不透彻，国际传播工作难以落地开展，这时通常需要寻找一个进入该地区的突破口，而这个突破口就是该地区的地区大国。地区大国往往是地区内具有最强或较强实力及影响力的国家，一定程度上可以影响该地区其他国家对中国的态度和看法。如果针对地区大国加大传播投入，先行促进地区大国感知中国、认知中国，并在此基础上鼓励地区大国自觉宣传中国的理念和主张，那么中国在该地区的深度传播将能打开新局面。例如，金砖国家（BRICS）中的其他四国是中国可以重点打造的传播支点国。这四个金砖国家均为其所在地区具有相当影响力的地区大国，以此着手可以逐步打开中国在拉美、欧洲、南亚、非洲等地区的国际传播格局。由于金砖国家代表着新兴国家，有着重构全球传播新秩序的共同愿望与利益纽带，[①] 这也提升了中国在金砖国家中开展传播的可行性。

第三，中国还可以发展国际组织中的核心成员国特别是制度主导国作为传播支点国。如前所述，国际组织具有相应的话语传播和规范扩散的能力，而国际组织中的核心成员国往往是实现传播扩散的主要力量。倘若中国有针对性地加大对相关国际组织核心成员国的传播，当核心成员国对中国理念及主张表示认可、接受甚至主动帮助宣介时，该组织内其他成员国可能也会随之效仿。如此，在诸多议题领域的国际组织中，中国的理念主张能得到全方位、宽领域的传播，中国在国际社会的形象也更加丰富多彩、

---

① 龙小农：《金砖国家重构全球传播秩序：历史依据与现实路径》，《现代传播》2019年第6期，第73—79页。

生动立体。

六、联盟分化

联盟分化指的是分化瓦解对手国组成的联盟或小团体,避免其形成孤立、排斥中国的舆论气候和不利战略态势。这一工具主要是针对已经形成的可能对华不利局面进行的反制。

随着中国综合国力和国际影响力的快速提升,以美国为首的一些西方发达国家已经在政治、经济、军事、科技等诸多领域打造"小圈子"围堵中国,如今又加紧以价值观为纽带强化联盟关系,加大制衡中国的力度。美国拜登政府执政以来,尝试扩展以民主价值观为纽带的联盟体系,提升联盟内部凝聚力,以图稳固美国的全球领导地位;在这个过程中,拜登政府以价值观为工具,不惜借助所谓的道德号召力和使用污名化对手的方式将自身打造成维护基于规则的国际秩序和民主价值观的正义形象,其中,中国就是美国攻击的主要"靶子"。① 例如,在2021年6月的《七国集团峰会宣言》中,G7国家重申在支持民主方面的合作,以所谓的人权问题为由干涉中国内政;《北约峰会宣言》更将中国视为对《华盛顿条约》所倡导的基本价值观的挑战,并用强制政策对中国国内体制进行污名化。在印太地区,美国着力强化美、日、澳印四国机制,在联合声明中提出要以民主的价值观为基础,努力建立一个自由、开放、包容、健康的地区。美国的举措与日本明显的"价值本位"倾向及相应的价值观外交相契合,② 美、日发挥自身的联盟影响力对抗中国、针对中国、诋毁中国,这给中国国际传播的顺利开展造成阻碍和困难。

对此,中国应尽快瓦解分化以美、日为代表的西方价值观体系,以拉拢、吸引、补偿为主,与一定的议题联系工具相配合,阻止对华更有威胁的联盟最终形成。一是选择性拉拢个别联盟成员,首先消除其对华偏见或误解,加大传播力度,包括在政策导向、利益分配、产业合作方面适当考

---

① 叶成城、王浩:《拜登政府价值观联盟战略初探》,《现代国际关系》2021年第9期,第11—17页。
② 黄大慧:《冷战后日本的"价值观外交"与中国》,《现代国际关系》2007年第5期,第43—47页。

虑其利益并作出少量倾斜，认真分析这些国家国内政治状况并鼓励与华亲善的力量继续发展壮大等，最终促使目标国在更加了解中国真实情况的基础上不再活跃地参与所谓的"价值观联盟"活动，打破其联盟的向心力。二是先发制人，对未来有可能被纳入美、日价值观联盟体系的国家名单进行预判，率先在这些国家开展精准、密集的传播活动，争取这些国家对中国传播内容的认可与喜爱，增加美、日等西方国家拉拢盟友、继续扩大同盟的成本。

第三节 中观层面：立足本国国情加强国际传播能力建设

正所谓"打铁还需自身硬"，全面提升中国国际传播效能，很大程度上还有赖于中国自身国际传播能力的切实增强。当前中国已经在硬件和机构建设方面建立了国际传播的基础架构，更深入的国际传播能力建设正进入一个转型通道，即要为重塑国际传播秩序作出努力，[1] 要从被动应对到主动平衡再到有所作为进行转变。中观层面的工具即围绕中国锻造自身国际传播能力来发挥作用，构筑国际传播的国内动力之源。

一、机制建设

党的十八大以来，中国大力推动国际传播守正创新，理顺内宣和外宣体制，打造具有国际影响力的媒体集群。要构建具有鲜明中国特色的战略传播体系，离不开跨部门、跨机构协调的机制建设。国际传播涉及的执行主体和利益主体很多，机制建设这一工具主要指的是厘清主体间关系，有条不紊、分工有序地开展国际传播工作（见图5-2）。

机制建设的核心圈层是包含中共中央宣传部、中共中央对外联络部、外交部等部门在内的中央部委。这些部委坚持党的集中统一领导，在党中央统一领导下统筹协调，综合运用各部门资源开展国际传播工作。此外，

---

[1] 姜飞：《新阶段推动中国国际传播能力建设的理性思考》，《南京社会科学》2015年第6期，第109—116页。

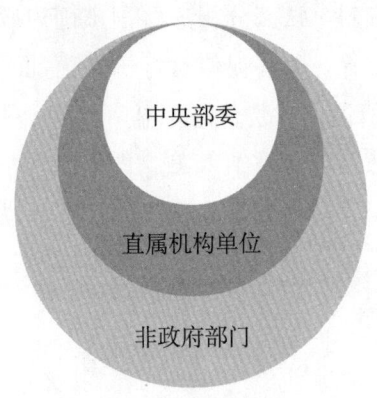

图 5-2　中国国际传播的机制建设示意图

还有一些具有涉外职能的部门，如商务部、工业和信息化部、文化和旅游部、国防部、公安部等，也可被纳入国际传播的统筹联动机制当中，实现中国国际传播的口径统一、活动协同、力量聚合，进一步提升国际传播工作效率、效能。

第二圈层是包含国家广播电影电视总局、新华通讯社、人民日报社、光明日报社等单位在内的相关机构。这些机构具体执行并落实党中央和国务院关于国际传播的相关政策，在国际社会发出更加权威的中国声音。

第三圈层是包含研究机构、智库、社会组织、社交媒体、部分实力较强且规模较大的企业在内的非政府部门。国际传播主体的多元化丰富了中国对外传播的渠道，第三圈层的传播主体讲述的中国故事往往着眼于微，细节真实，对前两个圈层传播主体的传播内容形成补充，往往能产生出其不意的传播效果。

对于三大圈层，不仅要在圈层内部有效实现协调，更要打通圈层之间的壁垒，紧紧围绕中央重大决策部署，分别发挥好各圈层在决策导向、落实推进、丰富联系等方面的优势，综合提升中国国际传播能力与实力，同时要尽可能避免政出多门以及资源的相互损耗。

二、思想储备

国际传播不仅要抓好传播主体，还要抓好传播内容。没有内涵积淀的国际传播缺乏说服力、感召力和可信度，注定无法达到预期的传播效果，而这种内涵积淀的形成，往往来源于深厚的思想储备基础。由此，思想储备这一工具指的是不断提炼传播内核，提升话语质量，在传播话语内容上增加厚度，从而提升中国故事的吸引力、影响力和感召力。从理论、实践、历史三个方面看，思想储备的来源主要有以下三个方面。

第一，习近平新时代中国特色社会主义思想。国际传播事业的推进和开展要以科学的理论为指引，加快构建中国话语和中国叙事体系，丰富中国国际传播的思想储备，需紧紧围绕习近平新时代中国特色社会主义思想作文章。习近平新时代中国特色社会主义思想是新时代中国共产党的思想旗帜，是国家政治生活和社会生活的根本指针，是当代中国马克思主义、21世纪马克思主义，它不仅为实现中华民族伟大复兴提供了行动指南，还为推动构建人类命运共同体贡献了智慧方案。作为当代中国马克思主义的最新理论成果，习近平新时代中国特色社会主义思想形成了一个主题明确、主线突出、观点创新、逻辑严谨、系统完整的理论体系，① 它是讲好中国故事、提升国际话语权背后源源不断的思想力量和精神力量。一方面，阐释好、传播好习近平新时代中国特色社会主义思想有助于世界读懂新时代的中国，"十个明确""十四个坚持"是习近平新时代中国特色社会主义思想的核心内容，概括出了中国共产党治国理政的重大方针与原则，是世界认知中国、理解中国的核心标识；另一方面，习近平新时代中国特色社会主义思想中关于国际传播的重要论述也是当前中国加强和改进国际传播工作的根本遵循，包括在更好地"讲事实、讲形象、讲情感、讲道理"中"讲好中国故事，传播好中国声音"等，这些都为国际传播工作的开展提供了切实可行的方法论。

第二，中国国家发展实践。实践是理论的基础。近现代以来，世界上没有哪一个国家能在这么短的历史时期实现如此广泛而深刻的发展进步，仅用几十年时间就走完发达国家几百年走过的工业化历程，创造了经济快速发展和社会长期稳定两大奇迹。这种发展道路的实践历程是中国式现代

---

① 王伟光：《当代中国马克思主义的最新理论成果——习近平新时代中国特色社会主义思想学习体会》，《中国社会科学》2017年第12期，第4—30页。

化道路的具象化体现,呈现出人类文明新形态,拓展了发展中国家走向现代化的新途径,对人类世界的发展具有重要意义,因而有着突出的传播必需性。此外,中国在人类减贫事业、应对全球气候变化等方面已然将中国人民利益与世界各国人民利益相结合,把中国发展与世界发展相连接,这意味着中国发展实践的成就本身已经具备了相当的世界意义,更凸显了传播的必要性。中国国家发展实践为国际传播增添了生动充实的案例细节,丰富了国际传播思想储备的实际内涵。

第三,中华民族优秀传统文化。中华文明源远流长、博大精深,几千年历史长河凝结了瑰宝般的中华优秀传统文化,这不仅是中华民族的精神命脉,是涵养社会主义核心价值观的重要源泉,也是我们在世界文化激荡中屹立不倒的坚实根基。中国国际传播的开展可以从中国传统文化中汲取丰富的营养,萃取具有时代价值与世界意义的中华优秀传统文化,包括"和合"思想、仁爱民本等,以文载道、以文传声、以文化人,丰富中国国际传播的历史底蕴,在推动中华文化走出国门的进程中实现更高水平的国际传播。

三、人才培养

技术的进步和国际环境的变化对国际传播人才队伍建设提出了新的要求,加强国际传播人才培养是提高中国国际传播能力的重要内容和紧迫任务。① 由此,人才培养重点是要解决如何建设国际传播人才队伍的相关问题。

第一,加强国际传播学科建设。中国国际传播专业初设于 1983 年,目前我国国际传播人才培养已经进入一个相对完善的发展阶段,且更加注重跨学科复合型人才的培养,不少高校的国际传播专业学生除了要修习新闻传播专业与英语专业,还需额外修习社会学、计算机科学、国际关系等专业的内容,基本上形成模块化、复合型的人才培养模式。② 为应对更加纷繁复杂的国际传播环境,交叉学科的融合发展确有必要,而且应当继续推进。

---

① 贺明华:《国际传播人才培养系统模式探析》,《国际新闻界》2012 年第 10 期,第 59—66 页。
② 李建新、姚惟怡:《全媒体时代国际传播人才培养的现状、问题与策略》,《对外传播》2021 年第 7 期,第 35—38 页。

一方面，要在更多符合条件的高校设立国际传播领域的交叉学科及相关专业，在全国更大范围内培养更多国际传播专业学生；另一方面，在已经开设国际传播专业的高校，要以前瞻性眼光继续推进学科的纵深发展，契合中国国际传播战略的长远需求。

第二，重点提升国际传播人才的相关能力水平。要建强适应新时代国际传播需要的专门人才队伍，不仅要扩大队伍规模，更要提高单兵作战能力。一方面，强化国际传播人才的科学理论储备，要在掌握并遵循国际传播客观规律的基础上推进传播；另一方面，增强国际传播人才的跨文化交流能力与国际沟通能力，在坚持本国立场观点的前提下理解传播对象国文化并产生一定的共情，这不仅意味着语言上的交流无碍，更意味着对不同区域、不同国家、不同群体受众的深入剖析与精准表达。

第三，促进国际传播人才的跨部门流动。国际传播要向国际社会展现一个立体、全面的中国，需要展示中国在政治、经济、文化、社会、生态文明等方方面面的成就，因此相关国际传播人才需要具备更广阔的知识储备、综合素养和战略思维。在一定条件下，加强国际传播人才在国内部门之间的流动，建立稳定的人才流动机制和岗位轮替机制，不仅促进各业务部门的交流与协调，更有利于"多面手"国际传播人才的打造。

四、危机应对

在风云变幻的国际形势与多元竞争格局之下，中国面临着复杂的国际传播环境，而且中国国际传播工作一定程度上仍存在着外部舆论环境西方化和内部认知结构西方化的"双重西方化"问题，这给传播工作的开展带来一定的阻碍，客观上表现为"挨骂"等舆论危机。因此，中国国际传播要大力提升危机应对能力，下决心解决"挨骂"问题。危机应对这一工具是指要加强危机管理，有效应对突发的舆论危机。

密切关注国外思潮动态。当前，世界百年未有之大变局进入加速演变期，尽管和平与发展仍然是时代主题，但不稳定性、不确定性更加突出；2020年新冠肺炎疫情全球大流行又成为百年未有之大变局的新变量、催化剂，民粹主义与保护主义沉渣泛起，各类思潮轮番登场、暗流涌动，加剧了国际社会的不安定因素。为转移并缓和国内矛盾，以美国为代表的一些西方国家及其内政客常常有意误导国际舆论，将矛头指向中国，并借机打压遏制中国。中国应密切关注国外思潮动态及舆论变化，及时澄清和反击，避免国际话语朝着泛政治化转向，必要时候可借助人工智能、追踪技术等高科技手段构建全方位舆情监测、信息搜集、走向研判机制，以便对后续舆论演变情况作出快速响应。此外，值得注意的是，席卷全球的新冠肺炎疫情也促使国外左翼对资本主义展开了前所未有的总体性反思与批判，对社会主义事业的热情和信念得到进一步增强，高度赞扬了中国特色社会主义。① 这是对中国在国际社会中讲好抗疫故事、应对涉华舆情比较有利的因素，需对此保持较为高度的关注。

　　制定和完善舆论战爆发的应急预案。近年来，一些西方国家及西方媒体频频对中国发动舆论攻势，真假信息混杂，舆论误导严重，新冠肺炎疫情、"新疆棉"事件、涉港问题等，无不成为这些西方势力炮制对华舆论战的由头。这些舆论战是大国竞争背后的隐蔽作战方式，呈现出信息武器化的突出特征，② 而且舆论战往往来势汹汹并快速发酵，中国亟须制定相应的应急预案及时作出舆论反击。应急预案应首先做好信息公开。面对突发舆论战，要稳住阵脚，尽快搜集相关信息和数据，在确保信息数据客观准确的基础上研判信息数据的公开程度与公开属性，在保障安全的前提下做到信息公开透明。其次要做好信息公开后的解读与宣传工作，各层次媒体间形成协同配合，整体发声与交错报道相结合，形成密集宣传和反击攻势，抢夺对我有利的舆论高地。

第四节　微观层面：发挥个体能动性打造国际传播新热点

　　要构建多主体、立体式大外宣格局，微观个体的力量决不能被忽视。

---

　　① 雷晓欢：《新冠肺炎疫情下国外左翼思潮与运动研究——2020年国外左翼思想研究概览》，《科学社会主义》2021年第1期，第87—93页。
　　② 原玥：《美国对华舆论战及我国的应对策略》，《国际关系研究》2021年第2期，第134—154页。

这些微观个体不仅包括个人、企业，有时候一些社会组织等也可包含在内。在一定场合或情形下，来自微观个体的发声可能比官方声音更能收获良好的传播效果。如果将微观个体的声音作为官方媒体报道的有力补充，不仅能实现报道内容与传播渠道的多元化，更能作为中国文化软实力的一部分向国际社会展示出更加丰富多彩、生动立体的中国形象。中国要善于运用微观层面的工具，增强中国国际传播的多元主体力量。

一、技术升级

推动中国国际传播更广泛、更深入的发展，离不开创新技术的加持与保障。当前新兴技术快速迭代并加快与媒体相融合，这使得中国国际传播具备了更多的可能性。大数据、智能算法等技术为抓取关键信息和分析舆论动态提供助力；VR/AR、5G 信息传输等技术为提高传播精度、准度、速度提供更加生动可靠的保障。技术升级这一工具指的是要加快推进国际传播所需的技术创新发展，抓住智能化、数字化转型机遇，不断提升中国国际传播运行渠道的信息与安全实力。

重视企业在传播技术创新升级方面的主体力量。在充分发挥政府对重大科技创新的组织作用的前提下，应有效激发市场潜能，以市场化机制激励企业加快对相关传播技术的研发。当然，由国企、央企主导的技术创新和由民企主导的创新各有优势，前者资金实力雄厚，技术力量储备多；而后者体制更为灵活，对新事物、新技术、新趋势更为敏感。要充分结合并发挥好两大类企业的技术创新优势，共同推进中国传播技术的革新发展。鼓励各类媒体广泛采用传播新技术，通过技术应用挖掘新需求，对传播技术进步提供反馈意见，由此形成"技术研发—技术应用—市场反馈—技术升级"的良性循环。

当然，加快传播技术在信息采集、传送等方面发展的同时，还应关注安全维度的技术增长，增强信息安全防御能力，在技术进步与技术安全之间找寻合理的平衡。

二、平台搭建

由于国际传播的受众群体并不是同质化的,针对不同受众的认知水平与接受程度,可推动建立多层次、多领域的平台以提高传播受众的参与度,从而达到增强国际传播效能的目的。打造多元化国际传播平台正是平台搭建这一工具手段的主要内涵,平台搭建可区分为直接平台和间接平台。

直接平台是指中国有关部门在国外成立相关机构或组织,或是中国企业"造船出海"打造海外媒体平台,直接向国外受众推广中国文化、发出中国声音。其中一个典型案例就是孔子学院。孔子学院是由十二个部委联合组成的国家汉语国际推广领导小组(简称国家汉办)牵头和指导、以中外大学为依托的机构,旨在以汉语为桥梁向世界传播中国文化。对孔子学院传播汉语和中国文化的总体效果进行调查与评估发现,孔子学院在全球范围内确实取得了一定的传播效果,但不同层次的中国文化传播效果存在较大差异,而且对于处在不同文化圈层的对象国受众而言,中国国际传播效果也会有所不同。① 尽管作为直接平台的孔子学院可能被批评官方色彩过于浓厚,但不可否认,孔子学院已经成为中国汉语国际传播、寻求世界对中国文化认同的代名词。此外,诸如字节跳动等互联网企业旗下的社交及资讯平台的海外布局,也成为分享、交流、传播中国文化并让外国民众认识和感知中国的有效窗口。

间接平台是指借助或参与外国媒体特别是国际知名媒体的平台经营,将中国理念融入外国媒体平台之中,使得平台在其日常运作中不自觉地呈现亲华、友华倾向,从而达到间接传播中国理念主张、正面宣传中国形象的目的。打造间接平台主要通过中国企业注资入股国外媒体平台的形式实现。在成为国外媒体股东后,中国企业通过股权获得国外媒体的节目话语权,一定程度上能决定或影响外国媒体对中国的报道内容,引导其更多地对中国进行正面宣传。此外,一些外国媒体尤其是国际知名媒体有着广泛而固定的受众群体,利用它们已有的受众基础推进中国国际传播,不仅节

---

① 吴瑛:《孔子学院与中国文化的国际传播》,浙江大学出版社 2013 年版,第 2 页。

约传播成本，而且在受众接受度上也能有所提高。

有专家提出"离岸传播"的概念，即借助外部资源鲜活地讲好中国故事。一是充分利用驻外华人华侨资源进行外宣传播。华人华侨中一些精英已融入当地社会，熟谙所在国的语言文化，积累了广泛的人脉资源。同时，他们十分了解祖国的社会文化和经济发展状况，是沟通中外的有效桥梁。例如，《中国新闻周刊》英国版等媒体在这方面做了较有成效的尝试，其聘请的工作人员多是华人，他们具有在英国广播公司（BBC）等主流媒体的采编管理经验，伦敦、北京两地采编中英、中欧重大新闻，本土操作，精准发行。二是在投射文化软实力方面，可借鉴日本和中国台湾的经验，适当考虑出资在欧洲高校设立"特定教席"。比如，英国牛津大学、剑桥大学和伦敦政治经济学院产生了很多世界知名的学者和各类诺贝尔奖获得者，可以鼓励和支持一些中国机构和企业出资在这些高等学府特设"讲习教授"或冠名，加强和扩大对中国相关课题的研究，他们从事学术活动和发表文章时，都会自然地产生学术与社会影响，如同行走的"中国名片"。此外，根据已有的成功经验，可以鼓励和支持中国机构和企业特设或冠名奖学金、楼宇甚至院系，如剑桥大学的贾吉（Judge）商学院，牛津大学的赛德（Said）商学院以及路透（Reuters）新闻研究所等。目前，可考虑在这类高校中由企业或个人出资设立有中国标识的奖学金、教席、研究所等。

三、达人影响

互联网技术的发展使得更多网民也能成为宣传中国文化、展现中国风采的传播力量。达人影响这一工具正是关注到了民间舆论场的力量，其是指利用国际化社交媒体，发挥网络达人或意见领袖的影响力，提高国际传播渠道的多样性、互动性、可信度，让更多外国民众看到和了解真实的中国。

达人影响的特点在于能够用平民化视角实现感性传播，其传播的内容更加有温度，更加接地气，因而更容易与外国民众产生共情从而入脑入心。背后体现的传播技巧和传播理念既有"移动化、社交化、可视化"，也有"让更多国外受众听得懂、听得进、听得明白"的特点。这对中国当前构建对外传播话语体系、创新国际传播路径有突出的启发意义。

未来中国可主动引导和培养网络达人,利用多种传播媒介和渠道,使其在海外发挥更大的影响力,助力中国故事的讲述和传播。此外,中国庞大的海外留学生群体、海外华人华侨亦可被更加充分地调动起来,激发其爱国热情,在多个社交平台上传播中国声音,彰显中国文化力量。

四、筹办展演

加强中国国际传播,还应该让外国民众有更多了解中国的机会和契机,提高海外传播受众对中国文化的参与感。筹办展演这一工具指的就是借助华人华侨、留学生群体等民间力量在海外举办各式各样的文化交流活动,吸引海外民众参与其中。借助筹办展演这一工具手段,海外民众能在亲身体验和经历中增加对中国文化的理解,减少因文化差异带来的认知错位,从而达到中国文化走出国门"传得出""传得开"的目的。

筹办展演有多种具体的实践形式。例如,外国民众往往对中国美食有极大的热情,美食可作为吸引外国民众感知中国进而了解相关中国文化的依托。由此,在所在国举办中国美食节便是一个极佳的方式,它不仅能让外国民众品尝到具有中国特色的各式美食,还能在互动和体验中了解华夏风光、中华文明,激发他们对中国的好奇心和向往之情。联合国中国美食节、伦敦"中国美食节"的筹备与开展都是很好的典范。此外,传统习俗分享会、中文书籍外译读书会、中国传统杂技演出等,也都是可供选择的有效的传播形式。让这些丰富多彩的活动不仅要走进国外民众居住的社区,更要以极大的趣味性、吸引力使这些活动走进国外民众的内心,深化我国同各国的民心相通。由此,一个更加可信、可爱、可敬的中国形象才能在国际社会上变得更加生动、鲜活。

第六章
国际传播能力建设评估体系

国际传播能力评估是国际传播能力建设中的重要一环。从理论层面来讲，国际传播理论应当构建从战略构想到实地评估的完整理论框架，使整个理论体系更加科学完善、易于操作。从实践层面讲，科学合理的评估体系一方面能够起到类似"目标考核"的作用，使国际传播建设"有据可依"；另一方面，评估体系可以反映出传播过程中的动态讯息、效果，以及传播中存在的问题。使评估者能够根据客观情况和规律及时调整传播战略，更好地实现国际传播效能。

第一节 对已有国际传播评估体系的回顾与分析

当前我国在国际传播评估方面存在一些相似概念，如国际传播力、国际传播能力、国际传播效力等。我国有学者在研究过程中对这几个概念进行梳理辨析，并提出"国际传播力是一国所具有的传播能力与效力在国际领域里的总体体现；国际传播能力是一国在国际传播方面所作的'投入'，表现为一国现有的国际传播状况，如从事国际传播机构的数目、基础设施情况、人员的配备和培训等，基本上属于一种传媒'硬实力'；国际传播效力是一国国际传播工作的'产出'，表现为一国现实达到的国际传播效果，如受众数量、受众对传播内容的认知程度、国内外舆论导向的力度等"。①总体而言,其研究中三种概念的主要差别体现在各自有不同的取向和侧重点。国际传播能力侧重于"投入",即"做多少";国际传播效力侧重于"效果怎样";国际传播力则体现出兼顾二者的特点,将"投入"与"效果"相结合。

实际上,在传播评估研究中,学者们也大致采取这三种取向。

有研究倾向于从"投入"出发进行评估,比较具有代表性的是中国人民大学新闻学院媒体融合实验室与人民日报媒体技术股份有限公司联合课题组推出的媒体融合发展综合评价指标体系。该评价指标体系通过内容融合、平台融合、渠道融合、经营融合、管理融合五个一级指标来评估国际传播。②唐润华、刘滢设计的媒体国际传播能力评估体系的核心指标也基本属于"投入"取向,其体系中设计了内容生产能力、市场拓展能力、技术支撑能力、品牌知名度、国家影响力五个一级评估指标。③

有的研究倾向于从"效果"进行评估,具有代表性的是程曼丽、王维佳在《对外传播及其效果研究》中的评估指标设计,他们在对主体评估中设计了"传播影响力角度"指标,其中包括舆论影响评估指标、发行量评估指标、经济效益评估指标。这些指标显示出其评估指标更注重效果维度。④西方媒体曾经受到"受众决定论"的深刻影响,在国际传播评估体系中注重从效果出发考察传播是否成功。最典型的是BBC传播效果评估体系。BBC每个季度发布一次受众信息数据表,以评估BBC的品牌价值、服务质量以及在BBC主要平台上的受众到达率。该评估体系的指标主要涉及四个维度:一是泛BBC媒体传播效果;二是BBC电视传播效果;三是BBC广播传播效果;四是BBC数字媒体服务调查。⑤在西方引起关注的益普索公司研发的媒体使用测量体系"Mediacell"以及跨平台传播效果评估框

---

① 刘继南、周积华、段鹏等:《国际传播与国家形象——国际关系的新视角》,北京广播学院出版社2002年版,第89页。
② 《融合平台——中国媒体融合发展年度报告(2016—2017)》,人民日报出版社2017年版,第320—333页。
③ 唐润华、刘滢:《媒体国际传播能力评估体系的核心指标》,《对外传播》2011年第11期,第6—9页。
④ 程曼丽、王维佳:《对外传播及其效果研究》,北京大学出版社2011年版,第182页。
⑤ 何欣蕾:《BBC新媒体策略与效果评估》,《声屏世界》2014年第5期,第68页。

架在很大程度上也是从"效果"出发进行评估。比如，该体系注重实时追踪受众在各类终端上的媒体使用行为，以全面了解受众的消费模式。①

还有研究尝试将二者结合，如刘燕南、刘双设计出"能力—效力"型框架，认为国际传播效果评估应当包含基础建设、内容产制、传播影响、市场经营四个一级指标，同时该研究还细化了十二项二级指标，包括基础建设下的硬件设施、从业人员，内容产制下的内容生产力、内容竞争力、内容品质力，传播影响下的受众接触、受众认知、受众态度、受众行为、专家评价，市场经营下的经营规模、目标完成率。②刘滢等所设计的海外社会化媒体传播效果评估体系认为，海外社交网络平台上的传播效果主要体现为内容生成能力（报道数量、报道质量）、传播延展能力（报道吸引力、报道延展性）和议题设置能力（议题配比合理性、媒体议题设置能力、公众议题设置能力）。③这些指标既考量"投入"又评估"效果"。

总结国内外有关传播评估体系可以发现，不论是从"做到少"，还是从"效果怎样"出发，又或是二者结合，当前评估体系设计主要围绕传媒层面展开，其设计思路更多地从传播学视野出发，尤其是从拉斯韦尔的"5W"〔Who（传播主体）、says What（内容）、in Which channel（渠道）、to Whom（对象）、with What effect（效果）〕模式出发，④评估五个传播要素或其中一种要素当前达到什么水平。也有一些评估体系中涉及国际战略要素，如唐润华、刘滢设计的媒体国际传播能力评估体系的核心指标包含了国际影响力，然而其主要关注点是国家综合国力对媒体传播能力的影响作用，相对而言更加贴近传媒层面内容。

从传媒层面设计的评估体系为我们审视自身的国际传播能力、国际传播效果提供了一个传播学视角，多年来为评价我国的国际传播能力，提升国际传播能力提供了理论支持。目前，我国国际传播能力建设已经初见成效，构建起多主体、立体式的传播格局。然而，我国国际传播面临着新的

---

① 罗雪：《浅论我国媒体的国际传播效果评估体系构建》，《当代电视》2016年第10期，第79页。
② 刘燕南、刘双：《国际传播效果评估指标体系建构：框架、方法与问题》，《现代传播》（中国传媒大学学报）2018年第8期，第13页。
③ 刘滢、应宵：《媒体国际微传播影响力的内涵与评估》，《国际传播》2018年第4期，第22页。
④ 郭庆光：《传播学教程》，人民大学出版社2011年版，第50页。

形势和任务。从国际层面上看，世界百年未有之大变局正在加速演进，国际力量对比深刻调整，国际环境日趋复杂，新冠肺炎疫情进一步引发世界格局和国际秩序的震荡；从国情上看，中华民族迎来了从站起来、富起来到强起来的伟大飞跃，进入实现中华民族伟大复兴的历史征程。在新背景和新挑战下，国际传播面临前所未有的艰巨任务，既要发挥传媒层面作用，努力扭转境内、境外信息流进流出的"逆差"现象，又要承担国家战略层面的责任，有效提升国家形象，促进中国与世界各国展开良好国际交往，还要进一步促进民心相通，拉近中国与世界人民的距离。在新压力下，国际传播评估体系研究也需要进一步跟进，不仅要从传媒层面评估国际传播能力，还要加入国家战略层面、受众层面的评估指标，使评估体系能够反映中国国际传播中面临的国际形势和战略任务。为此，本研究借鉴传播学视角，加入国际战略研究视角和受众研究视角，力图设计出"国家战略层面—传播层面—受众层面"的三维评估体系，为评价国际传播能力以及有效加强国际传播能力提供一些参考。

第二节　国际传播能力建设评估体系的基本理念与理论框架

根据现有研究可以发现，评估的理念取向和理论框架不同，会搭建出不同的评估框架。笔者的研究趋向和理论依据主要包括以下两个方面。

一、基本理念与评估取向："能力建设—效果反馈"相结合

根据前文梳理，当前国内外在国际传播评估方面有三种取向，即投入取向、效果取向、投入—效果相结合取向。其中有一些学者倾向于从投入取向评估"国际传播能力"，认为与"传播力"相比，"传播能力"概念更加强调"投入"。但笔者从"能力"词语含义角度进行思考，认为"能力"是一个主体（人或国家）在实践当中所展现出来的本领。要想评估本领高低，既要考察其"做多少"，也要考察其达成目标、完成任务的效能，二者

缺一不可。从这个角度看，国家传播能力的评估不仅要考量其投入多少，还要看最终效果怎样。因此，本研究既重视对国家在国际传播层面的投入和建设进行考察，也重视对国际传播的效果进行分析，最终形成"能力建设—效果反馈"相结合的评估体系。

二、理论框架：国际战略层面理论、传播学理论、受众研究理论相结合

为了增强国际传播能力评估指标体系的科学性，需要借鉴、依托成熟理论作支撑。如前文分析，以往国际传播评估体系更重视从传播学视野出发，以传播学理论作为理论基础和研究框架设计评估体系。本研究认为，伴随国际传播进入新的挑战期，其角色、责任都发生转变，其评估体系设计除了要依托传播学理论以外，还要借鉴国际战略层面理论以及受众研究理论。

（一）国际战略层面：借鉴马克思的精神交往理论、哈贝马斯的公共交往理论、约瑟夫·奈的软实力理论

中国特色社会主义国际传播是对马克思主义新闻观的继承和发扬，马克思主义理论也应当被作为评估设计的最根本理论基础。本研究国际战略层面评估依据马克思的精神交往理论，认为"从马克思精神交往理论看传播，传播本是出于人本身的精神交往需要，其本质是人类生命之间的交往活动，是主体与主体间平等的精神交互过程"。[①] 有关交往的论述方面，哈贝马斯的交往行为理论也为本研究提供一些参考。根据他的交往理性理论，交往应当让理性由"以主体为中心"转变为"以主体间性为中心"，最终实现理性化的交往。[②] 这些理论为评估体系构建提供的借鉴是，交往应当是国际战略评估层面最核心的关键词。与此同时，评估要素中应当将国际交往秩序作为重要要素进行考量，应当被纳入考量指标核心要素当中。

[①] 李欣人：《再论精神交往：马克思主义传播观与传播学的重构》，《现代传播》2016年第8期，第20页。

[②] 冯炜：《哈贝马斯交往行为理论对传播学的影响》，《山东大学学报》（哲学社会科学版）2002年第6期，第41页。

国际传播与软实力密切相关，因此本研究在国际战略层面的评估还借鉴了约瑟夫·奈的软实力理论。约瑟夫·奈将实力分为两个方面：军事、经济属于硬实力，而政治价值观、文化、对外交往这些属于软实力。① 约瑟夫·奈给予本研究的启迪有两个方面：一是国际传播能力应当包含硬实力和软实力，二者都应当被作为指标要素；二是在国际传播软实力评估指标设计过程中借鉴了约瑟夫·奈对软实力要素的阐释。

（二）传播过程层面：借鉴拉斯韦尔"5W"模式

传播过程是国际传播的重要环节，也是西方传播学重点关注的层面。本研究在传播过程层面的评估指标，主要借鉴西方经典的拉斯韦尔"5W"模式，包括 Who（传播主体）、says What（内容）、in Which channel（渠道）、to Whom（对象）、with What effect（效果）。该模式带给本研究的启迪包括两个方面：一是主体、内容、渠道是传播过程层面需要重点关注的要素，需要设计相应指标来进行评估；二是整个传播过程从主体到受众是一个互动过程，需要在评估中注重互动效果的评估。

（三）受众影响层面：借鉴跨文化适应理论

正如本书理论部分所分析，国际传播是双向过程，最终要到达受众层面，告知、影响或说服特定受众去欣赏、认同国家理念以及国家行为。拉斯韦尔的"5W"模式中也涉及受众层面内容，如"对谁说"、取得什么效果。但本研究认为，我国国际传播当前应当进入更加精准的传播阶段，对受众层面的研究亦应当更加深入、具体，做到习近平总书记在中共中央政治局第三十次集体学习时所说的"要采用贴近不同区域、不同国家、不同群体受众的精准传播方式，推进中国故事和中国声音的全球化表达、区域化表达、分众化表达，增强国际传播的亲和力和实效性"。为此，本研究借鉴心理学、社会学、人类学中有关文化传播、认知建构等方面的理论，尤其是与国际传播联系较为紧密的跨文化适应理论，考察如何运用传播规律，更好地与受众展开交往，使之更好地欣赏、认同中国理念以及国家行为。

根据跨文化适应理论，两个文化体在持续交往过程中，会使原本相互

---

① 约瑟夫·奈：《权力大未来》，王吉美译，中信出版社2012年版，第120页。

之间不理解的双方达到一种相互理解的平衡与共生的和谐状态。在人类学和文化心理学界认为，不同文化背景的群体交往是一种文化适应（acculturation）的过程，这个过程会使一方或双方群体产生文化信仰或价值取向的变化。美国罗德岛大学教授陈国明总结的文化适应的过程分为三个阶段，包括"认知（understanding）—尊重（respect）—认同（accepted）"。其理论研究为我们评估受众影响提供了参考指标。

第三节 国际传播能力建设评估体系的指标要素

本研究主要依靠两个方法提升评估指标要素的科学性，一是借鉴国内外指标，即搜集当前国内外影响力较大、设计相对成熟的有关传播评估方面的指标；二是实践调研，在学界、政界、企业界、传媒界等展开调研，综合多方意见总结出各界普遍关注的指标要素。

一、借鉴国际战略、传播过程、受众影响理论设定一级、二级指标要素

根据上文分析，国际战略视角下的国际传播体系应是从国家至民间的传播体系，涵盖国际战略层面、传播过程层面、受众影响层面，这三个维度被设定为评估体系中的一级指标。国际战略层面的二级指标以上文分析的马克思精神交往理论、哈贝马斯交往行为理论为基础，借鉴约瑟夫·奈软实力理论，设定为国际交往、硬实力、软实力三个指标；传播过程层面借鉴拉斯韦尔"5W"理论，设定为传媒主体、传媒内容、传媒渠道、传媒反馈四个指标；受众影响层面借鉴跨文化认知理论，设定为认知、尊重（认可）、认同三个指标。

二、依据实践调研设定三级指标要素

三级指标要素相对更加细化。为了提高科学性，本研究主要依靠两个方法设定三级指标要素：一是借鉴国内外指标，搜集当前国内外影响力较

大、相对成熟的有关传播评估方面的指标；二是对学界、政界、企业界、传媒界人士进行实践调研，并综合多方意见筛选出各界普遍关注的指标要素。①

（一）借鉴国内外传播指标要素

国际战略层面的传播与国家软实力、国家形象密切相关。本研究对软实力理论、国家形象相关评估要素进行提炼。比如，约瑟夫·奈的软实力理论将国际交往作为国家软实力的核心部分之一。②英国"品牌金融"（Brand Finance）公司发布的《2021年全球软实力指数报告》也比较有影响力，其评估中将国际交往政策、传媒作为两项重要的评估指标。其外交政策中还特意强调国际机制的重要作用，如报告将国际组织、解决冲突、国际援助、气候行动列为评估指标。

传播过程方面的评估研究是我国传播学研究中的热点，刘滢、应宵在构建媒体国际微传播影响力评估体系中将主体多元化作为研究的重点，他们认为微传播的主体多元化程度很高，既包含政府、营利和非营利机构，也包括个人。而且他们提到当前为了追随受众的数字化迁徙，专业媒体机构纷纷在新媒体平台开设账号，开展微传播活动。③罗雪在《浅论我国媒体的国际传播效果评估体系构建》中重视融媒体评估，并整合了传统媒体与新媒体的融合媒体评估框架。④

在受众影响层面，当前我国已有一些针对海外调研而展开的评估。比如，外文局《中国国家形象全球调查报告2019》通过问题"您认为中国是什么样的国家"来调研海外民众对中国历史人文、国情现实的了解程度；通过问题"请您为中国在下列各领域参与全球治理的表现打分"，调研海外民众对中国发展世界意义的认可度；通过"您最希望今后中国在全球治理的哪些领域发挥更大作用""您如何看待中国的未来发展"等问题，调研海外民众对中国发展走向的看法。《2021年全球软实力指数报告》通过以文化

---

① 理论上讲，评估指标研究的最佳调研对象是评估机构，但被评估者的意见也同样重要。鉴于当前我国尚未建立起权威的国际传播能力评估机构，本研究主要以被评估者为调研对象。
② 约瑟夫·奈：《权力大未来》，王吉美译，中信出版社2012年版，第120页。
③ 刘滢、应宵：《媒体国际微传播影响力的内涵与评估》，《国际传播》2018年第4期，第22页。
④ 罗雪：《浅论我国媒体的国际传播效果评估体系构建》，《当代电视》2016年第10期，第79页。

遗产、价值观、治理模式等要素为评估指标,并对海外受众进行调研,来评估各个国家的软实力。

总体而言,当前有 38 项要素被提及较多,其中包括:投入、国际合作、规模、全球传播能力技术、对中国好感、国家形象、议题设置、国际交往秩序主导/边缘、传播政策、机制建设(国内、国际)、熟悉程度、吸引程度、国际声望、信心、信任、国际市场竞争力、全球价值观引导力、主体多元协调、国际影响力、中国叙事、融媒体、国外媒体利用程度、与国外媒体合作程度、媒体国际话语权、信息反馈渠道顺畅、根据信息反馈改进传播策略、认知中国历史人文、文化遗产、人文交流、认可中国治理能力、认知中国国情现实、认知中国发展走向、认可中国发展道路和模式、认可中国有灿烂辉煌文化、认可中国发展世界意义、认同中国价值观、认同中国政治合法性、认同创新能力。

(二)调研政界、学界、企业界、传媒界

1. 问卷调研

为了筛选出更加重要的评估指标,笔者以 38 个指标要素作为基础选择项开展实践调研。调研时间历时三个月。调研对象包括政界人士 20 人、学界人士 20 人、商界企业人士 30 人以及传媒界人士 10 人。具体调研方法主要是问卷法和访谈法。问卷调研中,调研对象被要求从 38 个指标中选出他们认为比较重要、应当被纳入评估体系的指标要素(可以多选),调研过程中发放问卷 80 份,最终收回问卷 70 份。访谈调研中主要是开放式访谈,让调研对象提出一些他们认为重要的指标要素,接受访谈对象 70 人。笔者根据每一选项被选择的次数进行频数统计,选择频数低于 23(占比低于 30%)的要素被剔除,最终剩余 20 个指标要素,具体数据如表 6-1 所示。

表 6-1 国际传播评估指标调查

排名	指标要素	选择频数(从高到低排列)	占比
1	投入	60 次	86%
2	规模	58 次	82%
3	国家形象	50 次	71%

续表

排名	指标要素	选择频数（从高到低排列）	占比
4	国际交往秩序主导/边缘	47次	67%
5	传播政策	44次	63%
6	主体多元协调	43次	61%
7	融媒体	42次	60%
8	认可中国发展世界意义	37次	53%
9	认同中国政治合法性	35次	50%
10	认知中国国情现实	34次	49%
11	机制建设（国内、国际）	31次	44%
12	认可中国发展道路和模式	31次	44%
13	根据信息反馈改进传播策略	29次	41%
14	认知中国发展走向	28次	40%
15	中国叙事	28次	40%
16	认同中国价值观	27次	39%
17	信息反馈渠道顺畅	26次	37%
18	认知中国历史人文	25次	36%
19	世界叙事	25次	36%
20	全球传播能力技术	23次	32%

资料来源：笔者根据问卷调查结果统计得出。

笔者对这些三级要素进行分类，将之分别纳入一级、二级指标之下。凡是涉及国家顶层设计和部署的指标要素，如投入、规模、国家形象、国际交往等被划分到国际战略层面。相对而言更偏重于信息制造、信息传播方面的指标，如中国叙事、融媒体等被划分在传播过程层面。更加关联传播受众的指标，如考察受众认知中国历史人文、国情现实等方面的指标被划分在受众影响层面。后文指标阐释部分将对各指标进行进一步阐述。

初步来看，国际战略层面的要素受到普遍重视，有超过一半的人认为国家层面的投入、规模、国际形象指标要素十分重要，国际交往秩序、传播政策指标要素也都位于前列，这凸显出国家顶层设计在国际传播中具有重要意义；在传播过程层面，对传播主体的关注较多，这可能侧面反映出当前我们国际传播中存在主体单一、缺乏合力的问题；受众层面指标排名也十分靠前，体现出当前各界已经注意到国际传播不能"自说自话"，而是要考虑到受众的认知和情感。

2. 访谈调研结果

在访谈调研过程中可以发现，对国际战略层面而言，传媒界有很多人关注国际传播的硬实力建设，如投入人力和资金多少、国际传播的规模以及采取什么样的技术进行传播。新华社驻外记者提出："国际传播的'软'和'硬'都很重要。我们党很重视国际传播，实际上1949年以前就有驻外记者，新中国成立以后毛主席提到'要把地球管起来'，更多的新华社记者走向海外，但是在很长一段时间内我们都发不出去声音。这个原因必然很复杂，但当时硬件跟不上是其中很重要的一方面，有一些西方的传媒设备我们没有，有很多国家就只能选择西方媒体。但后来我们硬件跟上了，第三世界可以选西方国家媒体也可以选择中国媒体。这时候越来越多的国家开始选择我们。"[1]

有很多政府部门以及企业对传播政策非常重视，认为体系化的国际传播政策是提升国际传播效能的重要因素。例如，某国企宣传部门工作人员提出："政策制定在国际传播中应当被重视。如何发挥好国企在传播中的作用，如何让各个部门分工协作、乃至各行各业各司其职，需要有体系化的政策指引。"[2] 有很多学者关注国际交往秩序方面的评估，认为中国是否能够在国际交往秩序塑造中获得更高话语权，能否在促进国际平等交往中起到更加积极的作用，是评估中国国际传播能力的重要指标要素。同时，学界也认为国家形象、国际机制指标要素应当被增加权重。

在传播过程层面，企业界、传媒界很多人强调要进一步促进主体多元化。有人提出："习近平总书记提出的要依靠人民群众这条战略我觉得很重要。根据我驻外10多年经验，感觉传播不是靠传播能解决的，而是需要形成一个总体战略指引下的、有体系的大合唱。这个做好了，很有可能就在这个关键时刻，把我们国家声望给顶上去。公司也好，政府也好，哪怕医疗队队员、旅游团都去做这个事，就能事半功倍。尤其是针对舆论斗争，

---

[1] 引自笔者与新华社驻外记者L的访谈，访谈时间为2021年8月13日。
[2] 引自笔者与B国有企业宣传部门工作人员T的访谈，访谈时间为2021年8月4日。

虽然现在是 21 世纪，但人民战争依然有效，破除西方话语霸权，不全民参战是不行的。"① 政府、企业界也有很多人强调要讲好中国故事，认为应当把中国故事讲述作为评估指标要素。例如，有政府工作人员提出："我们自己是有故事的，但很多时候我们更注重去做事儿，去造福人民，很多时候说的不如做的好。我觉得不能只关注做事，还要关注怎么说，这么好的故事应当好好讲述出来，要把它讲清楚、讲得动听。"②

在受众影响层面，企业界与传媒界通过与海外民众的交往发现海外民众对中国的历史、现实其实了解得很少，在认知不足的情况下，他们很容易受到西方政界、媒介的诱导，对中国产生错误的认识和判断。某官方媒体工作人员提出："西方老百姓其实很朴实，不是一定戴着有色眼镜看中国。很多时候他们接收不到中国的讯息，不了解中国的面貌。他们每天看的都是西方媒体，被西方政界、传媒界灌输一些信息。如果他们了解中国历史、现实，知道中国未来不会走国强必霸的道路，他们就会对中国产生好感。"③ 学界对"认可、认同中国"层面比较关注，有学者提出："认知是第一步，国际传播是否成功还要看对方是否认可中国、认同中国。认可的关键是接受中国的发展道路和模式，认同的关键是接受中国的价值观以及政治合法性。"④

第四节　国际传播能力建设评估体系的构建

依据"国际战略—传播过程—受众影响"三维评估理论框架，借鉴当前国内外已有评估体系，同时综合对学界、政界、企业界、传媒界的调研，本研究设计出以下国际传播能力评估指标体系。

一、指标体系构建

本研究所设定的指标分为三级：一级指标包括三个层面，即"国际战

---

① 引自笔者与 A 官方媒体记者 Z 的访谈，访谈时间为 2021 年 8 月 13 日。
② 引自笔者与 F 政府宣传部门 L 的访谈，访谈时间为 2021 年 7 月 5 日。
③ 引自笔者与 C 官方媒体工作人员 T 的访谈，访谈时间为 2021 年 8 月 22 日。
④ 引自笔者与国际关系学者 C 的访谈，访谈时间为 2021 年 9 月 1 日。

略层面""传播过程层面""受众影响";二级指标包括十个方面,即"硬实力""软实力""国际交往秩序""传媒主体""传媒内容""传媒渠道""传媒反馈""认知""尊重/认可""认同";三级指标包括二十项,即投入、规模、全球传播能力与技术、国家形象、传播政策、机制建设、主导/边缘和霸权/平等、多元协调、中国叙事、世界叙事、融媒体、信息反馈渠道顺畅、根据信息反馈改进传播策略、认知中国历史人文、认知中国国情现实、认知中国发展走向、认可中国发展道路和模式、认可中国发展世界意义、认同中国价值观、认同中国政治合法性。指标分值范围为1—5分。①具体如表6-2所示。

表6-2 国际传播能力评估指标体系

一级指标	二级指标	三级指标	指标判定	分数
国际战略层面(关键词:交往)	硬实力	投入(部门、人力、资金)	专门负责机构:是/否 人力:员工占比 资金:预算占比	1—5
		规模(国内、国外投放点)	实体机构数量、辐射范围	1—5
		全球传播能力与技术(先进传播载体、先进传播产品)	是/否	1—5
	软实力	国家形象(经济、文化、科技)	国家层面评估主体:国家形象报告、国家软实力报告 非国家层面评估主体:案例总结、受众调研	1—5
		传播政策(行动指导)	是/否	1—5
		机制建设(国内机制、国际机制)	参与、制定、创建国际化规范性文件和程序	1—5
	国际交往秩序	主导/边缘和霸权/平等(国际关系理念、倡议)	是否有力推动人类命运共同体倡议	1—5

① 由于研究需要,侧重点在于提出一级、二级、三级评估指标要素,并为其赋权重。每一项分数范围暂定为1—5分,满分100分作为参考。

续表

一级指标	二级指标	三级指标	指标判定	分数
传播过程层面（关键词：互动性）	传媒主体	多元协调	参与人员是否广泛多元、是否有统筹协调部门或机制	1—5
	传媒内容	中国叙事	文化产业、文化交流活动、海外媒体报道中国故事	1—5
		世界叙事	国际事件的报道和解释、媒体议题设置	1—5
	传媒渠道	融媒体（包括传统媒体、新媒体）	平台数量、科技化水平、影响范围、吸引力	1—5
	传媒反馈	信息反馈渠道顺畅	是/否	1—5
		根据信息反馈改进传播策略	是/否	1—5
受众影响层面（关键词：效能）	认知	认知中国历史人文	受众调研	1—5
		认知中国国情现实	受众调研	1—5
		认知中国发展走向	受众调研	1—5
	尊重/认可	认可中国发展道路和模式	受众调研	1—5
		认可中国发展世界意义	受众调研	1—5
	认同	认同中国价值观	受众调研	1—5
		认同中国政治合法性	受众调研	1—5

二、指标体系阐释

（一）国际战略层面指标阐释

国际战略层面是国际传播的顶层设计，评估中重点考察硬实力、软实力以及国际交往能力。该层面的关键词是"交往"，即考量国际传播是否助推我国在国际社会有效塑造相互尊重、合作共赢的国际交往秩序，是否与其他国家建立良好的国际舆论环境。需要指出的是，国际战略层面评估虽然与国家关联最大，但并不专指国家层面。不论是地方，还是某一部门、媒体、企业在传播过程中都可以从服务、配合国家总体国际传播战略的角度对自身传播能力进行评估，如本行业、本领域。

硬实力指标主要评估国际传播发展的物质支持力量，这种支持往往可衡量，其考核指标主要包含三个方面：一是"投入"，主要考察是否建立专门的部门，投入人力、资金，为国际传播发展提供强力支持。国际传播涉及范围较广，是一项需要各部门通力合作才能有效推动的战略。不论是国家、地方政府还是其他部门、企业都需要专门设立统筹协调的部门，促使各部门相互配合、步调一致，因此是否建立专门部门应当被作为投入指标中的重要考核内容。与此同时，历史证明，所有国家、部门、机构的传播都需要强大的人力和资金支持，这也解释了一般情况下只有硬实力较强的国家才有实力推动国际传播战略。尤其是网络平台崛起，更需要加大资金投入，培育更多专业性人才，因此投入的人力和资金也是评估指标的重要方面。总体而言，投入方面的具体考核指标相对而言较为直观。二是"规模"，主要考察开展国际传播所投入实体机构的数量、辐射范围。比如，在国家层面有法国的法语联盟、德国的歌德学院、英国文化协会、中国孔子学院以及西班牙塞万提斯学院等机构，这些机构被投放在世界多个地区，影响的人群范围很大。实体机构不仅存在于国家层面，某些部门、地方政府或企业层面也可以建立一些机构从事国际传播工作，也可以投放一些机构着力开展传播。尤其是互联网崛起以后，实体机构既可以被投放在国内，立足国内向国外开展对外传播活动，也可以被投放在国外，直接对国外产生影响。三是"技术"，主要考量是否具有先进的国际传播载体和传播产品。这主要是从宏观层面进行考量，而非具体的传媒技术手段。比如，英国国际传播依靠多种载体，像英国文化协会、英国广播电视台（BBC）、英国文化产业等，这些载体不论是管理理念、传播策略还是传播方式都领先世界，生产出了先进的产品，所以BBC的纪录片就具有强大的国际声望。

软实力指标往往难以衡量，然而它可以从侧面反映出国际传播的能力。对其进行考核可以包含三个方面：一是"国家形象"，主要考察国际体系中其他行为体对某一国家的总体印象与认知，通常这些印象与认知由一系列形象符号构成。国际传播的成功与否需要考察该国家的形象符号是否积极、正面，可以通过国家形象报告来评估。比如，外文局每年发布的《中国国家形象全球调查报告》，其中考察了中国经济、文化、科技等层面形象。部门或者企业方面可以根据自身的特点和职能细化一些重要的形象符号。比如，国际社会比较重视石油企业的环保情况，因此可以将环保形象进一步细化，作为考察石油企业国际传播能力的指标。企业社会责任也是评估的重要组成部分。地方政府也可以设计一些社会、民生或者当地文化相关的细化指标进行评估。二是"传播政策"，主要考察是否制定了一系列标准化、可操作的计划、行动、原则的指导性文件。国际传播是一项长期性的、复杂的系统工程，不论是国家层面还是政府、企业层面，只有制定专门政策以指导传播行动，才能有效指导各部门明确国际传播的要求和步骤，确保顺利地推行自己的传播理念和意志，达到传播目标。三是"机制建设"，主要考察是否有能力参与、制定、创建国际组织以及国际化的规则，达到优化国家形象或获得国际话语权的目的。比如，从国家层面而言，如果国家经过广泛国际传播，树立了良好国家形象和国际威望，进而在提出新机制、新倡议时获得广泛支持，则国际传播就能助力国家提升国际话语权。再比如，从企业方面，如果能在商业合作的同时建立一些规则、标准优化中国的形象，其企业的国际传播就达到了良好效果。

国际交往秩序主要考察国际传播是否助力国家对外良好交往，这需要重点关注国家在国际交往当中处于何种位置。越靠近主导、引导位置则更容易实现国家所提出的合作共赢新型国际关系理念、顺利推广人类命运共同体倡议。"机制"建设层面有时也是考核国际交往秩序的一部分。除此之外，还需要重点考察是否有一国主推的国际关系理念、是否有建立良好交往秩序的倡议，同时需要考察这些理念和倡议是否得到良好的支持和认同。

（二）传播过程层面

传播过程层面更多地考察国际传播中信息如何传递、如何对对方产生影响，评估的重点包括传媒主体、传媒内容、传媒渠道、传媒反馈。传播过程层面的关键词是"互动性"，即考量整个传播过程中信息发起方与信息接收方之间信息是否往来顺畅，能够形成良好互动。

（1）"传媒主体"指标是对传播发起的一方进行评估。对传媒主体的考核主要包含两方面：首先，参与传播的主体范围是否广泛、多元。比如，从国家层面来讲，是否政界、学界、企业界、个人都有主动传播的意识，并能根据自身行业特点开展国际传播。再比如，从企业层面而言，是否能调动各个部门、所有职员加入国际传播活动。其次，参与主体广泛、多元也并不一定传播效能高，还要考察是否有主体协调机制，确保主体间能够相互配合、互为补充，有效开展国际传播。

（2）"传媒内容"指标是对"传播了什么内容"进行评估，这需要立足两个面向。第一，立足国内，能否做好中国叙事，这要求积极叙述中华文明、传播社会主义核心价值观、讲好中国故事、发出中国声音。相对应的具体考核指标可以考察文化产业发展情况、举办的文化交流活动、引导海外媒体报道中国故事等方面。第二，立足国外，能否做好世界叙事，叙述好世界文明发展、讲好世界丰富鲜活的故事。其考核可以依据是否参与国际重大事件的报道和解释，是否具有议题设置能力，是否有向国际社会提供国际新闻素材的能力。

（3）"传媒渠道"指标主要考察信息流通的载体、方式、依托。该层面主要考察两个方面：一是传统媒体发声能力。考察传统媒体机构，如报纸、广播、电视台等机构数量、影响范围（能够向哪些国家地区提供报纸）、吸引力（订购量、回购量等）。二是新媒体发声能力。考察新媒体平台的建设数量、科技化水平（可视化水平高低）以及吸引力（粉丝数量、阅读量、点赞量、转发量）等。

（4）"传媒反馈"指标是对信息返回渠道进行评估。有效传播必然是双向互动交流过程，信息的发出与信息反馈应当形成闭环系统。反馈可以通过两方面进行考核：一是是否设计了科学、顺畅的反馈渠道收集传播效果以及对方的意见、建议等信息；二是是否能够根据反馈渠道的信息对现有的传播进行改进，确保下一阶段的国际传播更加科学有效。

（三）受众影响层面

受众影响层面评估主要针对信息到达的一方，考察在一系列传播活动中对方的思想、行为发生了怎样的变化。需要指出的是，尽管将之定义为"受众"，然而网络崛起之后的受众定义是相对的而非绝对的。这要求传播过程中应注意两个方面：一是传播受众与主体之间可以相互转换，有时受众也可以成为讲好中国故事的主体；二是变化不专指受众方。主体也需要通过反馈信息渠道、相互对话沟通环节进行改进、反思，理解对方的想法和情感。可以说这种变化是共同发生的，也正因如此才能真正达到传播目的。

受众影响层面评估重点包括认知、尊重（认可）、认同。受众影响层面的关键词是"效能"，即考察传播活动是否引起了变化，双方认知上是否产生更多共识，情感上是否达到共鸣、共情、共振。

（1）"认知"指标主要评估头脑中的知识结构发生了哪些变化。其考核主要包括三个方面：一是经过传播过程之后，是否更加了解、理解中国历史和人文，尤其是更加了解中国文化的核心内容，即理念、价值观，甚至是意识形态；二是是否更加了解当代中国的国情，了解中国当前的现实情况，包括成就与困难、机遇与挑战，尤其是更加了解当代中国的政治制度；三是是否能更加客观地认知、判断中国未来的发展走向，包括政治、经济、文化、社会、生态、外交政策等。

（2）"尊重"或者说"认可"指标要比"认知"指标更进一步，此时不是关注认知结构发生变化，而是评估内心情感、态度方面的变化。其考核主要包括两个方面：一是更加认可当前中国发展道路和模式，认为中国特色社会主义引领中国从站起来到富起来再到强起来；二是更加认可中国发展的世界意义，认为中国发展能够为世界作出更大贡献，相信中国提出的人类命运共同体等倡议能够引领国际社会向更好的方向发展。

（3）"认同"指标是受众层面评估的最高层次，要评估对方的整体思想，包括评价、判断、倾向性是否发生质的变化。达到认同阶段的国际传播在思想、情感方面能够拉近心理距离，实现价值共振。换言之，双方不仅能够在认知方面达成一定共识，还能够在情感方面达到共鸣、共情。具体考核主要包括两个方面：一是更加认同中国价值观，而且能够将中国的核心价值观、全人类共同价值建构到自身的价值观当中，甚至在一些关键问题上能够融合中国价值观作出选择和判断；二是认同中国政治合法性，认为中国政治制度符合中国基本国情，符合国际社会发展潮流。

与国际战略层面和传播过程层面相比,受众层面要更多地依靠受众调查方法进行评估,如依靠一些国外研究中心对各国民众的调查,或者采用问卷法、访谈法等直接了解对方的思想状态和变化。

第五节 评估国际传播能力建设的基本原则

国际传播涉及方面广泛,评估过程复杂,为了进一步增加评估过程的科学性,在评估过程中还应当注意以下一些基本原则。

第一,"主体—客体"评估相结合的原则。主体评估主要考察国际传播发起方为开展国际传播而作出的努力和贡献。相对而言,评估指标中有关硬实力方面的建设、软实力方面的建设指标与传媒主体、内容、渠道、反馈建设指标主要是针对主体的评估。客体评估主要考察主体发起国际传播以后,外部的人、事、环境发生哪些变化。评估指标中对国际交往、传媒渠道的吸引力、受众层面评估等是更倾向于针对客体的评估。总体而言,当前受到西方"受众决定论"影响,客体评估受到更多重视,如 BBC 对自身效果的评估在很大程度上依靠受众调研。这种倾向受众的评估有其合理性,它体现出当前国际传播超越对传播渠道至上的迷信,更加关注、重视人的心理和意愿。然而对于现阶段的我国国际传播而言,对主体的努力、贡献进行评估也十分重要。客观看来,与西方起步早、当前发展较成熟的国际传播体系相比,我国国际传播仍处于上升阶段,该阶段需要大量的硬实力建设投入。其中,一些基础建设有可能在很长一段时间之内收不到效果,而是随着建设不断推进、发酵,逐渐使对方产生兴趣或依赖。如果只关注客观层面评估,很难准确评价我国当前国际传播实际水平。因此,在评估过程中,既需要对主体"做了什么"进行关注,也要关注客体发生哪些变化,二者共同定位当前国际传播发展进程。

第二,定量与定性评估相结合。定量评估主要是直接借助相关调查数据或自己进行数据统计分析而开展评估。比如,可以通过大数据统计平台发布信息的转载情况、曝光率来评估传媒吸引力;可以借助国内外有关国家形象的调查数据来评估国家形象；可以通过对受众进行问卷调研来获得数据，进而分析其开展传播策略是否产生效果。评估指标中硬实力方面的投入、规模，软实力方面的国家形象、传统媒体吸引力、新媒体吸引力，以及受众层面评估涉及的定量评估相对更多。定性层面相对而言难以直接获得数据，而是要对传播的过程、经验进行提炼、总结。评估指标中软实力的传播政策、机制建设、国际交往秩序，传媒过程中的传媒主体、传媒内容、传媒反馈涉及的定性研究更多。总体而言，定量研究有其天然优势，其数字化便于统计且能够直观地反映出国际传播现状和问题，更重要的是很多问卷调研直接询问、接触受众，评估的信度与效度都值得信赖。然而国际传播具有特殊性，它常常"无孔不入"却又没有具体、精确的数值，也就难以完全用定量方法来开展评估。因此，实践中也需要注重使用定性评估的方法，力图将定性研究与定量研究相互补充、相互配合。比如，从国家层面来说，在借鉴《国家形象报告》数据的同时，也应将一些塑造良好国家形象的大事件纳入评估体系当中。再比如，从企业层面开展受众调查问卷的同时，也应总结一些成功案例和经验。如此才能更加清晰地反映国际传播的全貌。

第三，显性效果评估与隐性效果评估相结合。显性效果一般更加容易被察觉，如一些海外的正面报道、民众转载、社会关注、曝光率、投票率等可以直接反映国际传播产生了哪些效果。评估指标中传播过程的传媒渠道、传媒反馈，受众影响层面的"认知"方面的效果更呈现显性。隐性效果很多时候难以被发现，如有一些影响是渗透性的，或者其工作是配合性的，其传播活动引起的最终效果并不明显。评估指标中的国际交往秩序、传媒主体、传媒内容、尊重、认同方面的效果相对更呈现隐性。在传播实践中，显性效果更容易被纳入评估体系当中。然而国际传播在很大程度上有必要，甚至是必须追求一种"无形"效应，其至高境界是"润物细无声"，是"大音希声、大象无形"。有很多不易察觉的影响力能起到水滴石穿的作用。比如，国际化企业能与当地政府、民众建立广泛联系。再比如，国际化企业配合学界国际传播研究提供一些当地民俗、民情的情况与数据，实现了决策科学与"智慧对接"。因此，为了更准确地评估国际传播，不论是显性效果还是隐性效果都应当被充分挖掘并被纳入评估体系当中。

需要说明的是，本研究思路更偏向于宏观层面，尝试从国家战略高度设计国际传播评估指标。在具体实践中，政府部门、学界、企业界、传媒界可以根据需要细化为四级、五级评估指标。国际传播评估是一项极其复杂、涉及面广的议题，科学的评估体系建构也是一项长期、持续性的工程，要经历实践中的循环往复实验（包括"测试—反馈—校正—再测试"）才能更加符合实践需要，应用实践场所不同，最终得出的校正结果也会有所差异。本研究旨在抛砖引玉，希望可以通过理论研究和实践调研设计出扎实的评估框架，为更好地开展国际传播实践提供有益参考。

第七章
提高舆论引导能力

技术的演进使媒体传播领域发生了深刻变革，互联网的崛起所带动的新兴媒体，正经历着从传播方式到内容的双重变化。新的传播方式使新媒体展现出了强大的社会影响力，对民众生活、社会结构乃至整个社会发展都发挥了巨大的引导作用。在当下这个不可逆转的以互联网为引擎的数字文明时代中，我们需要理性、客观地调整对现代传媒的态度与期待，重新定位自身与媒体之间的关系。在国际传播领域当中，新技术不仅塑造了新的传播格局，更使传统国际关系理论在互联网文明的大潮中面临巨大挑战。信息传播的新秩序对全球舆论话语权进行了重构。当下，国与国之间的竞争已经深刻地体现为社交媒体平台之间的竞争，或者说信息媒介平台之间的竞争。信息资本主义的崛起从技术层面深化了西方国家基于新自由主义的技术政治思路。但是，互联网平台的治理民主化进程也带动了国与国之间基于媒介舆论话语权的全新博弈。作为一个崛起中的大国，中国从1994年接入全功能互联网以来，经历了近30年的高速发展，尤其在移动互联网时代中展现出了巨大的竞争实力。这从技术层面大大提升了中国在国际舆论场上的博弈能力。当前，我国网民的数量突破了10.11亿的大关，如此庞大的、生机勃勃的数字化市场和数字化人才队伍，也在不断增加和增强我国掌握国际舆论话语权的资本和能力。

那么，如何在新技术与全球传播新格局中提升舆论引导能力，塑造全新的国际传播秩序呢？除了依赖核心技术突破和传播基础设施建设，进一步推动广泛的电信和基础设施外援、区域性信息传播基础设施建设、媒体"走出去"战略、媒体旗舰建设之外，我们还必须以实际行动重构全球传播体系和格局。具体而言，我们要积极参与全球媒体治理，尤其是在网络治理的民主化方面，既要积极促进现有国际体系框架内的民主化改革，也要开辟一系列双边、多边、区域性甚至全球性的对话和沟通平台，加强以我为主的话语建构和舆论引导能力，并且在信息传播领域展开更多更为实质性的合作。在此基础上，不断开拓舆论引导的思路理念，提升舆论话语的创新能力。一是创新国际传播的核心理念。突破西方"二元对立"的预设立场，以"人类命运共同体"与"人类共同价值"为核心理念，提供国际传播的中国方案。二是优化国际传播布局。从自言自语到立体多元的引导布局，精准把握海外受众分众化、差异化需求，以其熟悉的渠道、熟悉的方式和熟悉的语言，讲好国外受众关心的中国故事。三是转换媒体叙事的方式策略，包括回击负面论调的舆论引导力度、讲述中国故事的舆论引导温度、展现中国形象的舆论引导高度，力求打破西方意识形态与西方媒体叙事的刻板印象与刻板标签，将中国日新月异的变化不断呈现出来。四是升级媒体话语的言说逻辑，以多元面向的文化引导增强舆论引导的深度；深入挖掘中华文化的丰富内涵，激活中华文化的时代精神，寻求中外文化的融合经验；增强议程设置与破题应变能力，不断拓展舆论引导的有效性。

第一节 传播技术的变迁与舆论引导的新课题

当前的互联网传播在新的技术架构下，呈现出了全新的规则和生态，亟须我们更好地把握和适应。

一、互联网传播生态新变化

移动化与社交化。截至2021年6月，我国10.11亿网民中，移动网民的规模达到 10.07 亿。其中，即时通信用户规模达 9.83 亿，占网民整体的 97.2%；网络支付用户规模达 8.72 亿，占网民整体的 86.3%。我国网络购物用户规模达 8.12 亿，占网民整体的 80.3%。我国网络直播用户规模达 6.38 亿，占网民整体的 63.1%。社交媒体的广泛使用大大提高了新闻传播的速率和效力，成为网民获取信息的主要渠道，也深刻改变了网络舆论生态。例如，社交媒体之上拥有相同特征、经历和认知的人群聚集起来，分享信息、表达观点，形成了某种情感圈层，也成为推动舆论的重要力量。社交媒体平台的表达范式，倾向于更具温度的情感表达，因而更容易获得高关注度，进而引发网民从众心理，造成网络舆论的非理性群体极化。此外，在这种移动化与社交化的平台之上，政治性、思想性、理论性议题被弱化，价值观的碰撞更多停留在浅层次，使得深层次的交流与反思成为稀缺品。

平台化与算法化。当前，腾讯、今日头条等少数头部平台占据了绝大部分市场份额，成为主要信息入口。算法成为平台传播的主导力量。当然，在提高传播效率的同时，算法推荐也带来了一系列副作用：一是"劣币驱逐良币"。出于追求流量的考虑，算法推荐的稿件数量庞大、内容良莠不齐，挤占了网民获取主流权威信息的渠道与时间。二是"信息茧房"控制思维。平台迎合用户阅读偏好，通过算法根据用户的兴趣、职业、年龄、性别等多维度特征进行个性化推荐，使用户只能看到自己感兴趣的内容，导致信息窄化、思维受控等严重问题。

分众化与短视化。从网民端来看，他们的需求越来越多元，不同的群体表现出不同的喜好，同一群体又常常细分衍生出多个小群体，并形成不同的话语体系；从网媒端来看，大数据的广泛应用使得用户画像越来越清晰，传播更精准、更有效率。这种分众化的趋势给舆论引导提出了更细致的要求。此外，在当前的网络社交平台之上，短视频已成为使用人数最广、规模最大的主流应用。目前，我国短视频用户已达 9.44 亿，用户（特别是青少年用户）不再是单纯的内容消费者，也成为内容生产者。随着 5G 商用的普及，超高网速、超短延时、超大容量的移动网络将为短视频带来前所未有的机遇和红利，但同时，短视频制作水平、内容质量以及在文化意识形态层面的问题也不容忽视。

二、传统媒体管理体制的失效与舆论引导的新课题

在传统媒体时代，媒体管理体制建立在相应的媒体技术与传播特点之上，具体表现为分级管理、分类管理、内容管理和属地管理四重管理体制。就结构而言，传统媒体的运作方式具有"金字塔"式的结构，自上而下形成了一整套类似于科层制的管理模式。通过不同层级之间的把关与报批，实现了信息在封闭系统中的完整流动，并且因其单向性与封闭性，使得分级管理成为可能。就形态而言，传统媒体的形态具有单一性和相对分割、独立的特点，这就使得管理者能够根据不同的媒体形态，对其进行相关分类的管理。就信息传播而言，由于技术条件的限制，传统媒体无法进行即时的信息传播，而信息的滞后性恰好为预先的审查把关提供了可能。在此情况下，管理者可以就内容进行预先的把控安排，实现信息传播的可操控性。就机构而言，传统媒体是相对集中的专业实体机构，根据其所处的地域，能够对其进行行之有效的属地管理。可以说，通过这四重管理体制，对信息传播的主题、内容、角度、广度、深度、节奏都可以进行预先把控和安排，议程设置的权力与话语权都牢牢把握在党和政府的手中。通过唯一的主流媒体，党和政府的声音通达千家万户，并对社会的组织动员进行了有效的影响，进而建立起坚实的国家共识与价值认同。

但是，随着互联网技术的不断发展与普遍应用，网络新媒体异军突起，带来了一场传播革命。新媒体自下而上、多向裂变、即时海量传播，严重冲击了传统媒体"自上而下、单向度传播为主"的传播模式，推动舆论场发生深刻变迁。传统媒体管理体制遭遇重大危机，原有的舆论与意识形态格局也遭受重大挑战。从技术层面来看，互联网点对点、多中心、扁平化的结构方式、病毒式的信息传播模式，一下子打破了旧有的"金字塔"结构，使过去按照分级分层逐步落实管理的手段难以为继。从媒体形态来看，终端融合的技术趋势，使多种媒体形态打破了原有各自为政的疆界，这就使原有的分类管理举步维艰。与此同时，当信息从文字跨越到图像、视频，也在不断增大预先审查过滤的技术难度，内容的管理已经成为互联网管理

中最难解决的一个问题。从信息传播的速度来看，由于互联网技术的飞跃发展，即时通信、无线网络全覆盖，移动互联网网民数目激增，瞬间迸发出来的信息流难以想象且难以预计，使过去能够根据信息的来源地而进行的属地管理彻底失效。要而言之，互联网的传播特点影响到的是在传统媒体基础上形成的一整套媒介管理体制：一是互联网 P2P、SNS 等技术的去中心化结构、病毒式信息传播等特点，打破了分级管理的可能性。二是终端融合的技术趋势，打破了分类管理的可能性。三是信息传播的主要形态由文字变成图像和视频，使预先进行过滤审查的内容管理变得困难。四是随着移动互联网技术的广泛应用，信息传播具有"随时随地、随心随意"的特征，打破了属地管理的可能性。

互联网的这些技术特点使传统的媒体管理体制难以适应，也使原有的"媒介管理体制－意识形态建构通道－政治中枢传输神经"的三合一链条面临失效与断裂的风险。民众摆脱了单向度的主流媒体的束缚，一下子拥有了广阔的言说与话语平台。如此一来，议程设置的权力以及与之相应的话语权，也就逐渐地分散和下移到了公众。话语权的分散与下移所导致的是社会舆论格局的重大变化，那就是原本一元的声音变成了大众的喧哗。在众声喧哗之中，整个社会的权力结构发生了松动。

正是互联网舆论传播的新特点及其引发的舆论引导的新课题，使我们必须要对互联网舆情工作高度重视，不断提高网络时代的舆论引导能力。它不仅要求我们理性面对互联网带来的舆论环境新变化，转变固有的舆论工作思路，更要求我们实现思想宣传理念、机制和话语方式的创新。2016年2月19日，在赴人民日报社、新华社与中央电视台三家中央媒体调研之后，习近平总书记在党的新闻舆论工作座谈会上发表重要讲话，指出："随着形势发展，党的新闻舆论工作必须创新理念、内容、体裁、形式、方法、手段、业态、体制、机制，增强针对性和实效性。要适应分众化、差异化传播趋势，加快构建舆论引导新格局。要推动融合发展，主动借助新媒体传播优势。要抓住时机、把握节奏、讲究策略，从时度效着力，体现时度效要求。要加强国际传播能力建设，增强国际话语权，集中讲好中国故事，同时优化战略布局，着力打造具有较强国际影响的外宣旗舰媒体。"① 在 2018 年 8 月 21 日的全国宣传思想工作会议上，习近平总书记强调指出，完成新形势下宣传思想工作的使命任务，必须以新时代中国特色社会主义思想和党的十九大精神为指导，增强"四个意识"、坚定"四个自信"，自觉承担起举旗帜、聚民心、育新人、兴文化、展形象的使命任务。坚持正确政治方向，在基础性、战略性工作上下功夫，在关键处、要害处下功夫，在工作质量和水平上下功夫，推动宣传思想工作不断强起来，促进全体人民在理想信念、价值理念、道德观念上紧紧团结在一起，为服务党和国家事业全局作出更大贡献。可以说，这些讲话，都对网络时代的舆论引导工作提出了相当明确的要求——肩负党和人民赋予的神圣使命，发挥喉舌、耳目、智库和信息总汇作用；全面推进战略转型，加快由传统新闻产品生产为主向现代多媒体新闻信息业态拓展，积极探索在新媒体舆论环境下的媒体融合之路，从观念、机制等各个方面都打造出全新的样态。就此而言，主流媒体任重而道远。

第二节　信息传播新秩序与全球舆论话语权的重构

20 世纪 40 年代，基于数学和工程领域的"信息论"，人们首先把"信息"认定为分析组织机构运作特征的独特维度。这种信息理论旨在找到组织体系的信息构件，但回避了一点："信息本身是有条件的，并且是被它所处的社会制度和关系构筑起来的。"② 到了 60 年代末和 70 年代初，"信息社会"或"后工业"理论曾试图阐明信息的社会架构。后工业主义的论述强调信息的经济价值，并认为信息的价值源于它作为一种资源本身所固有的内在特质。不仅如此，信息本身已经变成社会组织的变革根源，信息和知识正在取代资本和劳动力，成为生产的决定性要素。然而，"后工业主义者

---

① 人民日报社评论部：《论学习贯彻习近平总书记新闻舆论工作座谈会重要讲话精神》，人民出版社 2016 年版，第 6 页。
② 丹·席勒：《信息拜物教：批判与解构》，邢立军等译，社会科学文献出版社 2008 年版，第 16 页。

没有将他们在决定性的历史条件下所发现的信息部门的重大变化置于某种背景下,讲清楚变化的来龙去脉,反而选择了将其抽象化",① 也就是用事物所谓的无所不在的性质代替了人类社会关系的历史发展。

一、信息资本主义与"世界信息传播新秩序"运动

实际上,将"信息"从社会生活中抽象出来,通过"信息社会"这一语境来扩大其指涉范围时,很容易出现"信息"与"文化"混淆的问题。当代美国著名批判社会学家丹尼尔·贝尔将信息看作"最广泛意义上的数据处理,数据的存储、检索和加工变成任何经济和社会交换中的主要资源。这些交换包括历史记录的数据处理、任务设置的数据处理、数据库"。正是这样的理解使得信息侵占了渗透在人类经验中的语义的社会编码过程,而且使这些过程变得毫无意义。如果把数据看作"广义上的数据处理",那么它应该与文化有着广泛的重合。然而实际上,"信息"却同时涵盖和掩盖了它所涉及的所有人类学"文化"意涵的内容。于是,"信息"理论家使信息远离了活生生的、经常处于社会冲突当中的人类经验。由此,貌似客观并体现线性社会进步逻辑的"信息范式"涵盖和隐匿了文化领域所体现的社会冲突和矛盾,通过把信息定位为社会变革的决定性因素,继而得出了信息和知识已经取代资本和劳动力成为生产决定性要素的推论,从而否定了资本与劳工的对立性。20世纪70年代前后,信息领域的商品化进入了持续加速的阶段。这一时期美国电信业、广告业、文化产业与移动产业相互勾连,整个信息产业在发展进程中对商业加速追求资本积累。由此,我们可以清晰地看到,在信息社会发展过程中商业主线贯穿始终,并最终由资本逻辑统摄了信息业。美国在推动信息商品化过程中扮演了基础性角色。随着信息商品化的加速,有关知识产权法规、信息资源的掌握和控制,以及电信系统发展的政策也随之发生了巨大变化,进一步推动信息领域私有化的进程。这实际上体现了一种围绕信息建构资本主义发展的新企图。

21世纪以来,当人类进入信息资本主义时代之后,信息的价值不断向

---

① 丹·席勒:《信息拜物教:批判与解构》,邢立军等译,社会科学文献出版社 2008 年版,第 17 页。

更纯粹的商品化范畴转变。技术创新，包括信息存储、处理、复制和传送领域的创新，进一步加速了诸多领域中生产者与产品和生产过程的分离。信息商品已经成为当代资本在世界市场体系内不断扩张的必要条件。全球资本主义体系在这一扩张过程中，挫败了反对信息商品化的各种抵抗力量。在越来越迅捷的信息商品化浪潮中，社会财富和资源配置的公共服务原则被侵蚀，而在制定信息资源生产和分配政策方面的社会权利差距已然造成了全球传媒格局的重大失衡。

葛兰西认为，一个阶级或特定的阶级联盟要实行自己的统治，除了强制性的国家权力外，还需要通过市民社会建立起自己的文化领导权。这个阶级或权力集团必须在意识形态和日常生活领域把自己特定的阶级利益表达为而且被接受为是代表全社会的。同时，葛兰西强调意识形态斗争和强制性权力在危机时刻的重要性。在信息资本主义时代中，美国恰恰依靠其媒介信息霸权进一步确立了其全球霸权的地位。就此而言，"文化领导权"理论和约瑟夫·奈的"软实力"理论最重要的区别在于，作为一名马克思主义理论家，葛兰西的理论包含了阶级分析视角和如何推翻资本主义制度的人类解放诉求，而约瑟夫·奈显然是为了维护美国在世界资本主义秩序中的霸权地位。那么，在信息资本主义发展的过程中，是否有一些力量试图挑战美国的信息霸权地位呢？

在国际传播历史上，在20世纪70年代两大阵营对峙的"冷战"语境下，有过一场由不结盟国家发起的构建"世界信息传播新秩序"的运动。这一运动的倡导者们普遍认为，作为旧时代殖民主义的延续，以美国为主导的国际传播秩序是不平衡的，它维持并强化了国与国之间业已存在的不平等，这给发展中国家的政治、经济、文化发展等诸多方面带来了巨大的负面影响。因此，他们从反帝国主义和反资本主义的视角出发，对现存的国际传播秩序提出了批评，并且积极呼吁建立起一个公平、合理的"新世界信息与传播秩序"。为此，联合国教科文组织的国际传播研究委员会对世界信息基础组织结构和传播资源进行了长达3年的调查研究，并在1981年出版了一份名为《一个世界，多种声音》的报告。这份报告指出："个别传播大国对世界信息流通系统的支配是推行文化扩张主义的过程，而发展中国家的牵制和反抗是抵制文化侵略的过程。"[1] 作为一份全面反映新世界信息秩序之争的文件，这份报告在学术上是与传播学的批判学派，尤其是政治经济学派的观点紧密联系在一起的。该学派在承袭马克思关于支配着物质生产资料的阶级同时也支配着精神生产资料的观点的同时，还密切关注现代跨国媒介高度集中和垄断的趋势及其带来的社会后果。他们认为，这种高度的独占和集中最终是为了维护垄断资本的利益、意识形态和统治权力。在信息的单向流动过程中，受益者无疑是代表垄断资本的少数发达国家，而大多数发展中国家则难以避免在文化、经济和政治等诸多方面受到严重的损害。在跨国传播时代，信息和国家主权的关系已经密不可分，以至于"信息主权"这一概念也逐渐在全球信息化背景下浮出，成为国家主权的重要组成部分。传播弱国在其信息主权得不到保障的情况下，不仅在政治方面受到压制，在经济领域处于不利地位，甚至在文化的整体性和统合性方面也面临着严重的威胁和挑战。简而言之，发达国家的文化扩张主要是通过以经济、资本实力为后盾的信息产品的传播而得到实现的。文化帝国主义对人类文化多元性和丰富性的抹杀和威胁是严重的。

但是，由于以美国为首的西方国家的极力阻挠，也由于不结盟运动国家内部的问题和矛盾，这个运动以美国、英国和新加坡先后退出联合国教科文组织为结局。《一个世界，多种声音》所提出的国际传播改革愿景也就随之黯淡了。20世纪80年代以来，由于"世界信息传播新秩序"运动的挫败，社会主义阵营的现实困难，以美国国家政策开路，以美国媒体巨无霸为先锋，全球传播业经历了以全球化、自由化、商业化和私有化为核心的新自由主义转型。也正是在这样的语境下，硅谷的信息技术、资本的力量裹挟着民众对传播民主化的需求与热望，使互联网成了全球传播最主要的平台。在这个全球传播的前沿领域，美国国家机器的各部分——从美国商务部到国家安全机构——与美国信息技术公司相互协作，极力维护美国国家的单边主义、霸权主义政策。与此同时，美国媒体以维护"网络自由"为口号，极力阻挠一切企图挑战这一霸权的努力。

---

[1] 熊澄宇：《西方新闻传播学经典名著导读》，中国人民大学出版社2004年版，第102页。

二、互联网全球治理机制与信息传播民主化

当然，迫于其他国家的压力，美国在过去十多年来也不得不在国际传播领域，尤其是互联网全球治理领域作出一些妥协。但是，美国政府和美国信息传播资本为了保护自己的核心利益，并没有重新倚重联合国教科文组织的治理建构，而是偏向于更重视技术和产业利益的国际电信联盟，连续主办了 2003 年和 2005 年的"信息社会世界峰会"。即便如此，到了 2012 年，在国际电信联盟的迪拜会议上，仍有 89 个国家站在了要求更平等的互联网全球治理机制一边，形成了多数派。但是，这个大会通过的多数派决议是非强制性的。这也表明，会议决议对美国网络霸权以及国际传播霸权的挑战有很大的局限性。之所以有这样的结果，美国对挑战国家群体"分而治之"的策略是一个因素，而非西方国家的当权者没有坚强的政治意志是另一个因素。当然，一个更重要的解释很可能是，这些国家的统治精英为了维护本国信息传播资本集团与以美国为主导的跨国信息资本业已结成的利益共同体，本就没有从根本上挑战美国所主导的新自由主义全球信息传播秩序的强烈政治意愿，而只是希望通过与美国的斡旋，为本国资本在全球信息资本主义秩序中多分一杯羹而已。在这方面，印度可能是最好的例子。作为中国最大的亚洲邻国，印度并没有参加 2012 年 9 月在北京举办的"新兴国家互联网论坛"，而只派了使馆官员作为观察员。印度学者的相关研究表明，这是由于印度本国产业资本集团与硅谷信息技术资本有着密切关联。此外，印度国内的党派政治利益，还有在印度社会十分活跃的、高度认同美国"信息自由"的意识形态，使得印度在全球互联网治理问题与媒介话语重构的立场上始终游移不定。

近几年来，伴随着信息传播民主化进程的不断推进，在美国所主导的新自由主义全球互联网媒介霸权体系中还是出现了一些松动的因素。例如，斯诺登的爆料已经在某种程度上摧毁了美国"网络自由"意识形态的可信性。此外，非商业化的、体现人类共同体团结共享精神，尤其是劳动阶层价值和理想的文化实践和知识实践也在不断萌生，并在与新自由主义文化意识形态的斗争与交锋中不断成长。这为其他国家联合起来挑战美国信息

传播霸权提供了历史性的机遇。

例如，巴西政府通过2014年4月的互联网制宪会议，既整合了国内的相关力量，通过了非常有进步意义的互联网立法，又赢得了国际声誉。当然，对于中国来说，我们不仅需要借力互联网技术的发展，在国际场域中不断突破美国的网络霸权，更需要走好"群众路线"，通过"农村包围城市"，即团结和争取亚非拉国家的积极力量，来促进全球传播的民主化进程。为此，我们需要一套比美国的"新闻/网络自由"言说更有说服力的新闻传播理论。面对以西方为主导的"新自由主义"的新闻传播意识形态，并遭遇互联网初期的失语和混乱，我们需要在新媒体语境下重建有社会主义、国际主义内涵的，尤其是"以人民为中心"的新闻传播理论。可以说，信息传播理论的创新与中国特色社会主义建设过程中的"人民民主"互为表里，即国内传播秩序和国际传播秩序这两者之间是相互呼应和相互促进的关系。因此，我们需要在媒体传播制度和传播实践中真正落实最广大人民群众的利益——知情权、表达权、参与权和监督权，才能让中国在国际层面挑战美国信息传播霸权拥有更为强大的底气、自信和现实支撑。中国要参与国际话语权的竞争，还必须不断践行"以人民为中心"的传播策略，通过对人民美好生活向往的实现，不断提升最广大人民群众的政治、经济、社会和文化地位，从而在国际上不断提升中国文化"软实力"，加强中国在国际传播中的影响力。当然，就具体的技术、媒介、国际合作、话语范式方面而言，我们还有更多探讨的空间。

第三节　在新技术与全球传播新格局中提升舆论引导能力

以美国为代表的发达资本主义国家凭借先发技术优势，不仅快速占据了网络信息技术发展的前端，而且以逐渐完善的技术垄断不断强化其信息霸权地位。目前，美国占据了支撑全球互联网运行13台根服务器中的10台，CPU的产量占全球总量92%，系统软件产量占全球总量86%，拥有的大型数据库占世界总量70%，互联网上访问量最大的100个网站中有94个注册在美国境内，全球 80% 以上的网络信息和 95% 以上的服务信息都来自美国。凭借在软硬件、网络、操作系统等方面的技术优势，美国等资本主义国家完全有能力对全球信息自行加工处理，并自由控制信息流动的速度和方向，以控制全球信息舆论。没有网络安全，就没有国家安全；没有网络意识形态安全，就没有国家政治制度安全。因此，我们必须大力发展网络信息技术，竖起网络意识形态安全的"防火墙"。

一、加强核心技术突破和国际传播基础设施建设

由于网络信息技术整体起步较晚，加上西方的技术限制和封锁，我国的网络信息技术在全球排位中并没有明显优势，与西方信息霸权国家甚至存在较大的"位势差"，严重影响了国家的网络意识形态安全。习近平总书记在 2014 年 4 月召开的中央国家安全委员会第一次会议上明确提出了"总体国家安全观"的新思想。其中，"综合统筹的总体安全观"是对网络安全的重大论断，在网络安全治理中具有纲领性和指导性的意义。2013 年 11 月，习近平总书记指出："网络和信息安全牵涉到国家安全和社会稳定，是我们面临的新的综合性挑战。"[①] 2014 年 2 月，他又进一步强调："网络安全和信息化是事关国家安全和国家发展、事关广大人民群众工作生活的重大战略问题，要从国际国内大势出发，总体布局，统筹各方，创新发展。"[②] 就此而言，提升国际话语权，提高国际传播能力，必须在维护网络安全基础上加大核心技术突破，以信息技术的发展推动网络意识形态高地的建设。一方面，我们要高度重视对硬软件核心技术的研究和开发，重点加强对芯片技术、高速计算机技术等基础元器件的科研投入，由国家投入专项资金，鼓励"大众创业，万众创新"，逐步摆脱国家对西方网络核心技术的依赖，形成拥有独立知识产权、能够引领信息技术发展潮流的技术优势，构建起自己的信息技术高地，掌握网络信息战的主动权；另一方面，我们还要积极发展、研制拥有独立知识产权的信息过滤、筛选技术，同时加强对西方

[①]《中国共产党第十八届中央委员会第三次全体会议文件汇编》，人民出版社 2013 年版，第 108 页。

[②] 中国网络空间研究院：《中国互联网 20 年发展报告》，人民出版社 2017 年版，第 159 页。

"破网"技术、互联网攻击技术的攻克,防范境外敌对势力对我国网络意识形态安全的破坏行为,营造良好的社会主义国家网络环境。此外,我们还要进一步推动广泛的电信和基础设施外援建设,加大区域性信息传播基础设施建设。

2016年9月,习近平主席在二十国集团工商峰会开幕式上演讲时指出:"以互联网为核心的新一轮科技和产业革命蓄势待发,人工智能、虚拟现实等新技术日新月异,虚拟经济与实体经济的结合,将给人们的生产方式和生活方式带来革命性变化。"在此历史关头,我们有必要深入把握新一轮科技和产业变革的趋势和特征,在新技术引领媒体深度融合的大背景下,更新传播观念和手段,更有效地提升中国文化软实力和在世界舆论格局中的话语权。尤其是在对外传播基础设施建设中,我们应该高度重视境外本土化传播资源的建设、整合与利用。加大资金投入,加强技术支持,积极推动全球网络基础设施建设以及互联网新技术的研发应用,消除"信息壁垒",缩小"数字鸿沟",增强各国借助网络获取信息、创造财富的能力,为世界发展贡献中国智慧与中国方案。目前,新华社已经形成世界性通讯社的架构,在全世界142个国家和地区建立了180个驻外分社,本土之外的分支机构数量超过世界上任何一家媒体,拥有内派人员和外籍员工近2000人,外籍员工数量不断上升。新华社用中、英、法、俄、西、阿、葡等多种语言对外发稿,对外报道发稿量稳步增长,采用量大幅增加。CGTN(中国国际电视台)发展出了包括6个电视频道、3个海外分台、1个视频通讯社和新媒体集群的国际传播体系,以丰富的内容和专业的品质为全球受众提供良好的服务。现在,CGTN在Facebook、Twitter等外国社交媒体平台上的粉丝已达2000多万。

二、以实际行动重构网络时代的全球传播体系

自2013年6月斯诺登事件以来,国际网络治理就开始成为国际地缘政治的重要力量,既成为影响国际秩序的关键因素,也成为互联网环境下全球传播体系与格局重构的标志性事件。面对互联网技术的高度发展,以及商用5G和AI开启的智能互联网的快速到来,中国作为全球第二大经济体,

也作为第二大数字经济体，必须积极参与全球媒体治理，尤其是在网络治理的民主化方面作出更加积极的努力。一方面，我们要积极促进现有国际体系框架内的民主化改革；另一方面，我们也要开辟一系列双边、多边、区域性甚至全球性的对话和沟通平台，加强以我为主的话语建构和舆论引导能力，并且在信息传播领域展开更多更为实质性的合作。

2014年7月，习近平主席在巴西出席金砖国家领导人第六次会晤和在巴西国会发表演讲时提出了国家"信息主权"的新观点和建立国际互联网治理体系的新倡议。习近平主席指出："当今世界，互联网发展对国家主权、安全、发展利益提出了新的挑战，必须认真应对。虽然互联网具有高度全球化的特征，但每一个国家在信息领域的主权权益都不应受到侵犯，互联网技术再发展也不能侵犯他国的信息主权。在信息领域没有双重标准，各国都有权维护自己的信息安全。""国际社会要本着相互尊重和相互信任的原则，通过积极有效的国际合作，共同构建和平、安全、开放、合作的网络空间，建立多边、民主、透明的国际互联网治理体系。"① 这一论述阐明了我国对全球网络安全治理的原则立场和积极姿态，体现了作为一个大国努力完善全球治理的自觉担当，体现了构建民主平等的网络安全全球治理新格局的创新思想。

世界互联网大会的举办，是中国以实际行动参与互联网时代全球媒介话语权的典型案例。这是由中华人民共和国倡导并每年在浙江省嘉兴市桐乡市乌镇镇举办的世界性互联网盛会，旨在搭建中国与世界互联互通的国际平台和国际互联网共享共治的中国平台。首届世界互联网大会于2014年11月19日至21日在乌镇举办。2015年12月，在第二届"乌镇峰会"上，习近平总书记提出了"构建网络空间命运共同体"的重要主张。他强调互联网是人类的共同家园，各国应该共同构建网络空间命运共同体，推动网络空间互联互通、共享共治，为开创人类发展更加美好的未来助力。他谈到的"四项原则和五点主张"，得到了世界上大多数国家的赞许。其一，加快全球网络基础设施建设，促进互联互通。网络的本质在于互联，信息的

---

① 习近平：《弘扬传统友好 共谱合作新篇——在巴西国会的演讲》，人民出版社2014年版，第9页。

价值在于互通。只有加强信息基础设施建设，铺就信息畅通之路，不断缩小不同国家、地区、人群间的信息鸿沟，才能让信息资源充分涌流。只有加强技术支持，共同推动全球网络基础设施建设，才能让更多发展中国家和人民共享互联网带来的发展机遇。其二，打造网上文化交流共享平台，促进交流互鉴。文化因交流而多彩，文明因互鉴而丰富。互联网是传播人类优秀文化的重要载体。我们必须充分发挥互联网传播平台的优势，共同推动网络文化繁荣发展，丰富人们精神世界，促进人类文明进步。其三，推动网络经济创新发展，促进共同繁荣。当前，世界经济复苏艰难曲折，解决这些问题，关键在于坚持创新驱动发展，开拓发展新境界。我们要努力发展分享经济，支持基于互联网的各类创新，提高全球经济发展的质量和效益。其四，保障网络安全，促进有序发展。网络安全是全球性挑战，没有哪个国家能够置身事外、独善其身，维护网络安全是国际社会的共同责任。我们必须加强对话交流，有效管控分歧，推动制定各方普遍接受的网络空间国际规则，制定网络空间国际反恐公约，健全打击网络犯罪司法协助机制，共同维护网络空间和平安全。其五，构建互联网治理体系，促进公平正义。国际网络空间治理，应该发挥政府、国际组织、互联网企业、技术社群、民间机构、公民个人等各个主体作用，不搞单边主义。各国应该加强沟通交流，完善网络空间对话协商机制，研究制定全球互联网治理规则，使全球互联网治理体系更加公正合理，更加平衡地反映大多数国家意愿和利益。

"构建网络空间命运共同体"这一创新理念，不仅提出了全球互联网治理的中国方案，更提出了信息化时代国际传播格局重构的中国方案。"共建、共享、合作、共赢"生动体现了中国的和平基因、文明底蕴和文化自信。

三、提升舆论引导的思路理念与舆论话语的创新能力

当下国际政治虽然在朝着多极化方向发展，但是"一超多强"政治秩序的影响依旧存在，权力的去中心化与下沉需要在相当长的历史阶段内来推行。国际传播格局的"多极化"发展，甚至在未来实现国际传播格局的"扁平化"发展，也需要在一系列科技、政治、经济、文化的合力影响下才

能得以真正实现。从长远来看，迈向"多极化"国际传播格局已是大势所趋。中国作为新格局的重要推动者之一，须从思想理念、国际合作以及话语逻辑、叙事策略层面作出规划，适应媒介技术与国际环境的变化趋势，逐步提升国际传播力与影响力，提升中国在多极化国际传播格局中的主动性。讲好中国故事，传播好中国声音，展示真实、立体、全面的中国，是加强我国国际传播能力建设的重要任务。要深刻认识新形势下加强和改进国际传播工作的重要性和必要性，下大气力加强国际传播能力建设，形成同我国综合国力和国际地位相匹配的国际话语权，为我国改革发展稳定营造有利的外部舆论环境，为推动构建人类命运共同体作出积极贡献。

（一）创新国际传播的核心理念

不同于传统国际政治秩序"二元对立"的预设立场，"人类命运共同体"的根本理念立足于团结人类共同应对挑战的全球价值观。"一带一路"倡议作为其实践形式，旨在建构符合双、多边机制发展要求的国际合作新机制，将有利于国际秩序朝着更加自主、均衡、和平的方向发展，助推国际传播格局迈向"多极化"。中国的崛起，不是西方现代民族国家意义上的那种完全依靠对外扩张的零和博弈的崛起，而是带有强烈的中华文明色彩的文明崛起。它改变了世界的格局，也提供了新的政治话语、制度话语与传媒话语。比如，我们传统的天下观，新中国成立以来的"三个世界理论"，改革开放以来的"和平与发展是时代主题"，以及新时代以来的"人类命运共同体"。尤其是在建党一百周年的重要讲话中，习近平总书记所强调的"人类共同价值"，都不是强调国与国之间权力斗争的博弈话语，而是具有世界眼光的政治话语。

这说明中国这一文明形态，以及近代以来我们所追寻的中华民族的伟大复兴，从一开始就是一个世界性的事件，从一开始就是一个不同于西方现代性叙事话语的全新思路，它为人类提供了一种新的可能。所以习近平总书记说："中国共产党和中国人民完全有信心为人类对更好社会制度的探索提供中国方案。"[①] 他在庆祝中国共产党成立 100 周年大会上的讲话中指

---

① 习近平：《在庆祝中国共产党成立 95 周年大会上的讲话》，人民出版社 2016 年版，第 14 页。

出:"物质文明、政治文明、精神文明、社会文明、生态文明协调发展,创造了中国式现代化新道路,创造了人类文明新形态。"这是中国人民在人类政治制度史上的伟大创造,大大丰富了人类的民主政治形式。它真正把过去只有少数人才能享有的民主变为绝大多数人都可以享有的人民民主,使广大人民群众真正成为国家和社会的主人。回顾历史,我们高举马克思主义大旗,在百年社会主义运动起起伏伏的浪潮中,坚持走自己的路,不畏强暴,以脚踏实地、勤勤恳恳的探索与奋斗让14亿多人口的东方古国以一条不同于西方资本主义的现代化道路终结了"历史终结论",为当今世界政治提供了基于中国实践的文明新形态。这种成就是非常了不起的。当前,我们正通过"一带一路"倡议与"人类命运共同体"的崭新文明理念,为"世界问题"提供中国方案。可以说,弘扬和平、发展、公平、正义、民主、自由的人类共同价值,不仅显示了我们党坚定的道路自信、制度自信、理论自信与文化自信,更显示了我们党面向世界、面向未来、面向人类的开阔胸怀与全新的国际传播视野。唯有站在人类普遍利益的基础之上,求同存异,增进彼此间的互惠互利,才能最终促进人类文明的繁荣进步、世界和平的长远发展以及国际传播领域的开放多元。

(二)优化国际传播的战略布局

经济基础决定上层建筑。如果不能探求与构建各方利益的交汇点,单纯"就传播而传播",那么中国的国际传播战略必将成为无源之水、无本之木。发展是人类社会的共同追求,共享是媒体深度融合的特质。共享发展机遇、共享发展理念、共享发展成果、共享发展经验是媒体深度融合背景下构建中国国际传播战略的基石。因此,我们必须加强顶层设计,优化资源配置,整合各方力量,形成共同做好国际传播的大格局。在这其中,不仅要加强政府部门的直接策划,更要提高国有或私营企业参与国际传播的积极性和主动性。例如,新华社积极开展媒体外交,倡议并联合巴西国家传播公司、今日俄罗斯国际新闻通讯社、印度教徒报、南非独立传媒集团共同发起"金砖国家媒体峰会",提出建立金砖国家媒体联合报道协调机制、开展金砖国家媒体记者培训和互访活动、设立"金砖国家媒体新闻报道奖"等六项倡议。这些尝试和努力为改善我国国际传播战略布局开辟了新渠道。到目前为止，在亚太地区，新华社报道的时效性大幅超过西方三大通讯社，重大突发事件的全球首发率也达到了71%。

当然，推进媒体在海外本土化发展，也是加强国际传播能力建设的有效途径。我们要把选题策划、生产制作、营销发行等环节前移到对象国家和地区，逐步实现机构本土化、人员本土化、内容本土化、平台本土化，更加精确地定位传播产品和传播对象，提供更加符合国外受众需求的产品和服务，形成中国声音的本土化表达。目前，中国日报社坚持海外本土化分众传播的理念，先后创办了美国版、欧洲版、亚洲版、非洲版等9个海外版，通过内容本土化有效提升了海外落地率和影响力。此外，我国主要媒体还通过稿件交换、合办节目等方式，与国外各类媒体开展了广泛合作，创新"走出去"的方式。例如，新华社积极探索中国新闻对外报道落地的有效途径，特别是瞄准海外主流媒体和知名网站，开展专版专页落地工作，取得显著成效。"一带一路"国际高峰论坛前后，新华社在美国华尔街日报、英国每日电讯报、法国世界报等66个国家主流媒体推出22个语种79个专版，并通过60余家国际知名媒体网站和手机客户端推广，实现了精准落地，扩大了有效影响。中国国际广播电台在海外开展多种合作，积极推动"整频率落地"，建成100家海外调频台，覆盖50多个国家。

新兴媒体的传播呈现移动化、碎片化、个性化特征，更偏好微传播、轻应用的内容。全媒体建设为国际传播产品形态创新提供了广阔空间。当下人工智能技术的新发展，更为媒体快速、有效、精准地与海外受众建立普遍关联提供了重要契机。例如，中国国际广播电台自主开发的China系列多语种聚合型移动客户端在苹果应用商店、各大安卓应用市场上线，实现多语言阅读、收听和收视，实现了基于移动互联网的国际传播。此外，人民日报、新华社、中央电视台、中国日报、中新社等媒体在Twitter、Facebook、YouTube等海外社交媒体上持续发力，粉丝量均已跻身国际一流媒体前列。新形势下中国国际传媒战略布局还要充分利用人工智能等新技术，精准把握海外受众分众化、差异化需求，对不同部落化和社区化人群实现从内容生产到投递的智能化构建，以其熟悉的渠道、熟悉的方式和熟悉的语言，讲好受众关心的中国故事。

（三）转换媒体叙事的方式策略

长期以来，西方对中国的主流政治叙述基于一个刻板范式，即所谓的"民主还是专制"。在其中，何为民主，何为专制，只能由西方来界定。他们把西方实行的多党制和普选制界定为民主制度，认为唯有采用这种模式，中国才能成为一个"正常国家"，才能被西方为首的所谓"国际社会"所接受。在这种话语逻辑下，中国的政治制度被描绘成"专制的"，是民主制度的对立物。从冷战结束后的历史来看，这种"民主还是专制"的分析范式其实早已成为西方策动"颜色革命"、颠覆非西方政权的意识形态工具。实际上，我们应该在对外传播的媒体叙事中实事求是地指出："多党制＋普选制"最多只是形式民主的一种，不具有普世性。我们更应该关注并且讨论实质民主。因此，为突破西方的这一刻板的"民主还是专制"的叙事范式，我们可以采用"良政还是劣政"这样一种全新的叙事策略。"良政"本质上就是"实质民主"，即民主所要实现的目标。这样一来，我们就把"良政还是劣政"的新范式与民主话语结合起来。我们可以从追求良政，即追求实质民主出发，介绍中国治国理政的大量经验和做法，探讨各个国家根据自己的民情国情所进行的民主制度的探索和实践，并在这个过程中互相交流经验，取长补短，共创更为优良的国家治理模式。这种媒体叙事范式的转换对讲好中国政治故事、政党故事和治国理政很有帮助。它既可以是正面的较为详尽的理论论述，也可以是互动或辩论中"短平快"的利器，一下子化被动为主动，产生"一步好棋，全盘皆活"的良好效果。

当然，在国际传播的媒体叙事中，我们还要高度关注国际比较的叙事策略。例如，在谈中国的建设与发展成就的时候，我们可以把重点放在更为具体的国际比较中。为此，我们可以把世界上的国家分成三大类：第一类是发展中国家，第二类是转型经济国家，第三类是西方国家。然后把过去数十年中国的发展成就与这三类国家的发展成就进行比较，从而得出一些经得起实践检验的结论。首先，与发展中国家相比，中国在70多年的社会发展中所取得的成绩超过了其他发展中国家的总和。光是从消除贫困的角度来看，中国的发展模式为其他发展中国家提供了典范意义。按照联合国的统计，在过去40年中，中国消除了全球贫困人口当中的80%。这是我们的制度与发展成就的最显著表现。其次，与转型经济国家相比，特别是与苏联、东欧、中亚这些前社会主义国家和地区进行比较，我们得出的基本结论也是一样的。那就是，我们在整体上所取得的发展成就超过了这些国家发展的总和。最后，与西方国家相比，我们在很多层面很多领域已经走在了西方发达国家的前面。以中国上海和美国纽约为例，这两个城市都属于各自国家的发达板块。如果我们去仔细辨析的话就能发现，上海的硬件条件其实已经全面超越纽约。无论是机场、港口、码头、高铁、地铁，我们所看到的完全是不同时代的作品……这样的例子还非常多。可以说，通过这种深入细致的比较，我们非常清楚地看到中国在这几十年间的巨大变化和发展。因此，从国际传播角度而言，我们必须不断打破西方意识形态与西方媒体叙事的刻板印象与刻板标签，将中国日新月异的变化通过数据、影像、案例等方式全景化、具体化、细节化地呈现出来。唯有如此，才能真正产生影响。当然，最重要的是，我们的媒体叙事话语也必须从仰视西方的视角中走出来，以更为平视、客观的视角来阐释中国、阐释西方。

（四）升级媒体话语的言说逻辑

舆论引导既不是管出来的，也不是建出来的，我们要遵循文化自身的规律，同时也不能放弃文化引导的责任。总体而言，政府的职责是引导和搭台，而唱戏的人是艺术家、学者、知识分子，更是每一个普通人。因此，落实到对外传播层面，我们必须不断升级媒体话语的言说逻辑，即国际传播话语不仅可以政治地说，更应该围绕人而说，甚至应该更加烟火气地说。我们讲中国共产党的初心，讲中国特色社会主义道路，讲共产主义的远景，目标是让民众在听到中国共产党的初心使命，提到中国特色社会主义道路时，脑中和心中所生起的是温暖的、积极的、充满希望的、乐观的情感和图景，这才是我们最重要的言说逻辑。而我们的对外宣传、对外传播，无非是用故事和画面去实现这个目标。所以，不管我们的手段路径，我们的话语方式如何不同，最终的目标都是让民众产生文化与价值的认同。在互联网信息技术高速发展的时代中，在社交媒体已经成为全球文化与意识形态传播的最佳载体的社会中，人人都是文化的建构者、传播者、传承者，以及故事的讲述者。讲好中国故事，加强中华文化自身的传承与发展，不仅需要国家层面的倡导与政策支持,更需要激活海内外社会力量参与其中,充分利用新媒介的技术优势传播中华文化。

对外传播话语是一个国家面向世界的自我陈述。话语体系是思想体系和知识体系的外在表达形式,是国家软实力的重要组成部分。一个国家在世界上的声音能否传得开、形象能否树得起、影响能否打得出,一个重要因素就在于话语能否被国际社会听得到、听得清、听得进。因此,我们所要构建的融通中外的话语体系,不是生搬硬套、言必谈希腊的"洋八股",而是体现国家利益和民族立场的"中国话",必须具有鲜明的中国特色、中国风格、中国气派,同时也必须具有能够感染人的鲜明共性。

第一,要坚持国家站位。中国的对外话语体系必须植根于中华民族数千年文明传承,植根于新中国成立特别是改革开放以来取得的巨大成就。我们要切实增强中国特色社会主义道路自信、理论自信、制度自信、文化自信,始终站在中国立场,传播中国声音,表达中国主张。

第二,要坚持全球视野。以全球视野传播中国实践,深入挖掘中国实践的世界意义,充分展示中国事务的世界影响,善于把中国故事转换为国际话题。以全球视野展示中国思想,站在推动人类社会和平发展的高度,深刻揭示中国智慧对世界的贡献,使中国道路为越来越多的人所理解、所认同。

第三,要坚持用事实说话。事实是新闻的本源,一万句高谈阔论也抵不上一个活生生的事实。坚持用事实说话,必须转换报道思维,坚持多讲事实;必须直面敏感问题,客观报道事实;必须早讲事实,抓住新闻传播的"第一落点",抢占舆论制高点;必须讲好中国故事,生动展现事实。

第四,要坚持平等交流。坚持平等交流要有平视的角度,把受众放在与我们平等的位置,学会换位思考,调门、语气、口吻要充分考虑受众的感受,特别是在网络新媒体的传播中,要把与受众的交流互动嵌入报道过程之中,在互动中实现传播效果的最大化。目前我们可以看到,中国媒体的对外言说已经渐渐改变过去"说教式""宣传式"的报道语气,开始更多地使用民众化的叙事方式。

第五,要坚持"三新"路径。在国际传播中,要打造融通中外的新概念、新范畴、新表述。融通中外，就是我们传播的概念、范畴、表述既要符合中国国情，有鲜明的中国特色；又要与国外习惯的话语体系、表述方式相对接，易于为海外受众所理解和接受。打造这样的概念、范畴、表述，有利于中国声音传播出去，有利于中国与世界更好地沟通和交流，有利于国际社会客观、理性地认识中国。

第六，要坚持讲故事的方式。讲故事是国际传播的最佳方式，讲故事就是讲事实、讲形象、讲情感、讲道理。用讲故事的方式来传播中国，找准了中西方在传授方式上的重要差异。中国人长于归纳概括，善于理论提炼，我们在传播中往往不自觉地偏向宏观提炼和抽象概括。但一般而言，外国受众对具体真实的个案、生动有趣的故事、戏剧性和冲突性强的情节更感兴趣。用讲故事的方式开展对外报道，是一种更加国际化的表达方式，同海外受众的思维习惯、接受方式更加接近。

第八章
新媒体时代的国际传播

新媒体技术的发展引领全球进入数字化全媒体时代,由此开启了"全球、全民、全媒"的国际传播新格局。新媒体是指利用数字技术和网络技术,通过互联网、宽带局域网、无线通信网、卫星等渠道,以及电脑、手机、数字电视机等终端,向用户提供信息和娱乐服务的传播形态。相对于报纸、杂志、广播、电视四大传统意义上的媒体,新媒体被形象地称为"第五媒体"。每一次信息传播技术的升级换代,都伴随着跨国界传播活动的颠覆性变化。[①] 新媒体技术成为国际传播的关键性变革力量之一,在国家形象的建设与对外传播中发挥着越来越重要的作用。我国国际传播应把握好新媒体这次"弯道超车"的机会,及时调整对外传播战略以把握先机,真正提高国际传播能力。

第一节 新媒体时代国际传播的特征

新媒体时代,人在国际传播中越来越趋于中心位置。国际公众既是消费信息内容的受众,又是创造信息内容的传播主体。[②] 信息传播技术的升级

---

① 李智、刘萌雪:《新媒体时代国际传播的社会化转型》,《对外传播》2019年第12期,第43页。
② 李智、刘萌雪:《新媒体时代国际传播的社会化转型》,《对外传播》2019年第12期,第44页。

使得国际传播的主体、形式和速度等都发生了巨大的变化,打破了国家与国家之间、社群之间、产业之间的边界,模糊了信息发送者与接收者之间的界限。在这个"人人都有麦克风"的时代,人人也都是一道风景线,千人一面的刻板化传播时代已经过去,人们通过新媒体的技术赋权可以很方便地参与到国际传播中来。①

一、国际传播主体和渠道的多元化

在传统媒体中,媒体制作人就是媒体的中心,他们对信息拥有着绝对的控制权,但是在新媒体时代,只要有网络、设备终端和相应的新媒体平台,每个人都可以随时随地向外界发布信息,也可以根据自己的需求获取信息。② 新媒体传播环境下,受众不再仅是"受众",还是"用户",其主动权和能动性大大加强。用户的深度参与,使新媒体平台上的传播不仅仅是内容生产者和传播者单方面可以把握的,而是双方互动形成的。对年轻一代来说,与这些全球移动互联网原住民群体通过社交媒体进行坦诚交流,往往可以起到以小博大、事半功倍的传播效果。中国网民规模的持续增长及其个性化的传播需求,使得基于社交媒体的线上沟通模式不断创新,中国与其他国家、地区线上交流活动日益频繁,通过社交媒体"讲好中国故事、传播好中国声音"效果十分显著。③

新媒体的迅速兴起在一定程度上对传统媒体产生了冲击。报纸、电视、广播等传统传播媒介的劣势是,人们只能被动地接受外部的信息,没有表达自己观点的平台,也没有自己发布信息的渠道。新媒体技术的发展使得受众可以自主地参与到传播系统中,每个人都有表达观点的话语权,都可以随时随地发布自己的所见、所闻、所感,交互性较强。受众还可以主动地按照自己的喜好去搜索感兴趣的信息内容,基本上不受时间和空间的限制,个性化较强。强大的互动性、互融性特点,强化了国际传播的广度、

---

① 陈作平:《新时代加强我国国际传播能力的系统化建设》,《对外传播》2021年第7期,第19页。
② 喻刚勇:《新媒体环境下新闻传播的特点和模式分析》,《新闻战线》2018年第8期,第135页。
③ 陈作平:《新时代加强我国国际传播能力的系统化建设》,《对外传播》2021年第7期,第19页。

深度和影响力。

二、国际传播内容的碎片化

新媒体打破了传统媒体在时间、空间上的限制，数字移动终端表达信息形式多样，包括文字、图片、音频、视频、动画等，这些传播形式往往篇幅短小、内容形象生动、简单易懂，降低了受众获取信息的成本与门槛。在"互联网＋"时代，那些直观、简洁、明了的内容，往往更容易吸引人们的注意力。在这方面，图片展示显然比文字叙述有着更大的优势。相关的调查研究也表明，在移动互联时代，网民更喜欢在移动终端上浏览图片。因此，Pinterest、Snapchat、Instagram等图片社交平台受到了用户的青睐，发展势头也比其他的"文本"社交媒体更加强劲。

新媒体时代，大数据与人工智能的应用、可视化与交互传播等视觉化工具的发展，强化了对外传播的即时反馈、在线互动、实时参与等传播特点，推动对外传播方式发生跨越式变革。[①] 随着"短视频＋社交"模式的兴起，TikTok等短视频社交媒体发展迅猛，在国际传播中的作用凸显。随着移动终端技术日趋成熟，人们在获取信息时缺乏以往传统媒体所带来的仪式感，碎片化阅读以及基于大数据的分类化信息推送又使人们在接收信息时存在"茧房效应"[②]。

全球信息一体化是互联网技术带来的一次重大变革，缩短了人际与国际距离，但我们要时刻认清，这种距离的缩短并不是物理空间距离的改变，而是一种信息交流的变化，这种缩短带有模糊性和幻觉性，即由于互联网本身的虚拟性时空特征，很多信息在传播过程中会发生信息内容的根本改变，甚至很多信息来源本身就不具备任何权威性。这给网络舆情爆发提供

[①] 胡正荣、李涵舒：《图景逻辑路径：2021年的中国对外传播新变局》，《对外传播》2021年第12期，第5页。

[②] "信息茧房"概念是由美国学者凯斯·桑斯坦在其2006年出版的著作《信息乌托邦：众人如何生产知识》中提出的。"茧房效应"是指人们往往只注意自己关注的或使自己愉悦的信息，久而久之，人们就会将自身桎梏于像蚕茧一般的"茧房"中，每天看到的信息全是自己感兴趣的，却忽略了更大的视野。

了土壤,严重影响了舆论生态。①

三、国际传播的即时性

新媒体时代,由于科技革命浪潮的迅猛发展,以互联网技术为基础的新媒体正逐步改变着人们的信息获取、消费行为等生活方式。与传统媒介相比,新媒介具有广泛性、开放性、即时性、分众性等特征,基于新媒体技术可以进行真正全球意义上的信息实时生产与传播。② 国际传播从不对称的信息传播转向公开开放的信息共享,可以说新媒体在一定程度上规避了传统媒体的传播缺陷。

新媒体时代,由于信息传播速度过快,事件易发酵,有时甚至不可控。传统媒体时代的以事实为依据的媒体原则在新媒体时代常常被大众化的主观猜测、以讹传讹、演义评述等违背新闻原则的传播方式所打破,致使新闻事件在现实中的报道和演进变得扑朔迷离、肆意曲解,从而误导广大观众的视线和情绪,可能会造成不良的影响。社交媒体表现出"双刃剑"的信息发布特征,既能加快信息传递和获取速度,同时也容易错误地煽动公众情绪,网络舆论走势在一定程度上显示出不可控的特性。③ 例如,"阿拉伯之春"能够在短时间内连续颠覆几个国家的政权,维基解密(WikiLeaks)、Facebook、Twitter 等新媒体对事件的传播、放大起了非常大的作用。④

由于互联网的无边界性特征,一国或一地区发生的事件可以瞬间传遍全球。区域事件演变为国际事件,国际事件也可能演变成国内事件。一国政党可以利用新媒体手段扩大本国影响力,但另一方势力也可能利用新媒体手段瓦解一国的现任政府。所以,如何有效利用和管理新媒体是摆在各国政府面前的重要课题。

---

① 《新媒体传播:中国主流媒体的实践与探索》编写组:《新媒体传播:中国主流媒体的实践与探索》,人民日报出版社 2020 年版,第 3 页。
② 《新媒体传播:中国主流媒体的实践与探索》编写组:《新媒体传播:中国主流媒体的实践与探索》,人民日报出版社 2020 年版,第 3 页。
③ 李丹、郭书:《新媒体环境下国际传播特点分析》,《中国记者》2014 年第 7 期,第 105 页。
④ 左凤荣:《世界大变局与中国的国际话语权》,商务印书馆 2020 年版,第 1 页。

第二节 新媒体时代的中国国际传播
——以 CGTN 和 TikTok 为例

长期以来，国际话语权牢牢掌握在西方国家手中，西方媒体操纵国际舆论肆意抹黑、污蔑中国。我们在讲述中国故事时，西方社会常常持一种偏见与抵触的态度，他们认为这些中国故事与西方媒体长期宣传的中国形象大相径庭。由于信息的不对称，国际社会很难真正了解中国，中国也很难在国际社会发声。新媒体技术的发展赋予了国际传播新的内涵，也给世界认识真实的中国提供了良机。中国的传统媒体 CGTN 在新媒体蓬勃发展的浪潮中，利用自身优势的同时借助新媒体技术，有效提升国际传播能力，准确发出中国声音，在国际社会赢得了良好的信誉和口碑。与此同时，新媒体平台 TikTok 在多国推行本土化战略，以轻松、活泼、友好的传播方式收获了大批海外用户，平台迅速发展的同时也在润物细无声地讲述中国故事。

一、CGTN 的国际传播效果

中国国际电视台（China Global Television Network，CGTN），又称中国环球电视网，是中国面向全球播出的新闻国际传播机构，成立于 2016 年 12 月 31 日。开办 6 个电视频道、3 个海外分台、1 个视频通讯社和新媒体集群。

CGTN 开播当天，习近平总书记在发来的贺信中指出："当今世界是开放的世界，当今中国是开放的中国。中国和世界的关系正在发生历史性变化，中国需要更好了解世界，世界需要更好了解中国。"他强调，中国国际电视台（中国环球电视网）要"坚定文化自信，坚持新闻立台，全面贴近受众，实施融合传播，以丰富的信息资讯、鲜明的中国视角、广阔的世界眼光，讲好中国故事、传播好中国声音，让世界认识一个立体多彩的中国，展示中国作为世界和平的建设者、全球发展的贡献者、国际秩序的维护者良好形象，为推动建设人类命运共同体作出贡献"。①

（一）立足全球，广泛开展国际合作

CGTN 立足全球，哪里发生大事，哪里就有 CGTN 的身影。CGTN 北美、非洲区域制作中心日播节目达到 9 小时，海外报道员覆盖近 70 个国家和地区，国内建成了上海、广州、成都、郑州、沈阳五个英语报道点。CGTN 秉持合作传播的理念，伙伴遍布天下。CGTN 广泛与国际媒体合作，与美国国家地理频道、美国历史频道、法国 TV5 等联合制作纪录片；与澳大利亚、韩国、德国等国媒体联合制作辩论节目；与埃及、印度、希腊的电视台共同推出《文明对话电视论坛》；与各语种传播对象国联合举办西、法、阿、俄语种大赛。党的十九大期间，俄语频道联合境外电视台每天推出《欧亚连线说十九大》特别报道，在全俄广电滨海边疆区分台和远东分台、白俄罗斯公共电视台等合作媒体植入播出。西语频道外籍记者为拉美 15 个国家的 17 个电视台提供党的十九大定制新闻。②

党的十九大期间，CGTN 用好外籍记者、主持人，广泛邀请外国政商学各界人士发声，通过国际视角，以"融通中外"方式报道党的十九大，收到良好效果。CGTN 组建了 128 人的上会报道团队，包括外籍记者 80 人，中外记者比例达 1∶2，首次实现外籍身份记者上会报道党代会，而且外籍记者数量超过中方记者。与此同时，CGTN 推出了外籍主持人杰夫·穆迪主持的"中国名词"系列，借用虚拟字版，融合纸扇、书法等中国元素，以通俗的语言每日解析一个中国政治名词，如新常态、"四个伟大"、美丽中国、新时代等，节目短小精悍、可视性强。CGTN 各频道和新媒体围绕党的十九大主题，采访和邀请做客演播室的秘鲁总理梅赛德斯·阿罗斯、法国前总理德维尔潘等外国政要、政党领袖以及专家学者、媒体人超过 130 位，创外语频道成立以来之最。③

---

① 《习近平致信祝贺中国国际电视台（中国环球电视网）开播》，《人民日报》2017 年 1 月 1 日。
② 江和平：《中国国际电视台新媒体：开启国际传播新时代》，《中国新闻出版广电报》2017 年 11 月 22 日。
③ 江和平：《中国国际电视台新媒体：开启国际传播新时代》，《中国新闻出版广电报》2017 年 11 月 22 日。

(二)品质传播,在世界广受认可

总部位于南非的新世界财富将 CGTN 评为"最中立国际新闻媒体"。CGTN 开播以来,参加了纽约国际电视电影节、阿拉伯广播电视节等活动并获奖,同时也将非洲区年度最佳新闻奖、中国新闻奖等国内外过百个重要奖项收入囊中。

2021年9月,阿富汗塔利班新闻发言人穆贾希德在举行新闻发布会时,只有中国的 CGTN 的话筒挺立在中间,就连阿富汗国内媒体的话筒都没有被允许放在桌子上。而一些西方国家媒体甚至都没有获准参加新闻发布会,这其中包括美联社、路透社等美英的著名媒体,也包括德国、法国、俄罗斯的电视台。唯一获准把话筒放在发言人旁边的就只有中国的 CGTN,这直接证明了相比于欧美国家的媒体,阿富汗塔利班更相信中国的媒体。CGTN 在报道关于阿富汗塔利班的问题时客观公正,给世界留下了深刻的印象。舆论场和战场是一样的,哪个国家能获得在舆论领域的优势,就可以更好地扩大影响力。而在这次的阿富汗舆论高地竞争中,中国胜出。

2019年两会期间 CGTN 发布的 Who runs China?刷屏朋友圈,以一个可视化的视角向观众直观地介绍了人大代表的信息,拉近了政府与百姓之间的距离,增强了人们对人大代表的信任度,借助自媒体传播渠道,在朋友圈扩散,获得很好的传播效果,为这次的两会报道注入了新的能量。①

(三)先声夺人,争取国际舆论主动权

被动回应不如把握主动、因势而动,利用新技术、新渠道、新模式,先声夺人,把舆论场上的话语权、定义权牢牢抓在手中。2019年6月中美元首大阪会晤后,CGTN 率先发稿,迅速填补信息真空,被外媒广泛引用,从而引导了国际舆论。②

CGTN 女主播刘欣于2019年5月30日早8∶25(美东时间29日晚8∶25)应约与 FOX 商业频道女主播翠西·里根就中美贸易等相关话题进行了一场公开辩论。刘欣在 CGTN 北京主演播室通过卫星连线的方式在翠

---

① 江和平:《打通供需两侧 做强环"球"传播——5G 语境中的媒体供给侧结构性改革思考》,《未来传播》2020年第3期,第8页。
② 高伟、姜飞:《全球传播生态发展报告(2020)》,社会科学文献出版社2020年版,第63页。

西·里根的《黄金时间》节目里出现。这是中国主播与美国主播首次正面交锋。有外媒报道称，这场辩论是电视史上的伟大奇观。翠西在节目中称这是美国电视史上前所未有的对话，也是美国听到不同观点的机会。双方就公平贸易、知识产权、华为、关税、中国发展中国家地位以及美方所谓的"国家资本主义"进行了长达 16 分钟的对话。这是前所未有的对话，是中国国际传播最成功的一次"借船出海"，打破了中美贸易摩擦以来中国"有理传不出"的局面，开启了中国向海外传播良好国际形象的先河。对 CGTN 来说，这是拓展国际舆论阵地的一次重要且成功的尝试。

在新冠肺炎疫情突发之际，CGTN 英语频道制作播出了三期系列新闻纪录片——《武汉 24 小时》，用镜头语言讲述了武汉全面升级管控措施期间的真实情况。该纪录片还被翻译成多语种版本，CGTN 精心研究适应国外社交媒体受众的媒介使用习惯的表达方式，贴近受众，在把控内容制作的前提下，加强与国外主流媒体的合作，已经在全球 52 个国家和地区的 182 家主流媒体播出或转载，呈现出多元化的对外传播态势，覆盖受众广泛，引发了国内外的热烈反响。运用多种形式在国际舆论场及时发声，传播了许多感人至深的中国故事，在国际上营造了良好的舆论氛围。

（四）有的放矢，准确发出中国声音

在国际传播实践中，不合时宜的传播理念往往会影响准确发声的能力和效果。比如，一些媒体在进行国际传播时，更侧重冲突、矛盾和斗争，而不是和平、发展和合作，把更多的画面留给航母、战机和军事评论员，而不是理性的交流和讨论。另外，不少媒体常常提及的"战略""崛起""战争"等话语，隐含着让国际社会不安的因素，会误导国际社会对中国的认知，容易被误解成现存秩序的挑战者。与此同时，我们在国际传播中也存在着失声失语的问题。[①]

而 CGTN 做到了在传播理念上，坚定制度自信和文化自信，摒弃对立观念和防范思维，积极作为，客观报道中国，主动报道世界，充分阐明中国立场，把开放与发展、和平与共存的国际关系主张变为自觉的国际传播

---

① 吴克宇：《试论 CGTN 国际传播理念与传播方式的转变》，《电视研究》2017 年第 9 期，第 72 页。

理念，将官方话语转变为公共话语和民间话语，不打官腔，不冰冷生硬，寻找国际社会乐于接受的方式，展开讨论、对话和交流，积极探寻国与国之间的利益共同点和战略融合点。CGTN 作出传播理念的转变，更好地传播中国声音。①

（五）深化融合传播，抢占国际传播高地

新媒体时代，CGTN 不断探索新的传播路径，将新媒体技术与传统传播模式相结合，深化融合传播。CGTN 融媒体中心构建了多形式采集，同平台共享，多渠道、多终端分发的核心业务平台，从选题策划，到任务分派执行，再到内容分发，实现新媒体端和电视充分协同、无缝链接、同频共振。

CGTN 客户端评论板块开辟了国际网络舆论场，先后向 50 余位中外专家学者约稿，日均发稿 10 篇，共计 60 余篇文章全球阅读量 1019 万，总互动量 15 万。电视端和新媒体端联合打造主持人微视频短评节目，观点鲜明、切中要害。例如，刘欣《点到为止》以犀利点穴式短评回应或回击国际舆情，其中首期微视频铿锵有力、一针见血回击 BBC 记者戴"有色眼镜"报道党的十九大，Facebook 播放量近 7 万次，"吸粉" 137 万。②

2020 年初，CGTN 西语频道的"全球抗疫进行时"系列报道通过短视频的方式，对中国与西语对象国的专家、学者、政要进行远程采访，分析全球抗击疫情的状况。"我的抗疫生活"系列则邀请在西语国家隔离中的嘉宾拍摄 Vlog（视频博客），记录隔离生活，传播积极向上的抗疫经验。这两个系列甩开大屏，直接进入新媒体端，在频道的社交账号中推送视频与文字，并在"央视频"中推出中文版本。短视频和 Vlog 是新兴媒体蓬勃发展的产物，拥有庞大的支持者，此次以这样的方式进行采访报道，不但突破了疫情期间采访受限的困境，并且成为积极顺应时代潮流、在传播方式和手段上创新的成功案例。③

---

① 吴克宇：《试论 CGTN 国际传播理念与传播方式的转变》，《电视研究》2017 年第 9 期，第 73 页。
② 江和平：《中国国际电视台新媒体：开启国际传播新时代》，《中国新闻出版广电报》2017 年 11 月 22 日。
③ 冀艺：《外宣媒体在重大报道中的创新实践探析——以 CGTN 西语频道为例》，《青年记者》2020 年第 27 期，第 74 页。

新媒体时代，传统媒体也不断探索路径，在国际话语环境中利用好自身优势，借助新媒体手段，有效提升国家形象。随着新冠肺炎疫情肆虐全球，针对中国的各种指责和"阴谋论"甚嚣尘上。新冠病毒原本是科学和全球公共卫生领域的问题，却被以美国为首的一些西方国家大肆炒作成政治议题。在"病毒起源"等问题尚无定论的情况下，这些国家出现对亚裔人群的歧视，一些反华政客和媒体抛出"中国负责论""中国赔偿论"等种种"甩锅"、抹黑、指责的言论，使中国在国际舆论场上面临极大考验。作为中国国际传播的旗舰机构，CGTN 始终处于国际舆论场前沿，肩负着在对外传播"战场"发出中国声音的重要使命。截至 2020 年 8 月底，CGTN 评论板块共发布评论漫画 51 条，获得全球阅读量近 5000 万，被美国、英国、澳大利亚、西班牙、日本、韩国等国的 70 余家主流媒体和近百家国内媒体转载，在国内外社交平台上引发热烈反响。①

二、TikTok 的国际传播效果

新媒体时代，国际传播呈现新的特点，社交媒体平台在其中发挥了巨大的作用。由人工智能带来的技术浪潮，给我国带来了"弯道超车"的机遇，使我国可以在国际传播领域抢占先机。"短视频＋社交"模式在实践中不断改革并完善，成为重塑媒体格局和舆论生态的重要力量。一方面，短视频为社交媒体贡献了丰富的原创内容和更强的用户黏性；另一方面，社交平台为短视频的快速传播提供了渠道。

TikTok 是字节跳动旗下短视频社交平台（被俗称为"抖音海外版"），于 2017 年 5 月上线，愿景是"激发创造，带来愉悦"（inspire creativity and bring joy）。TikTok 的运营策略是针对不同市场采取符合当地需求的本土化运营策略。TikTok 曾多次登上美国、印度、德国、法国、日本、印度尼西亚和俄罗斯等地 App Store 或 Google Play 总榜的首位。TikTok 在全球各地设有办公室，包括洛杉矶、纽约、伦敦、巴黎、柏林、迪拜、孟买、新加坡、雅加达、首尔和东京等。

---

① 魏威：《新媒体时代评论漫画在国际传播中的应用研究——以 CGTN 新冠肺炎相关主题漫画为例》，《国际传播》2020 年第 5 期，第 65 页。

在上线仅第 2 个月的 1.1.2 版本中，TikTok 就已经支持 7 种语言，发布视频时可直接分享到 Facebook、Twitter，并支持分享视频到 YouTube、Messenger、WhatsApp。后续更新版本又相继增加了可使用 Instagram 账号登录以及更多的分享路径。可以说，TikTok 几乎连通了所有海外用户的常用社交软件，直接增强了它的社交属性，为其进一步打开海外市场奠定基础。TikTok 的海外市场占有率，为其有效进行国际传播开辟了道路。

（一）海外本土化战略：精准定位，传播效果最大化

国际传播需要多样化和差异化的传播方式和渠道。国际传播需要考虑文化习俗和社会价值观，只有符合对方的习俗、价值观，才能够让对方观看，否则无法走进对方的社会。在美国做国际传播，要了解美国人的语境和习俗；对非洲人用非洲人的语境和文化。首先需要能够让人观看，其次才能让人接受和领会，这样才能走入这个社会。① TikTok 在不同的海外市场的推广过程中根据各国市场各自的实际情况和不同特点，采取了适应各国本土的分化的传播策略。②

在初入国际市场时，TikTok 将其首站选在了东南亚市场，原因在于东南亚虽然文化、宗教和民族等属性复杂多样，但是总的来说文化壁垒相对较低。另外，以手机为代表的中国产品已成功扎根，基础设施铺垫较为完善。同时，东南亚人民的热情性格使得他们有着丰富的表达欲望，这为 TikTok 的成长提供了丰沃的土壤。在打入日韩市场时，考虑到日韩的偶像文化，TikTok 从邀请本地明星入驻着手，通过明星效应成功吸引了一大批年轻用户。为了能更好地理解和融入目标国当地的文化，TikTok 会雇用大量当地员工，即使是中国籍员工也需要具备当地的生活或留学经验。在美国这样一个具有极高的多元化特性的社会，当那些身着便服的高中生或者嘻哈歌手在 TikTok 上一夜爆红时，更多的年轻人看到了属于自己的机会。不同于传统社交媒体的"大 V"占用流量的潜规则，TikTok 在其算法和个

---

① 李丹、郭书：《新媒体环境下国际传播特点分析》，《中国记者》2014 年第 7 期，第 105 页。
② 吴映璇：《新媒体时代下互联网企业如何进行国际战略传播——以 TikTok 海外推广为例》，《新媒体研究》2018 年第 8 期，第 130—131 页。

人专属流量池面前,似乎真正做到了"人人生而平等"。

(二)内容原创接地气,海外传播效果显著

TikTok 非常重视内容的吸引力,它的用户界面的最重要部分是视频优先界面。从加载应用程序的那一刻开始,优质的内容会跳出并吸引用户点击该应用程序的视频内容。使用 TikTok 并不需要创建一个账户,即便注册为新用户时,用户要做的也只是指定自己感兴趣的内容(不必选择它)。通常登录时间约 10 秒,TikTok 的目标是尽量减少登录时间,以便用户可以立即享受内容。一旦用户开始一条一条欣赏那些充满"魔性"的 1 分钟左右的视频,基本上就被成功吸引了。这种轻松入门的方式,很受海外用户的青睐,目前 TikTok 主要的海外市场包括了美国、日本、印度、巴西、俄罗斯等国家和东南亚地区,基本上以年轻用户为主。1 分钟以内视频随手拍摄的便捷性,让越来越多的海外年轻用户乐于上传自己的短视频。而这种内容形式的亲民和平民化,让更多年轻人把自己的闲暇时间花在 TikTok 上面,无论是随手拍摄上传,还是随手浏览大量的同龄人拍摄的视频。虽然只是普通用户的日常拍摄内容,却使越来越多用户涌向 TikTok。

TikTok 上的视频贴近生活,给人以轻松活泼、友好的感受。新媒体技术的发展赋予了信息传播者更便捷的渠道,越来越多的创作者以 Vlog 的方式记录日常生活,着重于自然、朴实的叙述。对于全球范围内的年轻人来说,Vlog 已经逐渐成为他们记录生活、表达个性最为主要的方式。TikTok 的发布者用 Vlog 记录着自然平凡的生活,一次旅行、一次展览、一次绘画、一次游戏都可以作为 TikTok 的创作素材。Vlog 镜头言语、人物的特性和自我表达都十分鲜明,既满足了创作者真实记录的需求,又符合受众获得情感联系与归属感的愿望。Vlog 旅行视频反映出精致充实的生活态度,学习生活视频透露着独立自主的奋斗品质,这些都在迎合现代年轻人的审美品位。据 TikTok 公开报告,海外受众对于体育、文化、语言、环保等内容的传播接受度较高,国际传播的效果较好。TikTok 改变了当今很多年轻人在内容方面的娱乐方式以及价值观念。

在中国生活的美国姑娘查尼斯时不时跟 TikTok 网友分享她在中国的生

活体验。她说:"对许多外国人来说,扫码付款仍然是个新鲜玩意儿,但在中国二维码支付方式早已普及,广泛应用在各类生活场景中。"不少TikTok网友评论感慨,二维码付款一事听起来虽小,却体现了中国移动支付的先进。还有一名旅居中国的意大利华人尼古拉,2021年4月在TikTok上传了一条便利店买东西的视频。视频里,尼古拉来到一个自助结账机前,用付款二维码成功支付商品后,将手机付款界面展示给观众。这条视频描述了中国日常生活中最平常不过的场景,却收获了4万的点赞量。在尼古拉的TikTok账号里,他以北京为起点,东至嘉兴、宁波、温州、南京,南抵三亚,西至重庆和西双版纳,让外国网友跟随他的400多条短视频,看见了中国人如何吃饭、工作、购物、出行、休闲。意大利媒体在报道中称,他完成了许多社会学家都难以做到的一点:让西方理解当今的中国是什么样子。

(三)去政治化,易于被海外受众接受

在媒体上投放政治广告是西方国家常用的一种政治推广和营销手段。尤其是在政治选举高度流程化甚至娱乐化的美国,政客通过各种媒介形式发布广告、表达政见、吸引选票已经成了一种必要的举措。人们普遍可以接受政治广告出现在电视、纸媒、电台等传统媒介。但进入新媒体时代,政治广告和媒体这对默契的伙伴却出现了嫌隙,甚至可以说政治广告给社交媒体平台带来了灾难。Facebook、Twitter等社交媒体被指责涉嫌操纵大选、泄露公民数据信息,很大一部分原因与政治广告有关。自2016年美国大选中社交媒体成为影响选民的工具以来,包括Facebook、Twitter和YouTube在内的社交媒体一直面临巨大压力,民众指责这些社交媒体成为误导性政治言论和操纵民意的温床。

新媒体时代,社交媒体的快速崛起,吸引了诸多政客的广泛关注。作为一种新型营销渠道,一些国家的竞选团队认为社交媒体营销适合打造和推广候选人形象。移动互联网的发展,使社交媒体营销在政治宣传中占有越来越重要的位置。Facebook和Twitter等社交媒体都承接政治广告,Facebook的CEO扎克伯格强调,在民主体制下私营公司无义务审查政客的言论或核实平台消息的真实性。他表示,允许平台刊载政治广告是一个"更好的选择"。面对"眼里只有钱"的指责,扎克伯格辩护称,政治广告业务只占公司收益的极小比重,约为总收益的0.5%。他还称,Google、YouTube,以及不少电视台都这么干。

然而,不同于上述社交媒体,TikTok 不承接政治广告。因为政治广告会与社交网络中人们分享有趣视频片段的"轻松"感觉相冲突。TikTok 全球业务解决方案副总裁布雷克·钱德利说:"任何进入我们社区的付费广告,都需要符合我们平台的标准,而我们认为付费政治广告的性质并不符合 TikTok 平台的体验。"正是这种轻松愉悦的氛围让 TikTok 收获了大批的海外用户,使得 TikTok 全球用户总量继续以更高的速度增长,每天有超过 100 万新用户。截至 2021 年 9 月底,TikTok 已经每月有超过 10 亿的活跃用户,而它实现这一目标仅用了大约 5 年的时间。《纽约时报》曾刊发系列文章分析探讨 TikTok 成功的原因,相比于 Facebook 和 Twitter 等传统社交媒体平台,TikTok 没有广告、没有新闻,没有网络喷子和霸凌者,"可能是现存唯一真正令人愉悦的社交网络"。

三、CGTN 与 TikTok 的比较——新媒体时代国际传播的挑战

CGTN 和 TikTok,一个是传统媒体,另一个是新媒体,都强调专业基础、国际化发展趋势,二者都是新媒体时代有效开展国际传播的典范。CGTN 是传统媒体里有效开展国际传播的杰出代表,与新媒体技术手段的结合使 CGTN 与时俱进,获得了较好的传播效果。TikTok 是新媒体时代高效进行国际传播的典型,其视频编辑的方式和讲故事的方法深受众多海外用户的喜爱。

新媒体时代,传统媒体逐渐失去了传播渠道的垄断地位,日渐成为超级媒体平台上众多的内容提供者之一。① 凭借低门槛、碎片化、移动化等媒介特征,社交媒体对人们的思维方式、生活方式、信息消费方式产生深远持久的影响。相较于传统媒体,以社交媒体为代表的新媒体才真是"润物细无声"的外宣神器。

---

① 陆薇薇:《外宣需要新战术——对外传播突破圈层的路径思考》,《上海广播电视研究》2021年第 4 期,第 24—25 页。

自 2017 年 TikTok 上线开始，中国新媒体对外传播就出现了一条以往从未有过的国际传播"高速通道"。在发展势头强劲的同时，TikTok 在国际传播方面也遭遇了严峻的挑战。2020 年美国和印度对微信、TikTok 等中国 App 的封禁行为，一方面是源于国际政治因素；另一方面是为了遏制中国在国际社交媒体领域中的发展势头，阻止中国在国际传播中掌握更多的话语权阵地。尤其是对美国而言，其之所以在国际话语体系中一直占据着主导地位，与 Facebook、Twitter 和 Google 等老牌互联网巨头都在其境内有着一定的关系。而 TikTok 的横空出世，以极其迅猛的劲头显露出了打破这一局面的趋势，一旦 TikTok 拥有了更大的用户基础和应用范围，美国在国际上的话语霸权地位就将受到威胁。同时，TikTok 的发展速度之快，也令美国政府产生了觊觎之心，这也是它一开始选择让微软对 TikTok 强行收购而非直接封禁的原因之一。①

"西强我弱"的国际舆论格局并没有发生根本改变。国际传播社交媒体转向的背后，依然是权力和科技霸权的逻辑驱动。西方国家和媒体出于对中国发展模式对西方发展模式挑战的自我恐惧，除在重大涉华事件上对中国进行舆论抹黑外，以美国为首的西方国家还对中国媒体实施"平台打压"，Twitter、Facebook 和 YouTube 三大国际社交媒体平台，将中国媒体机构及相关人员的账号标注为"政府所属"或直接予以删除即是明证。应对此类风险，中国应鼓励社会资本和民营企业创办并做强 TikTok 类的音视频聚合类社交媒体平台；鼓励并信任中国新闻工作者和相关研究专家学者以个人名义在海外社交媒体平台开设账户，以内容原创和个性化方式讲述中国故事、传播中国声音。②

百年未有之大变局下，中国国际传播面临的机遇与挑战并存。新媒体技术不断拓宽国际传播的渠道与路径，中国应把握住战略机遇，在与西方媒体争夺话语权过程中"弯道超车"，实现提升国际影响力的目标。

---

① 胡正荣、樊子塽：《巩固疫情大考成果 打造智慧对外传播——中国新媒体对外传播 2020 年回顾与 2021 年展望》，《对外传播》2021 年第 1 期，第 8 页。
② 龙小农、阎庆宜：《短视频国际评论引导国际舆论的机理及效果——以 CGTN〈点到为止〉和新华社〈火花〉为例》，《青年记者》2021 年第 19 期，第 74 页。

第三节　新媒体时代中国国际传播策略

　　网络和数字化技术的迅猛发展推动媒体融合时代的加速到来。国际传播重点从传统媒体向新媒体转移成为全球媒体的共同选择，怎样在融合发展中保持和增强竞争力和影响力是当今世界媒体共同面临的时代命题。在新媒体时代，中国如何更加有效地开展国际传播？从战略层面讲，需要主动出击（主动传播，先声夺人），明确传播目标（内外有别），量身定制传播内容（与海外受众需求相结合，贴近其文化背景、风俗习惯和阅读心理等）。从技术手段层面看，要跟上世界先进水平，特别是在数字化方面，把传统的内容和强势的数字化传播手段相结合会达到"1＋1＞2"的效果。

一、"内容为王"，国际传播既得"走出去"，又得"走进去"

　　优质的内容是国际传播的"成功密码"。新媒体时代，受众接受的信息量巨大，如何从数以万计的信息中脱颖而出，成为每个传播者需要思考的问题。习近平总书记在 2016 年 2 月党的新闻舆论工作座谈会上指出，"讲故事，是国际传播的最佳方式"。好的中国故事应含有被国外受众广泛认同的情感需求与价值理念，如爱——对自然、生活、文化、美食、劳动及他人之爱。宏大叙事固然必不可少，但"小而美"的故事更容易打动人心。

　　例如，吸引世界眼球的中国云南"萌象"的集体迁移活动。10 多头原本栖息在中国云南西双版纳的野生亚洲象走出丛林，北上数百公里。中国媒体持续跟进象群迁徙进程，用无人机记录亚洲象的活动，甚至进行 24 小时直播，社交媒体上随处可见生动的亚洲象嬉戏打闹、休息睡觉等视频。国际受众热情地点赞、留言和讨论，他们在为象群的可爱形象和团结互助而感叹的同时，也纷纷赞赏中国在野象迁徙过程中对它们的保护。俄罗斯新闻社报道称，中国近年来出台了多项保护亚洲象的措施，其种群数量每年以 3%—5% 的速度增长。迁徙中，大象感受到人们的特别关怀，当地人没有伤害它们，放任其直接在农田里觅食。日本 TBS 电视台报道称，中国为掌握大象轨迹专门出动了一个由360人、76辆汽车和9架无人机组成的工作组，有的无人机甚至配备能够进行夜间观察的红外设备。如此庞大的阵容及高科技设备，让日本媒体和专家感叹不已。《菲律宾星报》专栏作家李天荣表示，亚洲象的集体迁徙说明了当地生态环境状况良好，也从侧面反映出近年来中国在自然生态与环境保护方面的成效，深刻体现了人与自然共存的绿色发展观。此外，在大象迁徙的路线上，当地政府和民众纷纷作为志愿者，不仅不干扰象群迁徙，还以各种方式帮助象群，生动展现了人与自然和谐相处的价值理念。此次象群迁徙，中国政府展现的态度及中国民众的热心帮助值得称赞，更为全球携手应对气候变化和保护生态环境做出了良好榜样。①"萌象"叙事淡化了政府主导和宏大叙事所带来的强意识形态色彩，对动物的保护行动结合积极的国际议程设置，共同形塑了以实际行动爱护生态环境的良好国家形象。②

二、"借嘴说话"，事半功倍提升传播效果

在发挥本国媒体的主渠道作用的同时，要善于借助他国媒体和民众之口展现真实、立体、全面的中国形象。一位名为唐纳德·麦克尼尔的《纽约时报》记者做客美国全国广播公司（NBC News）时，条理清晰地向美国观众介绍中国的检疫流程，不仅激起了主持人羡慕，还引发了网友热评，他们支持中国政府的决策，更有网友谴责了西方媒体的对华偏见。此前，西班牙网红博主苏诺伊针对对华不实疫情报道发布了辟谣视频，被该国主流媒体转发并开设辟谣专栏。以上两个案例说明，大多数海外受众更相信本国媒体和权威人士所说的话，后者对中国的正面评论对某些西方媒体产生了巨大打击，逐渐瓦解着西方对中国根深蒂固的偏见，润物无声地引导了国际舆论。

鉴于此，外宣媒体应邀请有社会影响力的外国专家、权威人士、意见领袖、新闻人士、网红博主等来中国进行实地考察，回国后与受众分享自

---

① 《"大象迁徙体现了人与自然的和谐相处"》，《光明日报》2021年6月22日，第12版。
② 侯迎忠、玉昌林：《2021年中国对外传播实践创新与未来展望》，《对外传播》2021年第12期，第15页。

己的切身经历,长此以往,海外受众将越来越信任中国媒体、愈加客观地了解中国。①

三、"科技助力",充分利用社交媒体

信息以数字化方式在网络上发布,突破了时空的界限,可以长久保存。而用户在移动终端或是电脑端可以轻松实现一键保存、一键转发,极大地加快了传播速度、扩大了传播范围。社交媒体凭借其数字媒介的特性打破官方话语场与民间话语场之间的隔阂,成为促进跨文化对话的重要平台。在社交媒体上,公众讲述的往往是基于自身生活的情感化、碎片化的故事,这能够增强受众的情感共鸣。在微观层面推进中国文化形象的传播,能够以去政治化的方式完成对中国文化的表达与传播。②

一系列数字显示,社交媒体日益成为全球网民信息消费的主渠道和国际舆论汇聚的前沿阵地,从国际传播的"新战场"演变为"主战场"。据调查,美国有83.9%的网民每天使用Facebook,中国也有87.1%的网民每天使用社交媒体。另据《中国国家形象全球调查分析报告》可知,使用新媒体了解中国的海外受众,持续呈两位数增长,明显高于作为另一信息渠道的"当地传统媒体"的个位数增长。另据统计,全球网民数量已达46亿。从结构上看,2012年之前,这个数字为25亿;2012年后增加21亿,以1985年后出生的"新世纪一代"为主,被认为是"容易被影响"的"新意见阶层"。这个结构性变化既具有重要的经济和商业含义,也带有重大的政治和社会意义,被称为"影响整个互联网和传媒业的重大变局"。就东西方文化交流特别是我们的国际传播而言,这"后21亿"受"冷战思维"影响较小,意识形态上的偏见较少。这也是美国等发达国家的年轻人对中国普遍怀有更多好感的原因。中国媒体大力加强社交媒体传播力建设,对从根

---

① 董雁、于洋欢:《外宣媒体的战"疫"报道与中国国家形象塑造——以CGTN为例》,《传媒》2020年第11期,第45页。
② 张昆、张明新:《中国国家形象传播报告(2020—2021)》,社会科学文献出版社2021年版,第51—52页。

本上扭转中西信息和文化交流的被动局面至关重要。①

把握新媒体技术发展与海外中国认知社交化机遇,以新兴媒体为突破口拓展提升中国国际话语权的平台。通过与国内外主流社交媒体平台合作,依托其用户资源优势,提升国际传播效率。将移动互联网作为重点突破口,在内容和形式上根据移动互联网的特性量身打造,争取影响年轻一代,在全球传播新秩序变革中积极提供中国方案、中国智慧。面对现代传播方式多样化的发展现实,利用人工智能、大数据、物联网等新技术手段,创新国际传播新媒体产品形式,用更加有效、快捷的方式进行传播,贴近实际、贴近生活、贴近群众。②

四、"媒体融合",有效提升中国文化软实力和国际舆论话语权

习近平总书记于 2019 年 1 月 25 日在十九届中央政治局第十二次集体学习时强调要推动媒体融合发展。"我们要把握国际传播领域移动化、社交化、可视化的趋势,在构建对外传播话语体系上下功夫,在乐于接受和易于理解上下功夫,让更多国外受众听得懂、听得进、听得明白,不断提升对外传播效果。现在,国际上理性客观看待中国的人越来越多,为中国点赞的人也越来越多。我们走的是正路、行的是大道,这是主流媒体的历史机遇,必须增强底气、鼓起士气,坚持不懈讲好中国故事,形成同我国综合国力相适应的国际话语权。"③

近年来,随着人工智能及大数据技术的发展,全球媒体融合深度不断加大,公众获取、接收、传播信息的渠道已经发生了深刻变革。因此,未来各国能否在媒体融合上占据优势地位,直接关系到国际舆论宣传制高点及其国际话语权的重新塑造。习近平总书记指出:"宣传思想工作一定要把围绕中心、服务大局作为基本职责,胸怀大局、把握大势、着眼大事,找准工作切入点和着力点,做到因势而谋、应势而动、顺势而为。"④ 这就意

---

① 周树春:《以深度融合推动弯道超车 实现国际传播跨越式发展》,《新闻战线》2017 年第 17 期,第 27 页。
② 左凤荣:《世界大变局与中国的国际话语权》,商务印书馆 2020 年版,第 296 页。
③ 习近平:《加快推动媒体融合发展 构建全媒体传播格局》,《求是》2019 年第 6 期,第 8 页。
④ 《学习习近平总书记 8·19 重要讲话》,人民出版社 2013 年版,第 1 页。

味着我国媒体要借助国际媒体融合的"大势",全方位推进我国媒体在国际舆论阵地的发展。① 我国迫切需要从战略高度重视新媒体传播,推动传统媒体和新兴媒体融合发展,提高全媒体传播能力,着力打造立体化全媒体国际传播体系。

当代国际传播领域的学者们倾向于将国际传播力看作国家力量的一部分,主张将其纳入国家综合国力中进行战略考量。国际传播力的强弱直接折射出一个国家综合国力强弱和与其他国家综合国力的差异。② 对中国来说,国际传播能力的有效性,就是看能不能增强国际社会对中国理念、价值观的欣赏与认同,欣赏中国道路的世界意义,认同中国是全球治理的积极因素与建设性力量。③ 总的来看,要提高中国主流媒体"走出去"的传播力、影响力、引导力和公信力,既要传播一个真实、多样的中国,又要为国际社会发声、推动命运共同体建设,还要尊重各个国家和民族差异,求同存异、和而不同,寻找最大价值公约数。④ 同时,传统媒体与新媒体技术融合也一直是各个国家提升国际传播力的重要策略。

国际传播能力的提升并非朝夕之功。国际知名学者、英国威斯敏斯特大学传播学教授柯林·斯帕克斯认为,媒体的国际影响力与国家经济实力如影随形,但往往具有一定的滞后性。这就提醒我们,提升国际传播能力要有战略耐心。国家硬实力是话语权的基础。新媒体时代,中国抢占国际话语权的时机已到。虽然目前看,中国的国际传播力和话语权与中国的经济地位不匹配,但由于二者之间存在一定的时间差与滞后性,所以要有战略信心和战略耐心。未来,以中国故事为船,新媒体技术为帆,众人划桨,舵手掌握好方向,中国国际传播的大船必能远航。

---

① 葛方度:《新时代媒体融合的行动指南——习近平媒体融合重要论述的价值理念研究》,《中国广播电视学刊》2021年第8期,第10页。
② 李珍晖:《新媒体时代中国国际传播力研究》,中国传媒大学出版社2021年版,第16页。
③ 赵磊:《加强我国国际传播能力建设的方向与路径》,《中国党政干部论坛》2021年第7期,第53页。
④ 巩育华:《中国主流媒体"走出去"之路》,《群言》2020年第11期,第23页。

第九章
跨国公司与国际传播

跨国公司（transnational corporations）是当今世界经济和贸易的重要行为体，同时也是世界各国综合国力的重要组成部分。关于跨国公司的定义繁多，其中最具包容性、最广为接受的当属联合国贸易和发展会议（UNTAD）所作的界定，即跨国公司是指由分设在两个或两个以上国家的实体组成的企业。早在民族国家确立为世界政治体系的主导之前，以东印度公司为代表的早期跨国公司便开启了全球性贸易活动。19世纪末资本主义进入垄断阶段后，跨国公司得到进一步发展。而跨国公司作为一种政治经济力量崛起则起始于第二次世界大战之后。伴随着经济全球化的浪潮，以埃克森美孚、微软、大众等为代表的企业在全球政治经济秩序中发挥着越发不可忽视的作用。

跨国公司的兴起引发了学术界对跨国公司与母国国家关系的探讨，美国著名学者罗伯特·吉尔平对此作出里程碑式的研究。在《跨国公司与美国霸权》中，吉尔平分析了英国霸权兴衰与海外投资的关系，并将其关联到"二战"后美国的对外战略。吉尔平认为美国跨国公司与国家利益是深刻绑定的：一方面，美国公司在欧洲和全球的拓展是美国国家实力扩张的结果；另一方面，美国公司是美国霸权的重要支柱，它的全球性扩张为巩固美国实力提供了资金和技术的支撑。[1]吉尔平建议美国政府支持本国企业

---

[1] 罗伯特·吉尔平：《跨国公司与美国霸权》，钟飞腾译，东方出版社2011年版，第111—129页。

海外经营，并努力确保公司的经营行为与美国国家利益保持一致。尽管吉尔平所倡导的"霸权稳定论"带有浓重的为美国霸权辩护的色彩，然而其揭示的一般性原理得到学术界的普遍认可。无论国家大小，母国的实力始终是该国公司国际化经营的主要基础，同时本国公司国际化经营也能够为母国国家实力提供支撑。

具体到国际传播领域，跨国公司与母国的关系同样密不可分。母国的实力与声誉是跨国公司国际传播的重要基础，跨国公司国际传播的表现同样深刻影响母国的国家形象。日本前首相中曾根康弘曾形象地比喻："在国际交往中，索尼是我的左脸，丰田是我的右脸。"由于跨国公司的特殊性质，企业国际传播活动往往会对母国在海外的形象产生直接或间接的影响。其一，诸如微软、宝马和丰田等大型跨国公司本身已经成为母国的名片，无论其如何实施本土化战略，东道国都会将其行为与母国形象联系在一起；其二，跨国公司的国际化经营行为不可避免地会体现母国伦理观、价值观以及行为模式，这将促使部分受众将跨国企业与母国联系起来；其三，许多跨国公司的名称中便体现出母国的元素甚至名称，东道国受众可能将其视为母国形象的延伸，在此情形下公司形象与母国形象是密不可分的。

综上所述，尽管跨国公司的国际传播行为首先服务于企业利益，但公司形象的外溢效应使其与国家形象产生千丝万缕的联系，这赋予了跨国公司国际传播行为以战略意义。本章将对跨国公司国际传播行为进行探究，在分析其一般性规律和历史经验的基础上，明确中国企业国际传播的时代要求，并从国际传播成功案例中汲取经验与智慧。

第一节 跨国公司国际传播的一般性规律

作为现代企业的重要类型，跨国公司同所有企业一样，一切行为以谋取商业利益为核心目标。在公司日常经营过程中，跨国公司必然与东道国的政府、社会和民众产生千丝万缕的交往与联系，并有意识地向受众传递各类信息，以期在受众心目中建立良好的企业形象。因而，国际传播天然地成为跨国公司经营活动的重要组成部分。经过长期的实践与积累，跨国公司在国际传播领域已经形成了较为固定的模式与特征，下文将从传播类型与传播优势两个方面加以剖析。

一、跨国公司国际传播的三种类型

作为同政府、媒体、非政府组织等国际传播主体差异明显的经济组织，跨国公司国际传播行为遵循着独特的思维、路径和模式。从目的、手段和内容的维度，可以将跨国公司国际传播行为划分为营销性传播、公关性传播和公益性传播三种类型。

第一种类型是营销性传播。营销性传播是跨国公司最为核心的传播行为。作为营利组织，跨国公司需要向目标国的潜在用户推销产品或服务，以维持经营和获取商业利益。随着信息技术的突飞猛进，跨国公司的营销传播形式丰富多样。从内容的角度，跨国企业常用的营销方式包括商业广告、产品发布会、产品推介活动等。作为跨国公司最为倚重的传播类型，营销性国际传播具有鲜明的特点。首先，它的内容往往极为聚焦，要求紧紧抓住核心人群、围绕企业核心业务开展传播。营销性传播奉行效率至上的原则，追求精准地将传播内容传递给目标人群。其次，它的传播渠道最为广泛，企业通常会调动所有资源进行营销传播。印刷媒体、广播媒体、电视媒体和网络媒体等都是跨国公司营销的常规渠道，近年来社交媒体平台兴起后，跨国公司越来越重视数字传播。诸如可口可乐、微软、亚马逊等大型跨国企业不仅重视通过互联网渠道发布广告、运营社交媒体账号，而且尝试入股或收购互联网媒体公司和社交平台，以增强公司的国际传播能力。最后，它追求直接、迅速的传播效果，评价标准单一而明确。营销的首要目的在于销售，它追求受众在短时间内形成对企业产品的好感，并为产品买单，因而传播与其他较为迂回的传播方式相比，营销性传播的表达方式更加直白。总体而言，根据营销性传播的主要特征，可以将其概括为逐利型传播模式。

第二种类型是公关性传播。大型跨国公司高度重视公共关系，许多公司设立规模庞大的公共关系部门，专门负责同目标国各类组织及公众沟通和传播,以塑造和维护良好的企业形象。与营销性传播相比,公关性传播的载体和形式有所不同。学术研讨会、产品体验会、媒体见面会等传播活动是公关性传播的主要呈现形式。从传播主题、传播内容和传播目标的角度分析,企业公关性传播具有以下三个特点:一是传播主题相对分散,且受众范围更广。企业形象依托但不完全依赖于企业产品,还包括企业整体形象,甚至是行业形象与母国形象。与强调精准投放的营销性传播不同,公关性传播的对象相对分散,该类传播的目的是希望在目标国整个社会范围内塑造良好的企业形象,而非只针对潜在的客户,故而传播覆盖面较广。二是传播渠道相对有限,内容相对温和。公关性传播虽然会覆盖所有的主流传播媒介,但是同无孔不入的营销性传播相比,它的传播渠道和力度要小很多。更重要的是,公共关系领域的传播内容相对温和,它不追求诱导消费者作出即时决定,而是以解释、说明、说服等方式向更广的受众传递偏中立性信息,为受众作出独立判断留下空间。三是就传播目的而言,公关性传播在大多数时期追求渐进性的传播效果。公共关系可分为日常公关和危机公关。危机公关时,企业必然追求即时有效的传播效果,以帮助企业迅速走出舆论危机,修复受损的形象。而占据工作多数内容的日常公关行为并不以立竿见影的传播效果为主要目标。公关性传播主要目的是通过对企业领导个人形象、组织形象、产品形象以及行业形象的长期塑造,使广大的受众建立起对企业的好感,从而助力于企业的逐利目标。基于公关性传播的特点,可将其概括为逐理型传播。

第三种类型是公益性传播。公益性传播是指企业以履行社会责任、参与社会公益活动为主要内容的一种传播类型。现代企业在做好商业运营的同时,也需承担相应的社会责任,参与社会公益活动。企业社会责任(corporation social responsibility)概念最早在20世纪初被提出,"二战"后跨国公司在全球的兴起与扩张促使该理念在世界各地传播,最终使其成为国际社会普遍认可的原则。[①]从历史维度看,跨国公司最初履行企业社会责任并非完全自发的,很大程度上是外界压力所致。许多跨国公司在扩张阶段

---

① 马骕:《企业社会责任与跨国公司政治风险管控》,《外交评论》2019年第4期,第79—80页。

屡屡发生污染环境、压榨劳工、资源掠夺等负面行为，这些行为遭受国际社会、东道国政府与民众的批评与指责，因而企业主动承担社会责任是对这些指责的回应。尽管国际社会对企业责任具体包含哪些内容仍未达成一致，但至少就环境保护、劳工权益、医疗教育等主要方面形成共识。

作为一种日渐成熟的传播类型，跨国公司公益性传播具有三个特点：第一，传播内容远远超出企业主营业务范围。公益性活动的最突出特点便是利他，传播内容的焦点通常为国际社会或东道国社会普遍关注的热点问题，这些问题未必会与跨国公司主营业务领域产生紧密的相关性。与内容广泛性相联，公益性传播的受众范围最大，公益性传播不仅包括消费者、企业员工、非潜在客户，还包括政府、社会公益组织等群体。第二，传播渠道相对较窄，传播力度较为温和。相较于营销性传播和公关性传播，公益性传播并不追求全方位的信息轰炸。一方面，公益性传播内容的严肃性限制了传播渠道的选择，跨国公司倾向于通过相对权威、正式的媒介发布公益信息；① 另一方面，公益性传播有时与主营业务偏离较多，从理性计算的角度考虑，跨国公司不会将过多资源投入公益性传播。第三，公益性传播属于偏重战略性、辅助性的传播手段，追求长期的传播效果。与企业其他传播行为不同，公益性传播的主要目的是为公司的经营创造友好的商业环境和社会环境，这也决定了公益性传播的回报链是漫长而缓慢的。企业为了塑造热心公益的形象，有时不会刻意在传播中做过多的产品植入，因而许多受众是通过公司在公共领域的善举而建立起对企业的认可，并不必然了解企业的主营业务和核心产品。基于公益性传播的主要特点，可将其归纳为逐义型传播。

二、跨国公司进行国际传播的优势

跨国公司是国际传播中最重要的主体之一，成熟的国际传播理念和丰富的国际传播实践使其跻身最成功的传播主体行列。跨国公司进行国际传播的成功不仅源于其先进的理念与实践，而且同其经济组织的特殊身份密

---

① 随着新媒体平台的深入发展，跨国公司公益性传播的渠道和形式正发生深刻的变化，一些企业开始利用新媒体进行形式丰富的公益性传播，但整体而言公益性传播的渠道仍比较有限。

不可分。总体上，相对于其他国际传播主体，跨国公司在主体身份、传播策略以及与受众联系三个方面具有明显的传播优势。

第一，跨国公司的"非政治身份"是其从事国际传播的主要优势。罗伯特·吉尔平在《跨国公司与美国霸权》中，从政治经济学的角度，将跨国公司视为美国霸权的重要支柱，赋予经济行为以政治属性。[①] 然而，普通受众仍倾向于将大部分跨国公司视作经济组织。一般而言，受众对商业信息的接受度高于政治信息。这一点在国际传播领域更加明显：东道国民众对国外政治实体传递的信息天然地抱有怀疑、抵触甚至排斥心理，而对跨国企业，尤其是本土化程度较高的跨国企业的传播内容接受度较高。这一优势能够使跨国公司从两方面获益：一是跨国公司能够凭借非政治性免于或更少受到母国与东道国关系的负面影响。在实践中，国家间关系超出了跨国公司的控制范围，每当两国关系遇冷时，与母国政府关系密切的经济实体往往会成为东道国惩罚的对象。因此，一些跨国公司选择同母国政府保持一定距离，以对冲两国关系恶化带来的经营风险。二是跨国公司的价值观念传播具有充分的正当性和合法性。国家实体在国外进行文化和价值观传播很容易被打上政治标签。而跨国公司以产品为依托进行国际传播，能够将母国的文化、价值观念等内容有机融入产品内涵和企业文化中，潜移默化地影响目标人群。以麦当劳和可口可乐为代表的美国跨国公司在产品营销中有意凸显美式生活方式，将产品与美国价值观紧密地绑定在一起。即便如此，公众也很少从政治角度对其进行解读进而予以批判。许多学者认为，跨国公司在传播母国价值观方面起到非常重要的作用。

第二，跨国公司的传播策略精准高效。作为利益驱动的经济组织，跨国企业的国际传播策略往往由专业团队精心设计与科学论证，且经受住了实践的反复检验，其具体优势体现在以下三个方面：其一，目标人群精准锁定。企业传播资源的有限性促使管理者进行严谨细致的市场调研和分析，制定周密的传播方案，精准地将信息投放到目标人群中，以达到最优传播效果。经过多年市场营销的积累，大型跨国公司早已能够熟练地针对各类

---

① 罗伯特·吉尔平：《跨国公司与美国霸权》，钟飞腾译，东方出版社2011年版，第124—126页。

目标人群进行精准有效的国际传播。尤其是信息技术迅猛发展的当下，大数据和算法技术赋予跨国公司日益强大的用户锁定和信息投放能力，使其国际传播水平也不断提高。① 其二，传播分工专业细致。跨国公司通常针对不同的传播方向和目标设置不同的传播机构。一般而言，负责营销传播的团队属于市场部，负责公关传播的团队属于公共关系部门，一些跨国公司还会成立公共事务部或社会责任部门专门负责公益事业传播。细致的分工使企业的传播更有层次感和立体感，传播效果也更佳。其三，传播内容吸引眼球。跨国公司国际传播本质上属于商业行为，受到投入—产出比的严格限制。相对于实力雄厚的国家行为体，跨国公司更倾向于利用有限的传播资源追求最优的传播效果。因而其传播内容往往是精心设计、高度浓缩且爆点十足的，令人印象深刻。多年以来，以大众、宝马、可口可乐等为代表的跨国公司留下许多经典的商业传播案例，而放眼世界各国政府主导的国际传播中，很少出现"爆款"传播案例。

第三，跨国公司与传播受众联系更加密切和具体。国与国之间的联系往往基于宏观层面，对于普通受众而言，这种联系可能抽象且难以感知，因而以国家为主体的国际传播容易陷入宏大叙事而略显不接地气的困境。作为国家间关系的重要组成部分，跨国公司同东道国之间的联系却是微观具体的，这成为跨国公司国际传播的巨大优势。首先，跨国公司同当地经济关联度高，有助于塑造地方经济发展推动者的形象。跨国公司在落后地区的投资项目不仅能够促进地方就业，还能够显著提升当地相关产业和行业的发展水平，改善当地民众的工作和生活环境，这将提升跨国公司在当地的美誉度，进而为国际传播奠定民意基础。其次，跨国公司同地方的长期互动有助于推进深层次的文化传播。如果说短期经营以经济和商业联系为主的话，跨国公司在东道国的长期扎根必然涉及文化层面的交流与联系。双方长期互动不仅有助于企业以实际行动打消当地对本企业和母国的误读和疑虑，而且有利于企业向东道国民众传播母国文化，促进文化间交流互鉴。最后，跨国公司的本土雇员是国际传播的民间大使。在各种因素的综

---

① 李静：《基于大数据精准营销的网络营销策略研究》，《商业经济研究》2017 年第 11 期，第 46 页。

合作用下，跨国公司越来越倾向于招聘本土员工。许多跨国公司重视对本土员工企业文化的培养，目的是使员工建立起对企业经营理念、发展战略和企业文化的认同感和自豪感。事实证明，对跨国公司价值观认同度较高的本土雇员经常扮演企业形象传播者的角色，其本地人的身份优势，不但使传播的内容更加真实可信，而且更能以本地人喜闻乐见的方式进行讲述，达到事半功倍的传播效果。

第二节　跨国公司国际传播的历史经验

跨国公司起源于地理大发现时期，发展于第二次工业革命后期，勃兴于第二次世界大战之后的经济全球化时期，以上三个时期的国际贸易皆由西方国家主导，故美、欧、日等西方国家在国际化经营与国际传播领域积累了丰富的理论基础和实践经验。中国第一家从事国际化经营的公司是成立于1979年的中国国际信托投资公司（现中信集团），以此为中国企业国际化经营元年，至今已经有40多年的历史。其间，中国企业国际化经营经历了从无到有、由弱到强的过程，实现了跨越式发展。

2021年9月29日，商务部、国家统计局和国家外汇管理局联合发布《2020年度中国对外直接投资统计公报》，截至2020年底，中国2.8万家境内投资者在国（境）外共设立对外直接投资企业4.5万家，分布在全球189个国家（地区），年末境外企业资产总额7.9万亿美元，对外直接投资累计净额25806.6亿美元。与此同时，中国投资的境外企业从业员工总数达到361.3万人，其中雇用外方员工218.8万人，占比60.6%。2020年，境外企业向投资所在国家（地区）缴纳各种税金总额445亿美元。[①]

然而，企业规模大并不等同于企业国际传播能力强。如果企业规模代表硬实力，那么企业国际传播能力则代表企业的软实力。虽然目前没有关于企业国际传播能力的权威衡量指标体系，但反映企业软实力的"企业品

---

① 中华人民共和国商务部、国家统计局、国家外汇管理局：《2020年度中国对外直接投资统计公报》，中国商务出版社2021年版，第3—5页。

牌价值"可以为我们窥探企业国际传播水平提供参考坐标。根据世界品牌实验室发布的排名，2020年世界品牌500强企业中，中国有43家企业上榜，数量位列美国、法国、日本之后。虽然进步明显，但中国企业仅占世界品牌500强总量的8.6%，这一数据与同年中国企业占据世界企业500强的26.6%相距甚远。

美、日、欧等西方国家虽然在全球500强中的比例呈现显著下滑的态势，但在品牌价值方面的统治力依然强大：上榜企业数量排名前十的西方国家占据世界品牌500强企业总量的82.6%。因此，中国企业须清醒认识到，我们在国际传播能力等软实力领域同西方跨国公司存在明显的差距。他山之石，可以攻玉，下文将在梳理诸多国际传播成功案例的基础上，结合提升母国国家形象的视角，归纳西方跨国公司在国际传播领域的实践经验。

第一，优质的产品与服务、合规经营是成功国际传播的根本前提。传播学理论认为传播者的身份会影响到信息接收者对传播内容的接纳程度，进而影响传播效果。国际传播作为传播的特殊形式，遵循传播学的基本规律。一般而言，企业形象越正面，其传播内容越有说服力，传播效果也越好。美、日、欧等大型跨国公司的实践案例证明，良好的产品与服务是企业形象最重要的组成部分，也是企业国际传播最有力的背书。德国宝马公司强大的国际传播能力以宝马汽车卓越的性能为支撑，美国肯德基公司广泛的世界影响力主要倚仗其快餐产品横扫世界的强大实力。没有优质的产品和服务作基础，跨国公司很难依靠营销手段取得长期的传播效果。①

优质的专业水平是国际传播的必要不充分条件，企业在东道国合规经营同样必不可少。合规经营主要有两类要求：一类是合乎东道国法律规范。出于逐利的目的，一些跨国公司采取偷税漏税、违反环保法律规定、以不正当方式攫取垄断地位等行为，这些非法行为严重破坏了企业在东道国的形象。美国互联网巨头谷歌公司屡屡因违反竞争监管规定、滥用市场支配地位、垄断操作系统等原因遭到欧盟的处罚，不仅重创企业市值，而且严

---

① 李志永：《企业公共外交的价值、路径与限度——有关中国进一步和平发展的战略思考》，《世界经济与政治》2012年第12期，第108页。

重影响了谷歌在欧洲地区的企业形象。另一类是合乎东道国的文化习俗和伦理道德规范。与明确的法律条文相比，东道国的文化习俗和伦理规范有时难以准确把握，许多国际巨头因此而折戟。意大利著名奢侈品牌杜嘉班纳在名为《起筷吃饭》的宣传片中涉及对中国文化的戏谑和嘲弄。宣传片原本为该品牌在上海举办的品牌秀预热，但其内容极大地冒犯了传播对象——中国民众的文化情感，引发了全社会的抵制行动，最终杜嘉班纳被迫退出中国市场。许多负面案例表明，跨国公司的非合规行为不仅损害了企业在东道国的形象，而且会影响企业在全球范围内的形象，有时甚至会波及母国的国际形象。

第二，本土化的运营团队是国际传播的组织基础。国际传播很多时候表现为跨文化传播，即面向与母国文化有很大区别的东道国民众传递信息。在此背景下，本土化的运营团队对于缩短甚至跨越文化鸿沟具有重要意义。如今，本土化运营已经成为跨国公司的通用战略，但追溯到20世纪80年代，本土化战略并非跨国公司的主流。彼时的主流思维仍是一体化战略，即由母公司统一管理和调配跨国企业的所有资源，实现企业内部的资源最优配置，在国际传播领域亦是如此。在东道国政府控制跨国企业在境内经营行为的要求之下，一些跨国公司被动开启本土化的进程。随着跨国公司海外实践的发展，本土化战略在国际传播上的优势越发明显，逐渐使本土化传播团队成为跨国公司的标配。一方面，不同国家和地区差异性明显，本土雇员更加熟悉东道国的基本国情、文化习俗以及消费喜好等，有助于企业制定精准的传播策略和传播内容；另一方面，本土化的运营和传播团队有助于减弱本地民众将跨国公司视为外来者和掠夺者的观念，改善企业在地方民众中的形象，同时赢得地方政府的好感。

西方跨国公司在本土化传播方面创造了许多经典案例。以美国宝洁公司在中国的品牌传播为例，宝洁公司旗下多款日化产品以超高的销量长期占据中国日化市场头把交椅，在中国市场大获成功。如果仅从传播内容上探寻宝洁公司成功妙门的话，其品牌名称和内涵同中国文化的深度融合功不可没。飘柔、海飞丝、潘婷、玉兰油等子品牌名称不仅展示了中国文字之美，而且忠于品牌原意，在本土化的同时并未丧失品牌的母国特质。宝洁公司成功的本土化传播得益于强大的本土化团队。一直以来，宝洁公司坚持在华聘用和培养本土员工，高层管理人员中本土职员比例长期保持在70%以上。本土管理者对国内市场的精准把握以及对中国文化的深刻理解，使宝洁公司的营销传播不仅接地气，而且通人心。自1988年进入中国以来，宝洁公司为中国市场培养了一大批本土商业人才，被誉为快消界的"黄埔军校"，这为企业赢得良好的社会声誉。

运营团队本土化的同时，跨国公司国际传播仍须保留品牌的特色与母国基因。一些跨国公司在东道国的传播陷入过度追求本土化的迷失，即一味迎合观众喜好，结果却削弱了自身品牌的特性与优势，最终未能收获良好的传播效果。以可口可乐公司在中国大陆的茶饮料营销传播为例，1979年重返中国大陆市场后，可口可乐凭借独具美式特色的产品和本土化的运营风靡中国大陆。碳酸饮料市场大获成功后，可口可乐曾试图迎合中国消费者爱好喝茶的习惯，大力推出数款茶饮料。然而事实证明，中国消费者更加青睐"统一""康师傅"等本土茶饮料品牌，对可口可乐推出的茶饮料反应冷淡。抛去营销、定价等技术层面的因素不谈，作为以碳酸饮料为标签的可口可乐推广与品牌特性关联甚小的茶饮料，很难在传播中引起中国消费者的共鸣。因此，成功的国际传播不仅要贴近本土，而且要保留企业特性。

第三，良好的媒界关系是国际传播的渠道保证。尽管跨国公司能够通过各种大众媒介以企业主体身份向受众传递各种信息并取得良好的传播效果，[①]但国际传播绝不是企业自说自话，以他者之口传播企业形象往往能够收获更佳的传播反馈。国际主流媒体和东道国主流媒体作为权威的传播主体，对跨国公司的主动报道会在很大程度上影响企业的形象：积极正面的报道有助于增强企业的影响力，提升其国际传播效果；而消极负面的报道则可能令企业多年苦心经营的高大形象毁于一旦，企业国际传播的可信度也将大打折扣。

当前国际主流媒体几乎等同于西方主流媒体，美联社、路透社、法新社三大通讯社几乎占据全世界国际新闻发稿量的80%，全世界国际新闻供稿量90%以上来自西方媒体。因而西方媒体近乎垄断了国际舆论传播的话

---

① 当前越来越多的大型跨国企业运用社交媒体平台进行国际传播，可口可乐、三星集团等跨国巨头已经拥有过亿的社交平台粉丝量，这使其自身成为具有国际影响力的传播主体。

语权，深刻影响着国际新闻传播议程设置与报道框架。① 属国的高度重合使西方跨国公司与国际主流媒体的关系呈现出"国内企业与媒体关系"或"西方世界内部企业与媒体的关系"的特殊现象。共同的文化和价值观基础、相同或相近的精神信仰、千丝万缕的利益关联使西方跨国公司与主流媒体紧密联系在一起。从历史上看，作为鼓吹自由主义和全球化的重要旗手，西方媒体和西方跨国公司是天然的同盟军。尽管涉及母国国内领域议题时，西方主流媒体对跨国公司的报道可能倾向于保持相对客观和公正立场，但涉及跨国公司海外行为的议题时，主流媒体通常会作出倾向性明显的报道。

如果说国际主流媒体的传播形塑了跨国公司在全球的基本形象，那么东道国主流媒体则主要塑造跨国公司在本土的形象。西方跨国企业在处理与东道国媒体关系上同样积累了丰富的经验。西方大型跨国公司普遍重视公关团队建设，除了总部以外，重要区域的子公司也会组建专业的本土化公共关系团队，专门负责与东道国媒体的交流与合作。相对于被动地成为媒体报道的对象，西方跨国公司会主动选择同地方媒体接触，为其提供新闻素材，以掌握传播内容的主动权。除了日常关系维护之外，西方跨国公司经常会通过冠名重大社会活动、举办慈善赛事、参与社区治理等具有新闻点的活动以获取东道国媒体的曝光，进而提升在东道国的美誉度。总体而言，建立良好的媒体关系，借权威之口传播企业和国家形象，对于提升跨国公司的国际传播能力大有裨益。

第四，履行企业社会责任、引领先进的发展理念是跨国公司国际传播的道义支撑。企业社会责任是比较悠久的话题，最初公司坚持一元责任论，认为公司创造利润就是承担社会责任。随着劳工压榨、环境破坏、不正当竞争等问题的涌现，企业社会责任成为跨国公司绕不开的焦点话题。1976年经济合作发展组织（OECD）出台《跨国公司行为准则》，增加了保护人权、反对行贿和环境保护等责任。② 跨国公司很快接受并在全球传播企业社会责任理念，以摆脱种种"原罪"指责，树立良好的社会形象。一方面，

---

① 江涌：《坚决打好意识形态斗争主动仗》，《红旗文稿》2018年第16期，第28页。
② 赵可金、尚文琦：《公司外交：对跨国公司外交职能的一项研究》，《国际政治研究》2014年第5期，第34页。

通过履行企业社会责任，跨国公司与当地政府和社会建立起更加广泛和紧密的联系，履责的过程便是传播企业理念与价值观的过程。另一方面，履行社会责任为其国际传播提供良好的素材。跨国公司的社会责任一般以教育、环保、体育、健康等作为主要领域，在以上领域的善举有助于普通受众形成对跨国公司的正面印象。以宝洁公司为例，该公司从 1996 年起连续 25 年为中国希望工程捐款，累计捐建 200 多所希望小学，是在中国捐建希望小学数量最多的跨国公司，30 余万贫困儿童因此获益。① 宝洁公司在教育领域的持续善举使该企业在中国树立起热心公益、关怀弱势群体的企业形象，有助于企业在中国的长远发展。

引领先进的发展理念既是企业科技实力与人文关怀的体现，又是企业社会责任的延伸，还能为企业带来卓越和先进的正面形象。从传播学的角度，引领行业先进发展理念的企业容易获得媒体和社会各界的主动关注，获取传播"流量"。例如，在气候变化对全球生态环境造成越发严重破坏的背景下，绿色、低碳、可持续的发展理念成为当下世界各国的普遍共识，许多跨国公司成为绿色发展理念的先行者。星巴克于 2018 年宣布将在全球范围内逐步停止使用一次性塑料吸管，并在 2020 年实现了这一目标。麦当劳不仅停止了塑料吸管的使用，而且在中国门店推广自带饮嘴的新杯盖以替代传统吸管，引领行业绿色环保的前进方向。这些行为引发了主流媒体的持续关注与讨论，为企业形象增色不少。客观而言，一些企业的环保行为并非是自发的，很多时候是为了遵循或迎合母国和东道国相关政策规定。然而，无论出于何种动机，企业践行先进发展理念的行为都会提升国际传播的"音量"和"音调"，助力其正面形象的塑造。

第三节　中国企业国际传播的时代要求

从 1979 年中国第一家国际化经营企业的诞生到 2019 年中国超越美国成

---

① 徐晨、许志兵：《二十余年初心不改，宝洁公司助学扶贫一往直前》，《中华儿女》2018 年第 8 期，第 90 页。

为拥有最多世界500强公司的国家，中国企业不断发展壮大。特别是2001年中国加入世界贸易组织以后，中国从事国际化经营的企业数量与规模呈现"井喷式"发展。中国企业国际化经营的飞速发展与国家的支持密不可分。早在2004年，国务院国有资产监督管理委员会领导就强调，发展一批有国际竞争力的大企业、大集团是中国国民经济发展面临的一个战略性课题。国资委将推动企业加强相关制度建设、推动相关领域的改革，为企业国际化经营创造更加宽松的环境和更加便利的条件，推动国有大企业进一步走向国际市场，努力培育一批中国的跨国公司。事实证明，中国企业国际化经营的前途与命运同国家改革开放进程息息相关，中国企业不仅是改革开放的参与者和建设者，更是改革开放的受益者，因而有责任为国家的国际传播事业贡献力量。为了更好地服从和服务于国家国际传播的大局，中国企业应清晰地把握我国国际传播面临的形势变化，厘清企业的传播角色与任务。

当今世界正处于百年未有之大变局，在东升西降的大趋势下，国际力量对比更趋均衡。作为新兴国家的代表，中国的综合国力保持高速增长，成为百年大变局中最核心的变量。习近平总书记指出："我国日益走近世界舞台中央，有能力也有责任在全球事务中发挥更大作用，同各国一道为解决全人类问题作出更大贡献。"[1] 责任与使命要求我们加强国际传播能力建设，提高国际传播影响力、中华文化感召力、中国形象亲和力、中国话语说服力、国际舆论引导力。

与此同时，我国的国际传播工作面临严峻挑战。一方面，面对中国的和平发展，美国等部分西方国家采取打压的态势，试图维护其舆论霸权。尤其自新冠肺炎疫情暴发以来，以美国为首的部分西方国家不断加大对中国污名化力度，恶意捏造虚假信息中伤中国的国家形象，为我国国际传播带来巨大的外部压力。另一方面，近年来尽管我国国际话语权和影响力显著提升，但在国际传播领域西强我弱的格局仍未发生本质变化。[2] 面对一些

---

[1] 《加强和改进国际传播工作 展示真实立体全面的中国》，《人民日报》2021年6月2日。
[2] 彭涛、何雯雯、张琳曦：《后疫情时代中国国际传播的机遇、挑战和实践路径》，《对外传播》2021年第2期，第32页。

西方国家的恶意舆论攻击,我国大体上处于被动应战的状态。

面对新的形势,习近平总书记要求,"要深刻认识新形势下加强和改进国际传播工作的重要性和必要性,下大气力加强国际传播能力建设,形成同我国综合国力和国际地位相匹配的国际话语权"。① 中国企业作为国际传播的重要主体,有责任、有能力、有必要为我国国际传播工作作出应有的贡献。其一,企业的发展离不开国家的支持,构建良好的国家形象是每一个中国企业的责任所在;其二,企业作为经济主体,能够在国际传播中发挥独特的优势;其三,新形势下,一些中国企业遭到了美国等个别西方国家的恶意打压,客观上需要继续提升企业的舆论反击能力和议题塑造能力。因而中国企业应认识到国际格局与国际传播形势的新变化,积极主动投入国家国际传播能力建设的大局中。

第一,传播战略层面,中国企业应主动融入中国特色战略传播体系。我国国际传播事业是一项复杂的系统性工程,需要政府、媒体、企业、社会组织等主体配合协作。党的十八大以来,我国已初步构建起多主体、立体式的大外宣格局,未来将加强顶层设计和研究布局,构建具有鲜明中国特色的战略传播体系。作为体系的重要组成部分,企业要增强政治意识,认真学习领会习近平总书记关于国际传播的重要论述,与时俱进地更新国际传播思维,提升传播工作理念,在国际传播工作中始终同中央保持一致。加强国际传播能力建设既能为我国改革发展创造良好的国际舆论环境,又能为推动构建人类命运共同体作出积极贡献,因而企业应加深对国际传播工作的认识水平,不断提升政治站位。

中国企业要加强传播意识,主动向外界传递中国声音。长期以来,中国企业国际化经营一直遵循"在商言商"的经营思路,很少就业务之外的领域主动发出声音,久之便在海外社会中形成了中国企业注重经济利益而忽视社会责任的刻板印象。这种刻板印象也为"中国威胁论"的扩散提供了温床。② 因而,中国企业不仅要做好主营业务,也要加强对外发声能力,

---

① 《加强和改进国际传播工作 展示真实立体全面的中国》,《人民日报》2021年6月2日。
② 张志洲:《切实改变国际话语权"西强我弱"格局》,《人民日报》2016年9月20日。

主动塑造企业形象和国家形象。

中国企业要增强系统意识，找准自身在国家对外传播体系中的定位。国际传播能力属于国家软实力建设范畴，而企业国际传播应属于软实力之中的软实力。企业国际化经营的主要受众为当地政府与普通民众，因此日常传播应侧重以温和、谦逊、合作的语调传递信息，展示可信、可亲、可敬的中国形象。在面对不实指责、栽赃和污名时，企业应根据传播对象的不同选择合适的语调予以回应。[①] 对来自民间的声音，企业应以理性、温和的传播声调纠正各种偏见和误解，尽量减少加剧立场对抗的表达。在传播相近内容时，企业应注意采取同政府、媒体等其他传播主体差异化的表达方式，避免被视为政府"传声筒"而惹来政治化的污名。

第二，传播内容层面，中国企业应传播立足于中国文化和中国实践、彰显全人类共同价值的企业故事。企业是以营利为主要目的的经济组织，企业国际传播在内容层面首先应该紧扣企业故事这一主题。一方面，与企业经营相关的故事既有利于提升企业形象，又易于被核心用户接受；另一方面，企业传播内容如果偏离主营业务，很容易被扣上"政治代理人"的帽子，不仅损坏了企业形象，也不利于国家形象的建构。

企业传播内容须立足于中国文化和中国实践，用中国话语和中国叙事进行国际传播。国外社会和民众对中国在经济领域取得的成功早已熟悉，然而对中国如何获得成功仍处于不了解或者误解的状态。[②] 而企业成功背后的故事便是中国文化、中国经验与企业文化有机结合的范本。中国企业应深度挖掘企业故事、精心提炼产品的母国文化和价值内涵，以不同于西方中心主义的话语体系讲述给东道国社会与民众，使富有中国特色的表达成为国际社会熟知的议题。[③]

企业国际传播内容要符合全人类共同价值，尤其要与受众的文化价值理念相契合。习近平总书记指出，"要采用贴近不同区域、不同国家、不同

[①] 季为民：《中国企业国际传播形象建构的现状及路径》，《人民论坛》2021年第18期，第104—106页。

[②] 中国报道杂志社、当代中国与世界研究院、凯度：《2019年中国企业海外形象调查报告》（拉美版），第44页。

[③] 李继东、蒋雪颖、金明珠：《中国企业海外形象建设的话语偏向与转向》，《中国社会科学报》2019年12月5日。

群体受众的精准传播方式,推进中国故事和中国声音的全球化表达、区域化表达、分众化表达,增强国际传播的亲和力和实效性"。① 世界文化多样性决定了各国在信仰、伦理、价值观等领域的差异性,为此要寻找不同文化文明间的最大公约数,以确保传播内容能够深入人心。对企业国际传播而言,最基本的要求便是传播各国普遍认同的、符合全人类共同价值的内容。为实现更好的传播效果,企业应研究东道国的文化特点和价值偏好,努力发掘其与中国文化的共通点,真正做到精准传播。

第三,传播渠道层面,中国企业应主动利用国外主流媒体和社交媒体平台,多渠道展示中国企业形象。善借他山之石是企业进行国际传播的必备素养。目前西方主流媒体占据国际舆论主导权是国际传播的客观现实。与政府、媒体等政治性较强的国际传播主体相比,企业具有非政治性的优势,可以利用该优势与国际主流媒体开展务实合作。与媒体合作过程中,企业既能借助主流媒体的影响力传播和塑造正面的形象,又能通过交流互动消弭部分西方主流媒体对中国和中国企业的偏见与误解。

与此同时,中国企业应紧跟时代发展潮流,充分利用受众广泛的社交媒体平台,打造立体的传播渠道。社交媒体平台的兴起使个人和企业拥有了巨大的传播"声量"。截至 2021 年 10 月,韩国三星公司在 Facebook 上拥有 1.6 亿粉丝,美国可口可乐公司拥有 1.05 亿粉丝。这些公司借助社交媒体平台获得了一些国际主流媒体都难以企及的传播能力。中国企业可以在社交媒体平台上下功夫,在全球性和地方性社交媒体平台上注册和经营企业账号,拓宽自主掌控的信息发布渠道,以改变中国企业"善做不善说"的刻板印象。针对社交平台内容迭代频、传播速度快、传播频次高、与粉丝互动强等特点,企业应建立起专业化的社交媒体运营团队,不断提升企业在社交平台的形象与关注度。

第四,传播队伍层面,企业应建立和锻造适应新时代国际传播需要的人才队伍。新时代国际传播事业是一项专业化、系统化工程,需要专门的人才队伍。从事国际化经营的公司处于国际传播的一线,亟须专业力量的

---

① 《加强和改进国际传播工作 展示真实立体全面的中国》,《人民日报》2021 年 6 月 2 日。

支持，因此培养国际传播专业人才既是国家的要求，也是企业的需要。从传播团队构建的角度，中国企业应调整过去偏重产品、技术等硬知识背景的选材思路，选择符合新时代企业国际传播需要的专业人才。合格的国际传播人员至少应具备三个方面的知识和能力：一是专业素养，即应对企业的业务、组织架构、经营理念、发展规划等具有充分的掌握。二是媒介素养，专业人员既要建立和维护良好的媒体关系，又要有效运用各类媒介平台传播企业内容，故而媒介素养是国际传播人员最为核心的素养。三是跨文化交流素养，从业者不仅需对东道国的历史、人文和风俗等熟稔于心，而且应具备一定的国际关系知识，准确把握国际局势和双边关系对企业经营的影响。[①]

目前，我国国际传播领域的人才仍比较欠缺，需要加快培养适应新时代国际传播需要的人才，而企业可以在此过程中发挥重要作用。一方面，企业可以在内部培养和锻炼国际传播人才。例如，企业可以从内部遴选精通业务技能、在跨文化交流和媒介素养方面具备成长潜质的员工，通过内部培训后派往海外分支从事国际传播工作。国际传播是一门实践性较强的工作，员工可以在实践中提升国际传播素养和技能。另一方面，企业可以与高校开展联合培养机制，培养兼具理论修养与实践经验的复合型人才。[②]企业可以从高校选拔国际传播类专业学生进入本部或者海外分支实习，通过一线工作弥合课堂学习与实践操作之间的鸿沟，借此提升高校人才与就业市场的匹配度。

第四节 中外公司国际传播案例

本节选取中国交通建设股份有限公司（以下简称中国交建）和德国宝马公司两家企业在东道国的国际传播作为案例，对二者的传播经验进行分

[①] 徐艳珠、张志安：《新时代中国企业如何培养国际传播人才》，《对外传播》2021年第10期，第20—21页。
[②] 徐艳珠、张志安：《新时代中国企业如何培养国际传播人才》，《对外传播》2021年第10期，第21页。

析和梳理。两家企业作为各自母国国家形象的重要名片,在长期的国际化经营中不仅打造了优质项目和产品,而且紧紧抓住了国际传播的精髓要义,为企业形象和母国形象增色良多。客观而言,任何现实案例都无法尽善尽美,两家企业的国际传播实践皆有可改进提升之处。然而瑕不掩瑜,中外两家企业在国际传播中的诸多闪光点仍值得中国公司学习和借鉴。

一、中国交建在肯尼亚的国际传播案例

中国交建是全球领先的特大型基础设施综合服务商,产品和服务遍及150多个国家,是中国企业国际化经营的典型代表。由中国交建承建和运营的蒙内铁路是中非"一带一路"合作的旗舰项目,蒙内铁路全称蒙巴萨—内罗毕标轨铁路,铁路全长480千米,是东非铁路网的首段工程。铁路由中国交建下属的中国路桥集团承建,于2014年9月开工建设,2017年5月建成通车。该项目通车后交由路桥集团在肯尼亚注册的非洲之星铁路运营公司(以下简称非洲之星)管理和运营。多年来,中方企业凭借优秀的建造和运营水平、成功的本土化传播策略、丰富的传播渠道与及时的危机应对,以及模范地履行企业社会责任,赢得东道国与国际社会的一致好评。

(一)优秀的建造和运营水平

企业产品和服务质量是一切传播的根本前提,缺乏优质产品和服务背书的国际传播无论技艺多么精湛,都注定难以达到预期。同可口可乐、奔驰等量产型企业不同,基建类企业的"产品"往往具有唯一性。尤其是大型基建工程,它的优劣直接决定了一家企业在东道国的形象。在蒙内铁路案例中,路桥集团和非洲之星在项目建设和运营中皆表现出一流的专业水准,为企业国际传播奠定良好的基础。

蒙内铁路项目是肯尼亚独立以来修建的第一条铁路,是肯尼亚2030年国家发展愿景的旗舰工程,被誉为"世纪工程"。中国交建集团作为全球首屈一指的大型基础设施综合服务商,在蒙内铁路建设中以出色的施工水平和先进的建设理念赢得了肯尼亚和国际社会的普遍赞誉。首先,铁路建设体现了世界级水准。在保质保量的前提下,蒙内铁路提前两年多竣工通车,集中体现了中国企业的技术与效率。蒙内铁路设计最高时速达到120千米,

将蒙巴萨与内罗毕之间的客运时长从过去的 12 个小时缩短到 4 个多小时，将货运时长从过去的 2 天缩短到 8 小时，大大提升了铁路运输效率，为沿线地区的互联互通起到关键作用。

其次，非洲之星的高水平运营使蒙内铁路更加深入人心。2020 年初新冠肺炎疫情肆虐肯尼亚期间，蒙内铁路依然保持货运列车 24 小时不间断运行，为当地运输防疫和基本生活物资超过 400 万吨，为保障肯尼亚国民经济运转，满足沿线人民基本生活需求发挥了重要作用。2020 年 7 月初，在非洲之星的努力下，蒙内铁路率先恢复部分客运班次运营，为肯尼亚社会维持正常运转发挥巨大的作用。肯尼亚《旗帜报》等主流媒体纷纷对非洲之星铁路运营公司复开复运作出高度评价。

最后，项目集中体现了中国标准的优越性。铁路工程建设全面使用中国技术、中国标准、中国装备，是海外首条全中国标准铁路。与此同时，非洲之星的运营工作实现了中国铁路运行标准的"走进去"。2019 年，非洲之星同肯尼亚铁路局联合发布英文版标轨铁路《行车组织规则》，明确了标轨铁路运输组织的行业标准，使铁路运营的中国标准融入肯尼亚的铁路事业中。整体而言，路桥集团及非洲之星优质的业务水平对企业国际传播工作起到积极作用，它既是国际传播的良好素材，又为提升企业国际传播影响力和公信力打下坚实基础。

（二）成功的本土化传播策略

非洲之星建立起一支高度本土化的运营团队，充分利用本土员工的优势做好国际传播。2020 年非洲之星的员工结构中，中方员工 600 余名，肯尼亚员工 2500 余名，整体上员工本土化率约为 81%。肯尼亚员工实现了服务岗位、技术岗位与管理岗位的全面覆盖，多位肯尼亚员工进入公司管理层。非洲之星一方面通过本土员工的招募为当地提供大量优质就业岗位，另一方面通过强化对本土员工职业技能培训，为肯尼亚培养一批优秀的铁路运营人才。在中国企业的培养和关怀下，许多肯尼亚员工成为企业形象的传播大使。

铁路运营是专业要求较高的工作，但肯尼亚由于铁路等基础设施的陈旧落后，长期缺乏铁路运营人才储备。鉴于此情形，非洲之星为肯尼亚员工制订全面的培训计划,通过开设培训班、选派骨干赴华进修、举办技能竞赛等方式提升员工专业水平。在企业与员工的不断努力下,肯方员工已在主要技术工种独立顶岗,有 1072 名肯方员工可以独立完成 58 个作业项目。除了专业技能培训外,非洲之星重视企业文化的培训,培养员工对企业的认同感。这种认同感不仅激励其尽职尽责地完成日常工作,还直接助力中国企业在非洲的国际传播。

蒙内铁路女火车司机的成长故事是中国公司培育人才与国际传播双丰收的典型案例。为了帮助肯尼亚培养本土标轨铁路列车司机,铁路承建方路桥集团安排和资助一批肯尼亚员工前往中国学习列车驾驶等相关技术,其中包括 7 名女员工。在公司的悉心培养下,年仅 27 岁的肯方女员工康西莉亚·奥威仅用三年时间便实现了从副司机学员到机车司机长的职业跨越,并两次驾驶总统专列,职业能力广受业界认可。在女性地位仍处于比较弱势的肯尼亚,奥威的成长故事引发了社会各界的广泛关注。2019 年,肯尼亚国家电视台对奥威进行专访,她在访谈中表达了对非洲之星和中国的感激之情:"我很自豪在这样一家中国企业从事工作,是中国帮助了我们,是中国企业教会我成长。"访谈节目在当地黄金时间播出,为提升非洲之星和中国在肯尼亚的形象起到积极作用。

(三)丰富的国际传播渠道与及时的危机应对

蒙内铁路是具有国际影响力的重点工程,其重要性吸引各国媒体主动关注与报道,可谓自带"传播流量"。中方企业重视国际传播工作,既欢迎和引导肯尼亚及国际主流媒体的正面报道,又主动塑造舆论话题并及时回应负面舆论。一方面,蒙内铁路项目和非洲之星获得肯尼亚及国际主流媒体的广泛报道。《旗帜报》《星报》《民族报》等肯尼亚主流媒体长期关注公司与铁路的运营和进展状况,作出大量正面报道。铁路开通伊始,肯尼亚影响力最大的英文媒体《旗帜报》从今昔对比的角度对项目大加溢美之词:"与一百多年前英国人修建的窄轨铁路不同的是,蒙内标准轨铁路注重环境保护和本地元素。"英国《每日电讯报》对蒙内铁路的线路设计和生态保护行为赞赏有加,将其评为 2019 年全球最受欢迎的十三条铁路旅行线路之一。美国探索频道(Discover Channel)在系列纪录片中对非洲之星的运营团队进行深入报道。和肯尼亚国家电视台一样,探索频道高度关注女性担任机车司机的故事,非洲之星对女性员工的重点培养成为报道的主要亮点。美国《华盛顿邮报》对蒙内铁路的建设和运营模式进行报道,尽管文中对融资问题存在较深的偏见,但对于中国企业在当地积极履行社会责任、保护生态环境的行为给予了客观的好评。

另一方面,中方公司有意识地引导公众舆论,及时回应负面新闻。一是公司主动同肯尼亚主流媒体互动。铁路正式投入运营后,每逢运营500天、1000天等重要时间节点,中方企业会邀请肯尼亚主流媒体参与相关活动,主动介绍铁路运营的具体情况,引导正面社会舆论。此外,非洲之星聘用当地专家担任企业传播顾问,在《旗帜报》《民族报》等影响力较大的主流媒体撰文发声,主动为舆论定向定调。二是在东道国社会出现对企业的不实报道时,公司及时发声予以反驳和澄清。2020年2月,东非地区最具影响力的英文媒体《民族报》刊文对路桥集团在项目中部分开支提出质疑,认为其中存在腐败行为。路桥集团第二天即登报发表正式声明,对报道中提及的质疑一一作出详细回应,有力地澄清了事实。及时有效的危机公关防止了类似谣言的扩散,维护了中国公司的形象。

(四)模范地履行企业社会责任

中方企业高度重视履行企业社会责任,将其贯穿蒙内铁路建设和运营的全过程。首先,在铁路建设过程中,中方企业格外重视环境保护。蒙内铁路约有120千米穿过察沃国家公园,当地居民和动物保护组织担心铁路可能会影响动物迁徙。为此,中国公司在设计和施工中采用与既有铁轨并行、建设铁路桥、设置涵洞等方式,以最大限度地减少铁路对肯尼亚野生动植物的影响。蒙内铁路所有桥梁式动物通道净高均在6.5米以上,即使是成年长颈鹿也可以无障碍穿行。此举赢得了肯尼亚社会各界的一致好评。

其次,中方企业注重与当地社区互动,采用多种方式与当地分享铁路红利。铁路开建以来,项目建设尽量使用本地原材料,其中水泥、砂石料、木材、柴油等重要原材料本地采购率达到100%,本地采购金额超过880亿先令。同时,中方企业同1000余家本地分包商和材料供应商合作,通过直接和间接的方式累计为肯尼亚当地居民创造约4.6万个岗位,以实际行动带动当地就业。据测算,铁路的建设为肯尼亚国民生产总值贡献 1.5%—2% 的增长,真正做到了合作共赢。①

最后,企业在经营过程中热心社会公益项目,为当地弱势群体提供帮助和支持。中国交建将蒙内铁路项目合同金额的 0.5% 设为社会责任专项基金,为履行企业社会责任提供了资金保障。仅 2018—2019 年,蒙内铁路项目便开展道路修缮、水源分享、社区设施、文化教育、医疗卫生、应急救灾等 100 多项社会责任项目,累计投入资金超过百万美元。一项项社会责任项目的落地使企业与社区建立起亲密而具体的关系纽带,使那些与铁路项目毫无关联的民众享受到中国企业的人文关怀,这对于传播可信、可亲、可敬的中国企业形象和中国国家形象大有裨益。

中方企业不但重视社会责任实践,同时也重视对外表达。2016 年 3 月,路桥集团发布了首份《肯尼亚标轨铁路社会责任报告》,它同时也是中国企业第一份海外项目社会责任报告。截至 2021 年,路桥集团已经连续 5 年发布该项目社会责任报告,详细阐述了企业在促进肯尼亚经济社会发展、保护肯尼亚自然生态环境、开展社会公益活动等方面的举措,以清晰透明的方式向肯尼亚和国际社会介绍路桥集团在履行社会责任方面的努力,有力地回击了一些关于项目的不实报道,收获了良好的传播效果。

二、德国宝马公司在中国的国际传播案例

德国宝马公司诞生于 1916 年,至今已有百余年的历史。作为驰名世界的汽车制造商,宝马公司连续多年蝉联全球高档汽车制造商头把交椅,众多权威榜单都将宝马列为全球最具品牌价值的汽车之一。宝马公司 1994 年便在北京设立代表处,2003 年与中国华晨汽车集团控股有限公司合资成立华晨宝马汽车有限公司(以下简称华晨宝马),2004 年在中国注册成立宝马(中国)汽车贸易有限公司(以下简称宝马中国),负责进口宝马与国产宝马的销售和市场工作。经过多年深耕,宝马公司以优质的产品与服务受到中国消费者的喜爱,在中国树立了良好的企业形象。宝马公司的商业成功

---

① 吕强:《蒙内铁路助力肯尼亚经济发展》,《人民日报》2018 年 11 月 12 日,第 21 版。

不仅体现在其产品性能超群，其出色的商业运营、全面的本土化传播策略、先进的社会责任理念也同样功不可没。宝马公司在中国的传播不仅带来了品牌形象的提升，宝马品牌鲜明的国家属性还使传播效应外溢至德国的国家形象。

（一）出色的产品性能与商业运营

中国加入世贸组织以来，国内汽车消费市场展现出日益强大的增长潜力，为此宝马公司大幅度调整在华经营战略，投入大量资金与人力开拓中国市场。经过多年运营，宝马汽车的销量从2003年不足2万辆跃升至2020年的77.74万辆，成为中国汽车市场最受消费者欢迎的品牌之一。宝马汽车作为高档商品，其销量所反映的不仅是产品质量，更是企业和品牌形象。从营销性传播的角度，宝马汽车在中国市场的成功主要得益于以下三个原因。

一是宝马汽车优越的性能。作为顶级的汽车制造商，宝马汽车在动力性能、驾驶体验与售后服务等方面全球领先。进入中国市场后，宝马公司总会在第一时间将其总部研发的最新款车型推向中国市场，使中国消费者能买到最优质的产品。换个角度观察，新闻中极少出现宝马公司汽车质量问题的负面报道。优越的驾控性能已经成为宝马汽车在中国消费者心目中的特有标签。

二是宝马公司对中国市场不遗余力地投入。宝马公司先后于2003年和2004年投资成立华晨宝马和宝马中国，前者使宝马实现了研发和生产本地化，后者使宝马在中国拥有一支专业的管理运营团队。2009年以来，宝马公司在中国累计投资640亿人民币，在沈阳先后投资建造大东和铁西两座整车工厂、一座动力总成工厂和一个研发中心。持续的投入不仅使宝马公司在华拥有了全球规模最大的生产基地，满足了企业在中国乃至全球的供应需求，而且促进了地方经济发展，提升了企业同地方政府和社会的关系，而后者对于宝马公司在地方的传播助益匪浅。

三是宝马公司为中国消费者量身打造专属车型。2005年之前宝马在华仅销售标准款车型，市场对此反响平平，其销量与同为豪华车的奔驰、奥迪相比差距明显。2005年宝马中国在对国内市场进行充分调研之后，决定在华停止生产标准版 5 系轿车，推出符合中国消费者需求的宝马 5 系加长版轿车，结果大受市场欢迎，成为畅销至今的热门车型。5 系加长版是宝马产品本地化的开端，在此思想指导下，宝马公司推出一系列国产车型，不断拉近与中国消费者之间的距离，因此赢得了良好的企业形象。

（二）全面的本土化传播策略

由于中国市场的重要性与独特性，宝马公司在中国采取本土化战略，即组建本土人员为班底的管理团队、建设本土生产研发基地、制定本土化营销策略，以使宝马汽车品牌在中国市场落地生根。2004 年宝马公司任命中国背景深厚的史登科担任宝马中国首席执行官，拉开了宝马公司本土化战略序幕。史登科在中国接受过教育，能够流利地使用中文沟通，对中国文化有着较深的理解。他在任期间大量聘用中国本土人才担任业务主管，力图使宝马品牌与中国市场建立更加紧密的联系。在品牌传播领域，宝马中国采取本土化品牌塑造策略，在保留宝马品牌原有内涵的同时，将中国文化和中国元素融入其中，以增进中国消费者对其品牌的接受度和认同感。

宝马中国关于"BMW 之悦"的品牌传播堪称跨国公司在华本土化传播的典范。2009 年宝马公司提出"Joy is BMW"的全新品牌理念，并在全球传播推广。宝马中国将其嫁接到中国文化语境中，围绕"悦"（joy）与中国文化的联系做文章，将其同"天人合一"的传统思想融会贯通，重新阐释为"天人车合一"：于车，为驾驶乐趣之悦，契合宝马长久以来"驾驶乐趣"的品牌精神；于人，为成就梦想之悦，体现成功人士的品牌定位；于天，为社会责任和可持续发展之悦，宣扬了品牌社会责任价值。本土化的思想内核与宝马汽车的高端定位十分契合，加上广告中中国书法、山水画、京剧、中国古建筑等中国元素的植入，宝马成功地将舶来品牌理念与中国传统文化有机融合，使品牌形象更加丰满和高大。

除了与中国传统文化寻找连接点之外，宝马公司在品牌传播中将产品植入现代化生活场景，通过对国人精神文化生活的表达，引发受众的共情心理。2021 年春节期间，宝马公司联手本土导演宁浩推出《巴依尔的春节》，以单亲家庭过年团圆的主题打动观众，将 BMW 名称诠释为"爸妈我"。2021 年的情人节，宝马公司与本土导演辛爽合作微电影《婚礼》，以爱情故事将 BMW 演绎成 "Be My Wife"。① 一系列成功的本土化传播大大拉近了宝马公司与受众之间的距离，提升了受众对宝马品牌的文化认同感。

作为高端汽车，宝马汽车并未将传播眼光局限于特定消费人群，而是着眼于在全社会打造良好形象的目标，进行广泛的品牌传播。在新媒体平台日益成为重要传播渠道的背景下，宝马汽车与时俱进地将品牌营销扩展到国内主要社交媒体平台。凭借对短视频用户习惯和传播内容的良好把控，宝马中国在社交媒体平台表现优异，截至 2021 年 10 月企业在抖音上拥有高达 440 余万粉丝量，在企业"蓝 V"中排名第 7，有力地扩大了企业传播的影响力。

（三）先进的社会责任理念

作为历史悠久的大型跨国公司，宝马公司在社会责任领域有着成熟的理念和实践。宝马公司将社会责任视为公司发展战略的重要组成部分，组建专门负责企业社会责任的部门，制定并推行可持续发展的企业社会责任战略。作为宝马公司的重要分支，宝马中国成立了企业社会责任专业团队，从践行可持续发展理念、保护中国传统文化、组织交通安全教育以及捐助爱心基金等方面贯彻企业社会责任。

第一，宝马公司在中国采取一系列措施践行绿色环保理念的可持续发展战略。2013 年宝马中国率先发起"可持续发展与企业社会责任论坛"，倡导行业将可持续性发展贯穿于整个生产和产业链当中。以华晨宝马的生产基地为例，投入巨资建造的铁西工厂是宝马全球三大具有可持续发展能力的工厂之一，工厂建设采用了 60 多种节能减排措施，车间设计、物流系统、机器设备都体现了环保、绿色和高能的特质。2017 年铁西工厂获批成为国家 AAAA 级景区，成为国内工业旅游项目的典范。

第二，宝马公司注重对中国传统文化和非物质文化遗产的保护与传承。宝马中国从 2007 年起发起"BMW 中国文化之旅"项目，通过组织传统文化展览、举办文化创新成果发布会、共建文化创新基地等方式，向全社会展示中国传统文化作品，使非物质文化遗产走进现代生活。2019 年"BMW

---

① 魏隽轩：《新媒体时代汽车品牌营销传播的策略分析——以宝马中国为例》，《视听》2021 年第 11 期，第 191 页。

中国文化之旅"项目入选国务院扶贫办"企业精准扶贫专项 50 佳案例",这一成就在跨国企业中显得尤为可贵。

第三,作为车企,宝马公司对安全出行格外重视,将其视为企业社会责任的重要内容。2005 年宝马中国创立"BMW 儿童交通安全训练营"项目,针对交通安全问题对儿童进行交通规则和交通礼仪教育。此外,宝马公司还组织策划了针对青年人的"未来出行"实践营和创新竞赛,鼓励青年人关注交通出行问题。这些活动皆取得良好的社会反响。

第四,宝马公司设立爱心基金,积极组织社会公益活动。2008 年宝马中国与华晨宝马成立了中国汽车行业内首个企业公益基金,在重大自然灾害、教育、扶贫、环保等多个领域开展社会公益活动。在其组织下,已经有 10 多万位宝马车主共同参与了社会责任活动。企业与用户合作履行社会责任的模式不仅有助于提升用户对品牌的认同感,而且也提升了企业的社会影响力。

总之,在国际舞台,市场也是"战场",成功的企业不仅能够打通"商脉",也能够激活"文脉",有效的国际传播既能够增强企业的"战斗力",也能够增强母国的经贸硬实力与文化软实力。

第十章

案例分析：国际传播能力建设
——以中国石油为例

中国石油天然气集团有限公司（以下简称中国石油，英文缩写：CNPC）自1993年"走出去"以来，经过近30年的国际化经营，历经基础发展、规模发展、优化发展三个阶段，国际业务实现了从无到有、从小到大、由弱变强的跨越式增长，建成了中亚-俄罗斯、中东、非洲、美洲和亚太地区五大海外油气合作区，构筑起跨越我国西北、东北、西南和东部海上四大油气运输通道，建成亚洲、欧洲和美洲三大油气运营中心，提高了技术服务、工程建设、装备制造、金融保险、后勤保障五大服务业务的国际竞争力，形成了海外"五四三五"（五大合作区、四大通道、三大运营中心、五大服务业务）布局，构建互利共赢的国际合作格局和多元互补的能源保障体系，既保障了我国能源安全，又为所在国经济社会发展和增进民生福祉作出了积极贡献。

能源资源开发是"一带一路"建设的重点产业和合作领域。2013年以来，中国石油作为参与共建"一带一路"的重点能源企业，积极践行"一带一路"倡议，秉承共商共建共享原则，聚焦"五通"（政策沟通、设施联通、贸易畅通、资金融通、民心相通）持续深化与沿线国家上下游一体化的全产业链合作，取得了一系列丰硕成果，高标准建成了一批标志性项目和旗舰工程，跨国能源基础设施互联互通水平显著提升，为沿线国家创造了大量就业岗位，有效推动沿线国家能源产业建设和经济社会可持续发展，已成为"一带一路"建设的合作亮点和重要支点。

中国石油在"走出去"过程中，积极探索国际传播能力建设，从机制建设、平台建设、队伍建设、治理建设四大领域着手，不断提升国际参与度和行业话语权，有效支撑公司国际化发展和世界一流综合性国际能源公司建设。通过推进机制建设，形成总部部门、专业公司、所属企业三级参与的国际传播支撑体系；坚持统一规划、分类管理思路，从公司管理层、总部部门和专业公司领导到所属企业专家和专业人员，以不同层次、不同角色、不同方式、不同角度积极参与到国际交流的各个环节中，发出中国石油声音，传递中国石油理念。通过加强平台建设，在"一带一路"国际合作高峰论坛、中国国际进口博览会和新时代中俄全面战略协作伙伴关系框架下，成功打造"一带一路"油气合作圆桌会议、中国石油国际合作论坛、中俄能源商务论坛三大主场国际高端合作平台，助力形成更宽领域、更深层次、更高水平的油气合作利益共同体。通过开展队伍建设，探索建立了一套完善的国际传播人才选拔、培训、使用和评价机制，分类打造了"青年储备人才""专家型人才""领导型人才""传播管理专才"等具有全球化视野和跨文化交流能力的人才队伍。通过推进治理建设，积极参与世界石油理事会、国际天然气联盟、国际能源论坛、油气行业气候倡议组织等行业性国际组织事务，主动参与油气行业规则制定和全球能源治理，中国石油的全球行业话语权得到不断提升。

中缅油气管道是"一带一路"大型能源合作的标志性项目和中缅经济走廊的招牌工程，也是缅甸境内重要的能源动脉和能源基础设施。历经12年耕耘，项目迄今为缅甸带来包括国家税收、投资分红、路权费、过境费、培训基金等在内的直接经济收益逾5亿美元，充分带动当地社会、经济和就业的发展，提高了沿线居民的生活水平。项目始终致力于积极开展社会援助和公益事业，与当地经济社会发展同频共振。迄今已实施社会经济援助项目近300项，涵盖医疗卫生、教育、供水供电、道路、通信、灾害救助等多个领域。通过持续践行共商共建共享的合作共赢理念，探索彰显中资企业"走出去"的"国际范儿"，让中缅民众真切感受到了两国经贸紧密联系的实惠，也成为中缅"胞波"友谊的展示窗口和有力见证。

案例一：中国石油在缅甸国际传播的"云探索"

中国石油一直重视缅甸市场，2001年参与缅甸油气合作以来，一直遵守当地法律法规与国际规范，致力于为缅甸油气开发利用提供一体化解决方案。中国石油先后在缅开展了三个深水区块油气勘探项目，并与缅甸国家石油天然气公司、韩国浦项国际公司等合作伙伴共同运营中缅油气管道项目。中缅油气管道项目包括中缅原油管道、中缅天然气管道和配套原油码头工程，具体由中国石油旗下中油国际管道公司主导建设运营。作为中缅两国建交60周年的重要成果和结晶，项目于2010年6月3日在缅甸开工建设，历经十年耕耘，天然气、原油管道已相继实现投产，成为我国西南方向重要油气运输通道。中缅油气管道项目作为"一带一路"倡议先导工程项目，秉持共商共建共享原则，把基础设施"硬联通"作为重要方向，把规则标准"软联通"作为重要支撑，把同共建国家人民"心联通"作为重要基础，推动共建"一带一路"高质量发展，与当地人民携手打造命运共同体，为缅甸经济社会发展和增进当地民生福祉作出了积极贡献，被称作"中缅友谊的金桥"。

2020年，随着新冠肺炎疫情席卷全球，缅甸也受到严重的影响，疫情常态化下的防疫要求逐渐导致民众社交距离变大，以往的部分国际传播工作难以开展。在此背景下，中国石油及时转变做法，依托集团总部-专业公司-海外项目工作体系加强一体化联动，在当地主动探索"云传播"工作思路，不断加强疫情科普，介绍中国经验，汇聚青年力量，争取当地民众理解支持，传递共享价值和可持续发展目标，树立开放、透明、负责任的中国石油世界一流综合性国际公司形象和可信、可爱、可敬的中国国家形象。

一、主要做法

（一）聚焦缅甸"Z世代"群体开展传播沟通

"Z世代"是指1995—2009年出生的一代人，他们一出生就与网络信息时代无缝对接，受数字信息技术、即时通信设备、智能手机产品等影响比较大，这一群体的观念和选择已经成为全球关注的焦点之一，他们的行动力和影响力也已广泛显现。2021年12月6日，中国外文局国际传播发展中心发布的《中国企业形象全球调查报告2021》显示，18—35岁的青年受访者对中国经济发展为全球带来积极影响的评价最高，对中国企业形象给予更高认可。

近年来，缅甸"Z世代"青年中越来越多的人开始认识中国并传播中国文化，因此，他们也是中国石油在缅甸的重要国际传播对象。随着疫情防控居家政策的不断出台，青年群体对线上社交媒体平台依存度愈发强烈。2020年底，经过调研分析，中国石油决定借助运营成熟的Facebook平台和Tiktok这一新兴短视频传播平台，聚焦"Z世代"青年，发起线上活动——"首届CNPC青年短视频挑战赛"，以企业名义助力展现疫情下缅甸青年正能量。活动邀请参赛者通过拍摄1分钟以上的高清视频上传至个人社交媒体账号。视频可通过个人才艺表演、生活场景记录等方式，展示与众不同的创意、体现正面积极的精神面貌，突出展示中缅友好和文化交流内容。活动还提出了"中国石油，为缅甸加油"的口号，既符合中国石油的主营业务，也切合活动主题，通过要求参赛者在视频中喊出该口号，经过多次传播，最终成为整个活动的"记忆点"之一。

为保证活动热度，凸显企业特色和中国文化内涵，活动实施过程中主要把握以下几个原则：一是加强引流。通过随时监控调整流量分配策略，邀请意见领袖拍摄多个引导性说明视频，及时提升转化率。二是品牌植入。在活动启动、颁奖仪式上采用平台全网直播的方式；在直播背景、画面和互动中植入公司公益宣传片等品牌宣传内容。三是文化互动。整个作品征集阶段，设计多个互动贴和中国文化相关的子活动。主要包括以下几个。

（1）"跟明星一起唱"：邀请缅甸知名歌手演唱其代表作，录制视频，参赛者可以模仿歌手或根据自己创意演唱同一首歌，优胜者将获得歌手点评和互动的机会。

（2）"挑战中国流行舞"：邀请专业舞蹈老师跳一段当下中国流行的舞

蹈，参赛者模仿其动作跳舞并录制视频。

（3）"秀出你的生活"：拍一段 VLOG 短视频，秀出疫情居家的创意生活方式。

（4）"跨年时我想和你说"：过去的一年，每个人都经历了很多，@你最想祝福的人，录一段祝福视频送给他（她）。

（二）足不出户"云游"中国石油海外项目

缅甸有一句谚语叫"真诚，是最珍贵的原则"，在实施缅甸国际传播工作中，中国石油始终坚持以开放促进沟通的原则。项目在当地以开放的态度，积极回应当地媒体、社区居民的关注，共同营造和谐友好的舆论环境，多次以管道项目各个驻地、站场为依托，面向公众组织多场开放日活动，使当地人通过零距离的接触，一对一互动走近中国石油。

为了进一步探索新形势下讲好中国石油企业故事的有效模式，持续加大海外重点项目的国际传播力度，传递共商共建共享的精神内核，公司面向全球开展了线上中缅油气管道马德岛"云开放"活动。中缅原油管道首站马德岛自 2009 年开工建设以来，已经从原先荒凉的小岛变成 30 万吨级大型现代化原油码头，岛上 1/3 的居民都曾参与项目建设，他们的生活条件得到良好改善，对中国人也心存感激、热情友好。目前项目正在着力推进建设跨文化传播示范基地，将马德岛打造成中国石油在缅甸的亮点工程。

活动命名为"一脉相连，共赢未来"，既体现了中缅人民血脉相连的深厚"胞波"情谊，也代表了两国油气管道紧密相连的友好邻邦关系，更展望了共建中缅命运共同体，续写千年"胞波"情谊新篇章的美好未来。活动拍摄制作 18 分钟短视频，视频秉持大格局、大战略与小人物、小故事相结合的理念，通过多方视角编写脚本，向社会民众展示中缅油气管道项目和马德岛原油码头国际化专业生产运营水平、高度重视安全健康环保、积极贡献当地经济社会发展等内容；视频表现手法除工艺流程展示外，还穿插故事化的内容，由属地员工作为主持人进行引导，出镜人物均发原声、讲母语，配中、英文双语字幕，内容通俗易懂，便于传播，与观众有效互动，全方位展现中国石油中缅项目作为"一带一路"倡议的先行者和践行者，是互利共赢、绿色发展、合规运营的项目，是对当地发展具有促进作用的项目。活动通过线上线下全网发布，线上在公司自有媒体传播平台和主流媒体平台同步发布，实现新闻传播的广泛性和新闻受众的多样化，线下邀请缅甸驻华大使、国内数十家权威媒体代表参加发布仪式，现场连线中缅项目分会场介绍中缅油气管道项目基本情况，制造活动热度。这是中缅项目在新形势下与当地加强沟通、增进了解的又一次创新和尝试，旨在通过这样的形式，让更多外国民众走进中国石油、了解中国石油。

二、实施效果

（一）多维度多地区广泛互动，提升企业品牌形象

新形势下的两次"云探索"让中国石油再次收获了大批的"粉丝"和正面舆论热度，在传播过程中，项目不仅讲述自己的故事，也倾听民众的声音，通过双向的沟通促进共赢，多维度展现公司品牌形象。

其中"抖音短视频大赛"共收到有效参赛作品3527份，全网所有渠道累计覆盖超过1153万人次，相关贴文点赞数总计216365个，分享数达11578次，总评论数19406个，互动量257368次，相关视频（含直播视频）总观看量约410万次；共有国内、国际50余家媒体对活动全程跟踪，通过纸媒、社交平台发布进度报道，累计覆盖372万人次。

"云开放"活动新闻稿被翻译成9种语言，在日本、韩国、印度尼西亚、缅甸、马来西亚、澳大利亚等18个国家和地区的324家海外媒体转载，其中缅甸、中国、泰国、印度尼西亚、日本等国家的媒体最为关注，潜在阅读量超过5.7亿人次，实现了泛亚太地区新闻传播的广泛性和新闻受众的多样化，传播效果超过以往举办的实地公众开放日活动效果，并在2020年10月3日中央电视台《东方时空》栏目"马德岛的中秋节，海外建设者视频寄相思"中得以展示；2021年1月17日中央电视台《新闻联播》播出的《引领世界向着更美好的明天迈进——习近平主席达沃斯演讲四周年的世界回响》和1月25日中央电视台《新闻直播间》特别节目《习近平主席在达沃斯论坛对话会议程的讲话》专题中，两次引用"云开放"视频，称赞："'一带一路'先导工程——中缅油气管道项目被称作互利共赢的国际化范本，新冠肺炎疫情暴发后，项目仍继续为缅甸沿线地区居民就业和社会发展提供有力

支撑。"

（二）跨文化沟通增进理解，助力国家形象提升

作为中国石油在缅甸最大的投资项目，中缅项目承担着塑造和传播中国国家形象的重要使命任务，在开展两个"云探索"活动过程中，项目始终在尊重当地文化的基础上，注重融合中华文化和中国元素，使人们在感知企业形象的同时，有效地感知国家形象。在抖音短视频大赛中，一名拥有近8.7万粉丝的缅甸时尚博主表示，自己很喜欢中国的影视剧，在她的参赛视频中，她扮演了七八个近年来优秀中国电影电视剧的女性形象，获得了一大波关注。缅甸记者协会主席吴妙凯在活动后公开表示："在这样特殊的时期，这样的活动很有意义。我很高兴地看到，我们国家的年轻人自信地展现青春活力，他们对中国文化的了解以及对缅甸传统艺术的继承与发扬让我欣慰。"马德岛"云开放"视频成为首个得到缅甸宣传部认可并获批在国家电视台播放的中资企业宣传片，缅甸驻华大使在出席发布仪式的讲话中肯定本次活动为中缅两国互联互通带来的成效，并鼓励公司继续举办类似活动。

（三）探索形成国际传播可复制和推广的新模式

案例实施过程中，中国石油致力于不断梳理、总结可推广的工作模式，并将其打造为可复制的品牌传播系列活动。其中，第二届青年短视频大赛于2021年继续举办，"云开放"模式也已推广至中国石油哈萨克斯坦阿克纠宾、土库曼斯坦阿姆河项目，成为全球疫情影响下有效的跨文化融合工作手段，对今后持续加大中国石油海外项目的国际传播力度，讲好中国故事意义深远。

央企国际传播是一项持久、长期的工作，中国石油在缅甸社交媒体平台运营过程中，还需从传播主体、传播内容、传播渠道、传播对象、传播效果等方面不断强化、完善。一是要多借鉴国内口碑传播、网红打卡等传播方式，在活动中引导参与者自发进行二次乃至多次传播，进一步扩大活动和品牌的影响力；二是提升传播黏性，与参与过活动的受众保持联系，增强其对公司的认同，逐步形成稳定的社群和粉丝圈层，通过社群传播的效应，扩大传播活动的辐射面；三是继续从内容和渠道上探索多元化企业

社会责任传播,不断适应网络化、视频化、社交化、互动化的新兴传播趋势,讲述"民心相通故事",生动展现中国石油品牌形象和中国国家形象,以小见大,争取认同感。

案例二:中缅油气管道电影院放映队

缅甸点灯节前后,中缅油气管道项目成员组成一支电影放映队,从南至北,辗转千里,为项目沿线的缅甸老百姓送去了三部精心译制的中国优秀电影。家长带着孩子,情侣手牵着手,男女老少,纷纷前来欣赏——在这些没有电影院的地方,很多人第一次通过大屏幕看上了电影。当语言不再是障碍,文化没有了隔阂,观众们得以尽情享受电影情节,欢声笑语,响彻现场。国之交在于民相亲,民相亲在于心相通,心相通在于趣相同。影视入民心,人文促交流,以小见大,四两亦可拨千斤。

一、主要做法

"露天电影院"是中国石油总结多年实践经验后举办的创新性活动,也是缅甸境内第一次由外资也是中资企业主导,跨越缅甸多个地区、多个民族的跨文化传播实践。

(一)完整的宣传环

宣传环即预热阶段—实施阶段—回顾阶段。预热阶段是以 2019 年 9 月 16 日在仰光举行启动仪式为核心,邀请政府、使馆、媒体、友好组织等各界人士出席参加,并围绕启动仪式组织较长时间的系列宣传活动,初步建立"电影下乡"的品牌印象;实施阶段即是 10 月 17 日开始至 11 月 11 日,在管道沿线的仁安羌、当达、皎施、地泊以及其他中资企业所在地放映电影,在此过程中针对每一场具体的放映活动采取多种多样的宣传策略,回应管道沿线民众对活动的期许;回顾阶段即放映活动结束后不久在仰光中国文化中心举办为期一周的"露天电影院"的图片和微视频展览,进一步巩固宣传效果。因此,围绕一个宣传活动,进行了为期约两个半月完整的宣传环，多频次多种方式地进行宣传，加深受众印象，并且针对不同的受众，采取不同的宣传策略。

（二）采取喜闻乐见的形式进行文化传播

在一个复杂的舆论环境中，过去多年，中国石油采取过很多种宣传方式，但宣传效果难以保证，最大的原因是没有深入地直接面向受众，没有切中受众的需求点，即我们的话语形式和内容必须是符合缅甸实际的，必须是老百姓喜闻乐见的。经过比较分析，中石油选择了"露天电影院"这种形式：一是缅甸自古以来有露天戏的习俗，人们欢聚一起，露天观看话剧、阿迎戏、木偶戏，这些至今仍是常见的场景，露天活动契合缅甸传统习俗；二是电影本身是群众喜闻乐见的娱乐活动，特别是缅甸大部分地区至今没有电影院，文化娱乐活动相对缺乏；三是电影以及结合电影的宣传方式特点是潜移默化的，"润物细无声"，更加容易让缅甸老百姓接受。

（三）尊重当地文化的电影选材

缅甸是典型的佛教国家，又在一定程度上受到西方文化和价值观的影响，在这样一个文化和价值理念都与中国差异较大的国家进行文化传播活动，要想获得成功很大程度上取决于中国企业对当地文化的了解和尊重，也就是"接地气"的程度。为此，中国石油进行了充分的前期准备：一是电影选择上，《旋风女队》的足球和体育竞技因素，《西虹市首富》的喜剧因素和《奇门遁甲》的玄幻和大片特效因素都是缅甸百姓喜欢的题材；二是聘请缅甸专业配音演员译制成缅语配音版，最大限度消除理解障碍；三是充分尊重缅甸民众的习俗和情感，比如提前与缅甸政府宣传主管部门联系，获取许可，根据缅甸电影习惯，将一些吸烟和较为裸露的画面打码，在电影放映前展示缅甸国旗和播放缅甸国歌，要求全体起立行注目礼（缅甸电影院皆如此）等，通过种种细节体现对所在国受众的尊重。

（四）全方位立体化的传播策略

整体策略是线下线上相结合。线下是组成电影放映队，到管道沿线各个镇区以及其他中资项目所在地播放电影和举办活动回顾展览。线上是以合资公司的 Facebook 主页为主要宣传阵地，全程跟踪、宣传报道。此外，还包括与缅甸各大主流报纸、电视、网络媒体保持密切合作，邀请知名人士、社会意见领袖等助威造势。以线下活动为宣传主体，突出实践性，确保线上活动真实可信；以线上活动拓展宣传线下活动，扩大影响力。

二、实施效果

此次"露天电影院"活动完全达到了甚至可以说超出了预期目标。

首先，从线下看，地方政府大力支持，观众反响热烈。由于条件有限，很多观众都是席地而坐，却丝毫没有影响他们的观影热情。他们对于电影情节的理解，也完全没有障碍；他们会为电影的笑点哈哈大笑，会为感人的情节而落泪，会为精彩的情节而自发鼓掌。皎施镇一名学生表示，他从《旋风女队》中获得了精神的力量，电影对他的启发是："有强烈的愿望，就会有足够的行动，有足够的行动，就能获得成功。"各地方政府负责人均对活动给予了高度评价，仁安羌镇镇长表示："这个活动为两国关系发展增添色彩。"此外，很多观众向中石油表达了多放几场的愿望。

其次，线上硬指标上，合资公司 Facebook 主页从 2019 年 9 月 16 日至 12 月 5 日总发帖 84 篇，"粉丝"增长量 8.48 万个（主页创立于 2017 年 5 月，截至 2021 年总"粉丝"数为 28.87 万个），有效互动量（播放、点赞、分享、关注、评论）23.08 万次，总覆盖人数 318.24 万人，以上数据均呈现大幅度增长，远超以往平均水平。

再次，报纸、电视、网络媒体报道多，评价高。据不完全统计，累计正面报道 50 余篇（次），形成了较大的社会关注度和好评度。

最后，社会各界知名人士评价高。如缅甸前宣传部部长吴耶图自发地在其个人 Facebook 上对公司主页报道进行全文转发，并评论道："缅中油气管道项目将展映中国电影……中缅经济走廊焕发活力，和平进程深度参与，邻国之间应当如此，民众从'害怕中国'到'爱中国'，让人高兴。"这是对国际传播工作的极大褒奖。

此次"露天电影院"是中国石油在缅甸近十年海外传播实践中首次大规模线上线下相结合的特色活动，总体上取得良好的效果，主要原因是转变工作思路，找到了符合缅甸实际、切合缅甸民众的方式，"喜闻乐见"和

"接地气"是其中的关键。海外传播不能高高在上,不能端着架子,不能只讲利益关系,不能只讲大道理。实践证明,老百姓喜欢了,才会接受你;接受你了,才会更加喜欢你。此次活动说白了,不过是请当地老百姓看了几场中国电影,然而效果却是实实在在的。只有真正深入当地,和当地群众交心交朋友,了解他们的需求,才能做好中国企业的国际传播工作。

附录

习近平总书记关于国际传播能力建设的相关论述

附表1　有代表性的讲话或报告

时间	会议/场合	重点强调
2012年11月15日	十八届中共中央政治局常委同中外记者见面会	指出中国需要更多地了解世界，世界也需要更多地了解中国。希望记者朋友们今后继续为增进中国与世界各国的相互了解作出更多的努力和贡献
2013年8月19日	全国宣传思想工作会议	指出国际舆论格局西强我弱的现状，首次提出"推进国际传播能力建设"。要求"创新对外宣传方式，加强话语体系建设，着力打造融通中外的新概念新范畴新表述，讲好中国故事，传播好中国声音，增强在国际上的话语权"
2013年10月24日	周边外交工作座谈会	强调要对外介绍好我国的内外方针政策，讲好中国故事，传播好中国声音，把中国梦同周边各国人民过上美好生活的愿望、同地区发展前景对接起来，让命运共同体意识在周边国家落地生根
2013年12月30日	十八届中央政治局第十二次集体学习	中央政治局首次以"提高国家文化软实力研究"作为集体学习主题。将"加强国际传播能力建设"作为"提高国家文化软实力"和"提高国际话语权"的重要途径
2014年10月15日	文艺工作座谈会	指出"文艺是最好的交流方式"。要求"文艺工作者要讲好中国故事、传播好中国声音、阐发中国精神、展现中国风貌"

续表

时间	会议/场合	重点强调
2014年10月23日	十八届四中全会第二次全体会议	指出"做好思想舆论工作是全党的事情",要求中央的同志、各级领导干部、宣传部门、媒体、实际工作部门、各条战线都要讲好中国故事
2016年2月19日	党的新闻舆论工作座谈会	指出在新的时代条件下党的新闻舆论工作的职责和使命,其中包括"联接中外,沟通世界",系统分析当前国际传播的问题,提出"着力打造具有较强国际影响的外宣旗舰媒体",强调"讲故事,是国际传播的最佳方式"
2016年11月30日	中国文联十大、中国作协九大开幕式	强调创造出丰富多样的中国故事、中国形象、中国旋律,为世界贡献特殊的声响和色彩、展现特殊的诗情和意境。指出中国不乏生动的故事,关键要有讲好故事的能力
2017年10月18日	中国共产党第十九次全国代表大会	党的十九大报告首次提出"推进国际传播能力建设"。报告要求"讲好中国故事,展现真实、立体、全面的中国,提高国家文化软实力"
2018年8月21日	全国宣传思想工作会议	确立"举旗帜、聚民心、育新人、兴文化、展形象"为新形势下宣传思想工作的使命任务。其中,展形象的具体内涵是"推进国际传播能力建设,讲好中国故事、传播好中国声音,向世界展现真实、立体、全面的中国,提高国家文化软实力和中华文化影响力"
2019年1月25日	十九届中央政治局第十二次集体学习	指出"要把握国际传播领域移动化、社交化、可视化的趋势,在构建对外传播话语体系上下功夫,在乐于接受和易于理解上下功夫,让更多国外受众听得懂、听得进、听得明白,不断提升对外传播效果"
2021年5月31日	十九届中央政治局第三十次集体学习	中央政治局首次以"加强和改进国际传播"作为集体学习主题,全面论述加强国际传播能力建设。明确加强国际传播能力建设的重要任务是"讲好中国故事,传播好中国声音,展示真实、立体、全面的中国"。提出五个方面的战略要求:构建中国话语和中国叙事体系;宣介中国主张、中国智慧、中国方案;开展各种形式的人文交流活动;建强专门人才队伍,提升国际传播效能;纳入党委(党组)意识形态工作责任制

相关论述内容

1. 全国宣传思想工作会议，2013 年 8 月 19 日

坚持团结稳定鼓劲、正面宣传为主，是宣传思想工作必须遵循的重要方针。我们正在进行具有许多新的历史特点的伟大斗争，面临的挑战和困难前所未有，必须坚持巩固壮大主流思想舆论，弘扬主旋律，传播正能量，激发全社会团结奋进的强大力量。关键是要提高质量和水平，把握好时、度、效，增强吸引力和感染力，让群众爱听爱看、产生共鸣，充分发挥正面宣传鼓舞人、激励人的作用。在事关大是大非和政治原则问题上，必须增强主动性、掌握主动权、打好主动仗，帮助干部群众划清是非界限、澄清模糊认识。

在全面对外开放的条件下做宣传思想工作，一项重要任务是引导人们更加全面客观地认识当代中国、看待外部世界。宣传阐释中国特色，要讲清楚每个国家和民族的历史传统、文化积淀、基本国情不同，其发展道路必然有着自己的特色；讲清楚中华文化积淀着中华民族最深沉的精神追求，是中华民族生生不息、发展壮大的丰厚滋养；讲清楚中华优秀传统文化是中华民族的突出优势，是我们最深厚的文化软实力；讲清楚中国特色社会主义植根于中华文化沃土、反映中国人民意愿、适应中国和时代发展进步要求，有着深厚历史渊源和广泛现实基础。中华民族创造了源远流长的中华文化，中华民族也一定能够创造出中华文化新的辉煌。独特的文化传统，独特的历史命运，独特的基本国情，注定了我们必然要走适合自己特点的发展道路。对我国传统文化，对国外的东西，要坚持古为今用、洋为中用、去粗取精、去伪存真，经过科学的扬弃后使之为我所用。

对世界形势发展变化，对世界上出现的新事物新情况，对各国出现的新思想新观点新知识，我们要加强宣传报道，以利于积极借鉴人类文明创造的有益成果。要精心做好对外宣传工作，创新对外宣传方式，着力打造融通中外的新概念新范畴新表述,讲好中国故事,传播好中国声音。

(《胸怀大局把握大势着眼大事 努力把宣传思想工作做得更好》,
《人民日报》2013年8月21日,第1版。)

2. 十八届中央政治局第十二次集体学习,2013年12月30日

提高国家文化软实力,要努力传播当代中国价值观念。当代中国价值观念,就是中国特色社会主义价值观念,代表了中国先进文化的前进方向。我国成功走出了一条中国特色社会主义道路,实践证明我们的道路、理论体系、制度是成功的。要加强提炼和阐释,拓展对外传播平台和载体,把当代中国价值观念贯穿于国际交流和传播方方面面。

提高国家文化软实力,要努力展示中华文化独特魅力。在5000多年文明发展进程中,中华民族创造了博大精深的灿烂文化,要使中华民族最基本的文化基因与当代文化相适应、与现代社会相协调,以人们喜闻乐见、具有广泛参与性的方式推广开来,把跨越时空、超越国度、富有永恒魅力、具有当代价值的文化精神弘扬起来,把继承传统优秀文化又弘扬时代精神、立足本国又面向世界的当代中国文化创新成果传播出去。要系统梳理传统文化资源,让收藏在禁宫里的文物、陈列在广阔大地上的遗产、书写在古籍里的文字都活起来。要以理服人,以文服人,以德服人,提高对外文化交流水平,完善人文交流机制,创新人文交流方式,综合运用大众传播、群体传播、人际传播等多种方式展示中华文化魅力。

要注重塑造我国的国家形象,重点展示中国历史底蕴深厚、各民族多元一体、文化多样和谐的文明大国形象,政治清明、经济发展、文化繁荣、社会稳定、人民团结、山河秀美的东方大国形象,坚持和平发展、促进共同发展、维护国际公平正义、为人类作出贡献的负责任大国形象,对外更加开放、更加具有亲和力、充满希望、充满活力的社会主义大国形象。

提高国家文化软实力,要努力提高国际话语权。要加强国际传播能力建设,精心构建对外话语体系,发挥好新兴媒体作用,增强对外话语的创造力、感召力、公信力,讲好中国故事,传播好中国声音,阐释好中国特色。对中国人民和中华民族的优秀文化和光荣历史,要加大正面宣传力度,通过学校教育、理论研究、历史研究、影视作品、文学作品等多种方式，加强爱国主义、集体主义、社会主义教育，引导我国人民树立和坚持正确的历史观、民族观、国家观、文化观，增强做中国人的骨气和底气。

（《强调建设社会主义文化强国 着力提高国家文化软实力》，《人民日报》2014年1月1日，第1版。）

3. 在联合国教科文组织总部的演讲，2014年3月27日

每一种文明都延续着一个国家和民族的精神血脉，既需要薪火相传、代代守护，更需要与时俱进、勇于创新。中国人民在实现中国梦的进程中，将按照时代的新进步，推动中华文明创造性转化和创新性发展，激活其生命力，把跨越时空、超越国度、富有永恒魅力、具有当代价值的文化精神弘扬起来，让收藏在博物馆里的文物、陈列在广阔大地上的遗产、书写在古籍里的文字都活起来，让中华文明同世界各国人民创造的丰富多彩的文明一道，为人类提供正确的精神指引和强大的精神动力。

（习近平：《在联合国教科文组织总部的演讲》，《人民日报》2014年3月28日，第3版。）

4. 文艺工作座谈会，2014年10月15日

文艺创作不仅要有当代生活的底蕴，而且要有文化传统的血脉。"求木之长者，必固其根本；欲流之远者，必浚其泉源。"中华优秀传统文化是中华民族的精神命脉，是涵养社会主义核心价值观的重要源泉，也是我们在世界文化激荡中站稳脚跟的坚实根基。增强文化自觉和文化自信，是坚定道路自信、理论自信、制度自信的题中应有之义。如果"以洋为尊"、"以洋为美"、"唯洋是从"，把作品在国外获奖作为最高追求，跟在别人后面亦步亦趋、东施效颦，热衷于"去思想化"、"去价值化"、"去历史化"、"去中国化"、"去主流化"那一套，绝对是没有前途的！事实上，外国人也跑到我们这里寻找素材、寻找灵感，好莱坞拍摄的《功夫熊猫》、《花木兰》等影片不就是取材于我们的文化资源吗？

中华民族在长期实践中培育和形成了独特的思想理念和道德规范，有

崇仁爱、重民本、守诚信、讲辩证、尚和合、求大同等思想，有自强不息、敬业乐群、扶正扬善、扶危济困、见义勇为、孝老爱亲等传统美德。中华优秀传统文化中很多思想理念和道德规范，不论过去还是现在，都有其永不褪色的价值。我们要结合新的时代条件传承和弘扬中华优秀传统文化，传承和弘扬中华美学精神。中华美学讲求托物言志、寓理于情，讲求言简意赅、凝练节制，讲求形神兼备、意境深远，强调知、情、意、行相统一。我们要坚守中华文化立场、传承中华文化基因，展现中华审美风范。

传承中华文化，绝不是简单复古，也不是盲目排外，而是古为今用、洋为中用、辩证取舍、推陈出新，摒弃消极因素，继承积极思想，"以古人之规矩，开自己之生面"，实现中华文化的创造性转化和创新性发展。

当今世界是开放的世界，艺术也要在国际市场上竞争，没有竞争就没有生命力。比如电影领域，经过市场竞争，国外影片并没有把我们的国产影片打垮，反而刺激了国产影片提高质量和水平，在市场竞争中发展起来了，具有了更强的竞争力。

（习近平：《在文艺工作座谈会上的讲话》，
人民出版社2015年版，第26—27页。）

5. 中共十八届四中全会第二次全体会议，2014年10月23日

现在，国际上关于中国的说法很多，正面肯定的舆论有所上升，但负面舆论依然不少，"中国威胁论"、"中国强硬论"、"中国傲慢论"、"中国掠夺论"、"中国不负责论"、"中国搭便车论"、"中国失败论"、"中国崩溃论"、"中国全输论"等奇谈怪论不绝于耳。还有不少关于我国政局的政治谣言。发出这些论调的人，要么是对中国不了解，要么是戴着有色眼镜，要么是有着叵测居心，特别是各种敌对势力在那里不断造谣生事、制造混乱。

值得警惕的是，在西方和国内一些人鼓噪下，不少群众受到蒙蔽，一些党员、干部的认识也发生了偏差。有的以偏概全，把形势说得一片漆黑；有的妄自菲薄，总觉得中国什么都不好、外国什么都好；有的盲目跟风，对我国发生的事情用西方价值观念来评判。那些别有用心的人

强者通心：国际传播能力建设

制造种种负面舆论，目的就是要搞乱我们的思想，以便他们乱中获利。对此，我们要有清醒认识，更要高度重视，切实加强思想舆论工作和斗争。

"谎言重复一千遍就会变成真理。"各种敌对势力就是想利用这个逻辑！他们就是要把我们党、我们国家说得一塌糊涂、一无是处，诱使人们跟着他们的魔笛起舞。各种敌对势力绝不会让我们顺顺利利实现中华民族伟大复兴，这就是为什么我们要郑重提醒全党必须准备进行具有许多新的历史特点的伟大斗争的一个原因。这场斗争既包括硬实力的斗争，也包括软实力的较量。客观地讲，国际舆论格局依然是西强我弱，但这个格局不是不可改变、不可扭转的，关键看我们如何做工作。我们国家发展成就那么大、发展势头那么好，我们国家在世界上做了那么多好事，这是做好国际舆论引导工作的最大本钱。我们有本事做好中国的事情，还没有本事讲好中国的故事？我们应该有这个信心！随着我国经济持续健康发展、综合国力和国际影响力不断提升，国际社会对中国的关注在加深，中国道路愈来愈成为人们研究的对象。这为我们做好思想舆论工作提供了重要机遇。我们要因时而动、顺势而为，把思想舆论工作大大向前推进一步。

现代管理学有一个基本原理，就是不仅要做、而且要让人知道做了什么。我们要让全国人民知道党和政府为人民做了什么、还要做什么，让世界知道中国人民为人类文明进步作出了什么贡献、还要作出什么贡献。更重要的是，别人乱说我们一通，如果我们不及时加以澄清和纠正，就会以讹传讹，反倒让世人觉得我们输了理似的。我们要主动发声，让人家了解我们希望人家了解的东西，让正确的声音先入为主。对别有用心的人散布的政治谣言和奇谈怪论，我们的党员、干部耳朵根子不要软，不要听风就是雨。同时，我们不能默不作声，要及时反驳，让正确声音盖过它们。这与韬光养晦或不争论是两码事。

（习近平：《论党的宣传思想工作》，中央文献出版社2020年版，第119—121页。）

6. 全国党校工作会议，2015年12月11日

落后就要挨打，贫穷就要挨饿，失语就要挨骂。形象地讲，长期以来，我们党带领人民就是要不断解决"挨打"、"挨饿"、"挨骂"这三大问题。经过几代人不懈奋斗，前两个问题基本得到解决，但"挨骂"问题还没有得到根本解决。争取国际话语权是我们必须解决好的一个重大问题。

（习近平：《在全国党校工作会议上的讲话》，
人民出版社2016年版，第20页。）

7. 党的新闻舆论工作座谈会，2016年2月19日

近些年来，我们加强国际传播能力建设，支持中央主要媒体走出去，参与国际传媒市场竞争，取得重要成果。这方面的工作要继续抓下去，优化战略布局，集中优势资源，着力打造具有较强国际影响的外宣旗舰媒体。中央主要媒体要强化驻外机构对外传播职能，加快实施本土化战略，成为国际传播生力军。

我国综合国力和国际地位不断提升，国际社会对我国的关注前所未有，但中国在世界上的形象很大程度上仍是"他塑"而非"自塑"，我们在国际上有时还处于有理说不出、说了传不开的境地，存在着信息流进流出的"逆差"、中国真实形象和西方主观印象的"反差"、软实力和硬实力的"落差"。要下大气力加强国际传播能力建设，加快提升中国话语的国际影响力，让全世界都能听到并听清中国声音。

讲故事，是国际传播的最佳方式。要讲好中国特色社会主义的故事，讲好中国梦的故事，讲好中国人的故事，讲好中华优秀文化的故事，讲好中国和平发展的故事。讲故事就是讲事实、讲形象、讲情感、讲道理，讲事实才能说服人，讲形象才能打动人，讲情感才能感染人，讲道理才能影响人。要组织各种精彩、精炼的故事载体，把中国道路、中国理论、中国制度、中国精神、中国力量寓于其中，使人想听爱听，听有所思，听有所得。

要创新对外话语表达方式，研究国外不同受众的习惯和特点，采用融通中外的概念、范畴、表述，把我们想讲的和国外受众想听的结合起来，

把"陈情"和"说理"结合起来，把"自己讲"和"别人讲"结合起来，使故事更多为国际社会和海外受众所认同。要用好新闻发布机制，用好高端智库交流渠道，用好重大活动和重要节展赛事平台，用好中华传统节日载体，用好海外文化阵地，用好多种文化形式，让中国故事成为国际舆论关注的话题，让中国声音赢得国际社会理解和认同。

更深层次地看，我们在国际上有理说不清的一个重要原因，是我们的对外传播话语体系没有完全建立起来。话语的背后是思想、是"道"。不要为了讲故事而讲故事，要把"道"贯通于故事之中，通过引人入胜的方式启人入"道"，通过循循善诱的方式让人悟"道"。要加强对外话语体系建设，用中国理论阐释中国实践，用中国实践升华中国理论，更加鲜明地展现中国思想，更加响亮地提出中国主张。我们提出的"五位一体"总体布局、"四个全面"战略布局、五大发展理念、经济发展新常态，我们倡导的正确义利观、命运共同体、新型大国关系、共建"一带一路"等重大理念，就要加大传播力度，使其成为世界表达中国故事的源头、读懂中国的标识。

（中共中央文献研究室：《习近平关于社会主义文化建设论述摘编》，中央文献出版社2017年版，第212—214页。）

8. 哲学社会科学工作座谈会，2016年5月17日

面对世界范围内各种思想文化交流交融交锋的新形势，如何加快建设社会主义文化强国、增强文化软实力、提高我国在国际上的话语权，迫切需要哲学社会科学更好发挥作用。

中华民族有着深厚文化传统，形成了富有特色的思想体系，体现了中国人几千年来积累的知识智慧和理性思辨。这是我国的独特优势。中华文明延续着我们国家和民族的精神血脉，既需要薪火相传、代代守护，也需要与时俱进、推陈出新。要加强对中华优秀传统文化的挖掘和阐发，使中华民族最基本的文化基因与当代文化相适应、与现代社会相协调，把跨越时空、超越国界、富有永恒魅力、具有当代价值的文化精神弘扬起来。要推动中华文明创造性转化、创新性发展，激活其生命力，让中华文明同各国人民创造的多彩文明一道，为人类提供正确精神指引。要围绕我国和世

界发展面临的重大问题，着力提出能够体现中国立场、中国智慧、中国价值的理念、主张、方案。我们不仅要让世界知道"舌尖上的中国"，还要让世界知道"学术中的中国"、"理论中的中国"、"哲学社会科学中的中国"，让世界知道"发展中的中国"、"开放中的中国"、"为人类文明作贡献的中国"。

发挥我国哲学社会科学作用，要注意加强话语体系建设。在解读中国实践、构建中国理论上，我们应该最有发言权，但实际上我国哲学社会科学在国际上的声音还比较小，还处于有理说不出、说了传不开的境地。要善于提炼标识性概念，打造易于为国际社会所理解和接受的新概念、新范畴、新表述，引导国际学术界展开研究和讨论。这项工作要从学科建设做起，每个学科都要构建成体系的学科理论和概念。要鼓励哲学社会科学机构参与和设立国际性学术组织，支持和鼓励建立海外中国学术研究中心，支持国外学会、基金会研究中国问题，加强国内外智库交流，推动海外中国学研究。要聚焦国际社会共同关注的问题，推出并牵头组织研究项目，增强我国哲学社会科学研究的国际影响力。要加强优秀外文学术网站和学术期刊建设，扶持面向国外推介高水平研究成果。对学者参加国际学术会议、发表学术文章，要给予支持。

（习近平：《在哲学社会科学工作座谈会上的讲话》，
《人民日报》2016年5月19日，第2版。）

9. 中国共产党第十九次全国代表大会，2017年10月18日

文化是一个国家、一个民族的灵魂。文化兴国运兴，文化强民族强。没有高度的文化自信，没有文化的繁荣兴盛，就没有中华民族伟大复兴。要坚持中国特色社会主义文化发展道路，激发全民族文化创新创造活力，建设社会主义文化强国。

推动文化事业和文化产业发展。满足人民过上美好生活的新期待，必须提供丰富的精神食粮。要深化文化体制改革，完善文化管理体制，加快构建把社会效益放在首位、社会效益和经济效益相统一的体制机制。完善公共文化服务体系，深入实施文化惠民工程，丰富群众性文化

活动。加强文物保护利用和文化遗产保护传承。健全现代文化产业体系和市场体系，创新生产经营机制，完善文化经济政策，培育新型文化业态。广泛开展全民健身活动，加快推进体育强国建设，筹办好北京冬奥会、冬残奥会。加强中外人文交流，以我为主、兼收并蓄。推进国际传播能力建设，讲好中国故事，展现真实、立体、全面的中国，提高国家文化软实力。

（习近平：《决胜全面建成小康社会 夺取新时代中国特色社会主义伟大胜利——在中国共产党第十九次全国代表大会上的报告》，人民出版社2017年版，第41—44页。）

10. 全国宣传思想工作会议，2018年8月21日

做好新形势下宣传思想工作，必须自觉承担起举旗帜、聚民心、育新人、兴文化、展形象的使命任务。举旗帜，就是要高举马克思主义、中国特色社会主义的旗帜，坚持不懈用新时代中国特色社会主义思想武装全党、教育人民、推动工作，在学懂弄通做实上下功夫，推动当代中国马克思主义、21世纪马克思主义深入人心、落地生根。聚民心，就是要牢牢把握正确舆论导向，唱响主旋律，壮大正能量，做大做强主流思想舆论，把全党全国人民士气鼓舞起来、精神振奋起来，朝着党中央确定的宏伟目标团结一心向前进。育新人，就是要坚持立德树人、以文化人，建设社会主义精神文明、培育和践行社会主义核心价值观，提高人民思想觉悟、道德水准、文明素养，培养能够担当民族复兴大任的时代新人。兴文化，就是要坚持中国特色社会主义文化发展道路，推动中华优秀传统文化创造性转化、创新性发展，继承革命文化，发展社会主义先进文化，激发全民族文化创新创造活力，建设社会主义文化强国。展形象，就是要推进国际传播能力建设，讲好中国故事、传播好中国声音，向世界展现真实、立体、全面的中国，提高国家文化软实力和中华文化影响力。

要不断提升中华文化影响力，把握大势、区分对象、精准施策，主动宣介新时代中国特色社会主义思想，主动讲好中国共产党治国理政的故事、中国人民奋斗圆梦的故事、中国坚持和平发展合作共赢的故事，让世界更

好了解中国。中华优秀传统文化是中华民族的文化根脉,其蕴含的思想观念、人文精神、道德规范,不仅是我们中国人思想和精神的内核,对解决人类问题也有重要价值。要把优秀传统文化的精神标识提炼出来、展示出来,把优秀传统文化中具有当代价值、世界意义的文化精髓提炼出来、展示出来。要完善国际传播工作格局,创新宣传理念、创新运行机制,汇聚更多资源力量。

(《举旗帜聚民心育新人兴文化展形象 更好完成新形势下宣传思想工作使命任务》,《人民日报》2018年8月23日,第1版。)

11. 十九届中央政治局第十二次集体学习,2019年1月25日

没有网络安全就没有国家安全;过不了互联网这一关,就过不了长期执政这一关。全媒体不断发展,出现了全程媒体、全息媒体、全员媒体、全效媒体,信息无处不在、无所不及、无人不用,导致舆论生态、媒体格局、传播方式发生深刻变化,新闻舆论工作面临新的挑战。

人在哪儿,宣传思想工作的重点就在哪儿,网络空间已经成为人们生产生活的新空间,那就也应该成为我们党凝聚共识的新空间。移动互联网已经成为信息传播主渠道。随着5G、大数据、云计算、物联网、人工智能等技术不断发展,移动媒体将进入加速发展新阶段。要坚持移动优先策略,建设好自己的移动传播平台,管好用好商业化、社会化的互联网平台,让主流媒体借助移动传播,牢牢占据舆论引导、思想引领、文化传承、服务人民的传播制高点。

从全球范围看,媒体智能化进入快速发展阶段。我们要增强紧迫感和使命感,推动关键核心技术自主创新不断实现突破,探索将人工智能运用在新闻采集、生产、分发、接收、反馈中,用主流价值导向驾驭"算法",全面提高舆论引导能力。

推动媒体融合发展,要统筹处理好传统媒体和新兴媒体、中央媒体和地方媒体、主流媒体和商业平台、大众化媒体和专业性媒体的关系,不能搞"一刀切"、"一个样"。要形成资源集约、结构合理、差异发展、协同高效的全媒体传播体系。

正能量是总要求，管得住是硬道理，现在还要加一条，用得好是真本事。媒体融合发展不仅仅是新闻单位的事，要把我们掌握的社会思想文化公共资源、社会治理大数据、政策制定权的制度优势转化为巩固壮大主流思想舆论的综合优势。要抓紧做好顶层设计，打造新型传播平台，建成新型主流媒体，扩大主流价值影响力版图，让党的声音传得更开、传得更广、传得更深入。

要使全媒体传播在法治轨道上运行，对传统媒体和新兴媒体实行一个标准、一体管理。主流媒体要准确及时发布新闻消息，为其他合规的媒体提供新闻信息来源。要全面提升技术治网能力和水平，规范数据资源利用，防范大数据等新技术带来的风险。

我们要把握国际传播领域移动化、社交化、可视化的趋势，在构建对外传播话语体系上下功夫，在乐于接受和易于理解上下功夫，让更多国外受众听得懂、听得进、听得明白，不断提升对外传播效果。

现在，国际上理性客观看待中国的人越来越多，为中国点赞的人也越来越多。我们走的是正路、行的是大道，这是主流媒体的历史机遇，必须增强底气、鼓起士气，坚持不懈讲好中国故事，形成同我国综合国力相适应的国际话语权。

《习近平谈治国理政》第三卷，外文出版社2020年版，第317—320页。）

12. 十九届中央政治局第三十次集体学习，2021年5月31日

讲好中国故事，传播好中国声音，展示真实、立体、全面的中国，是加强我国国际传播能力建设的重要任务。要深刻认识新形势下加强和改进国际传播工作的重要性和必要性，下大气力加强国际传播能力建设，形成同我国综合国力和国际地位相匹配的国际话语权，为我国改革发展稳定营造有利外部舆论环境，为推动构建人类命运共同体作出积极贡献。

我们党历来高度重视对外传播工作。党的十八大以来，我们大力推动国际传播守正创新，理顺内宣外宣体制，打造具有国际影响力的媒体集群，积极推动中华文化走出去，有效开展国际舆论引导和舆论斗争，初步构建起多主体、立体式的大外宣格局，我国国际话语权和影响力显著提升，同

时也面临着新的形势和任务。必须加强顶层设计和研究布局，构建具有鲜明中国特色的战略传播体系，着力提高国际传播影响力、中华文化感召力、中国形象亲和力、中国话语说服力、国际舆论引导力。

要加快构建中国话语和中国叙事体系，用中国理论阐释中国实践，用中国实践升华中国理论，打造融通中外的新概念、新范畴、新表述，更加充分、更加鲜明地展现中国故事及其背后的思想力量和精神力量。要加强对中国共产党的宣传阐释，帮助国外民众认识到中国共产党真正为中国人民谋幸福而奋斗，了解中国共产党为什么能、马克思主义为什么行、中国特色社会主义为什么好。要围绕中国精神、中国价值、中国力量，从政治、经济、文化、社会、生态文明等多个视角进行深入研究，为开展国际传播工作提供学理支撑。要更好推动中华文化走出去，以文载道、以文传声、以文化人，向世界阐释推介更多具有中国特色、体现中国精神、蕴藏中国智慧的优秀文化。要注重把握好基调，既开放自信也谦逊谦和，努力塑造可信、可爱、可敬的中国形象。

要广泛宣介中国主张、中国智慧、中国方案，我国日益走近世界舞台中央，有能力也有责任在全球事务中发挥更大作用，同各国一道为解决全人类问题作出更大贡献。要高举人类命运共同体大旗，依托我国发展的生动实践，立足五千多年中华文明，全面阐述我国的发展观、文明观、安全观、人权观、生态观、国际秩序观和全球治理观。要倡导多边主义，反对单边主义、霸权主义，引导国际社会共同塑造更加公正合理的国际新秩序，建设新型国际关系。要善于运用各种生动感人的事例，说明中国发展本身就是对世界的最大贡献、为解决人类问题贡献了智慧。

要深入开展各种形式的人文交流活动，通过多种途径推动我国同各国的人文交流和民心相通。要创新体制机制，把我们的制度优势、组织优势、人力优势转化为传播优势。要更好发挥高层次专家作用，利用重要国际会议论坛、外国主流媒体等平台和渠道发声。各地区各部门要发挥各自特色和优势开展工作，展示丰富多彩、生动立体的中国形象。

要全面提升国际传播效能，建强适应新时代国际传播需要的专门人才队伍。要加强国际传播的理论研究，掌握国际传播的规律，构建对外话语体系，提高传播艺术。要采用贴近不同区域、不同国家、不同群体受众的精准传播方式，推进中国故事和中国声音的全球化表达、区域化表达、分众化表达，增强国际传播的亲和力和实效性。要广交朋友、团结和争取大多数，不断扩大知华友华的国际舆论朋友圈。要讲究舆论斗争的策略和艺术，提升重大问题对外发声能力。

各级党委（党组）要把加强国际传播能力建设纳入党委（党组）意识形态工作责任制，加强组织领导，加大财政投入，帮助推动实际工作、解决具体困难。各级领导干部要主动做国际传播工作，主要负责同志既要亲自抓，也要亲自做。要加强对领导干部的国际传播知识培训，发挥各级党组织作用，形成自觉维护党和国家尊严形象的良好氛围。各级党校（行政学院）要把国际传播能力培养作为重要内容。要加强高校学科建设和后备人才培养，提升国际传播理论研究水平。

（《加强和改进国际传播工作 展示真实立体全面的中国》，《人民日报》2021年6月2日，第1版。）

后 记
Afterword

"大有国际战略论丛"是中共中央党校（国家行政学院）国际战略研究院的标志性学术品牌，已先后出版《新时代全球治理与国际体系》《应对大变局：中国与世界》等著作，产生了积极的学术影响。

2021年，中共中央党校（国家行政学院）国际战略研究院在校（院）领导的支持下，同中国石油、招商局等企业签署了战略合作协议，就"一带一路"倡议与中国企业国际化、国际传播等工作进行合作研究。本书就是校企之间进行战略合作的具体成果。

研究的起点始于思维困惑与学术兴趣。本书写作的缘起与工作实际密切相关，也同专家们的共同兴趣紧密相关。国际战略研究院有一批专家持续讲授了十多年的文化软实力课程，广受学员好评，多人受邀参与了国家形象、和谐世界、中外人文交流、中国特色大国外交、"一带一路"倡议等重大课题的研究工作，从2021年开始有部分专家讲授国际传播能力课程。在授课以及调研过程中，经常有领导干部问及：为什么中国有深厚的文化资源，却缺乏全球性的文化竞争优势？为什么能做好中国的事情，而一时间难以讲好中国的故事？提升国家形象，究竟是不是"讲故事"那么简单？国际传播究竟是劝服的艺术，还是"精神交往"？如何统筹国际传播过程中大众化与专业化的问题？诸多问题激发了大家的研究兴趣与深入思考。

本书是集体智慧的结晶，主要由中共中央党校（国家行政学院）国际战略研究院的中青年老师及中国外文局当代中国与世界研究院的相关人员共同撰写。各章分工情况如下：赵磊，中共中央党校（国家行政学院）国际战略研究院副院长、教授，负责序言和第一章。惠春琳，中共中央党校（国家行政学院）国际战略研究院国际关系和"一带一路"研究所副所长、副教授，负责第二章。曲鹏飞，中共中央党校（国家行政学院）国际战略研究院副教授，负责第三章。孙敬鑫，中国外文局当代中国与世界研究院研究员、传播中心主任，以及王丹，中国外文局当代中国与世界研究院助理研究员，共同负责第四章。孙忆，中共中央党校（国家行政学院）国际战略研究院助理研究员，负责第五章。刘佳，中共中央党校（国家行政学院）国际战略研究院讲师，负责第六章。林雅华，中共中央党校（国家行政学院）文史教研部副教授，负责第七章。宋芳，中共中央党校（国家行政学院）国际战略研究院讲师，负责第八章。杨路，中共中央党校（国家行政学院）国际战略研究院讲师，负责第九章。卓振伟，中共中央党校（国家行政学院）国际战略研究院助理研究员，负责附录。

本书提纲由赵磊拟定，同时负责统稿、审订工作。

国际传播研究所涵盖的内容极广，跨学科性很强，本书必有不成熟、不准确之处，仅作"抛砖引玉"之尝试，同时敬请读者提出宝贵意见，推动国际传播研究更上一层楼。

赵磊
2022 年 2 月